Dominic Busch

Der Einfluss situativer Missverständnisse in interkulturellen Kontaktsituationen

Exemplarisch dargestellt an Gesprächen polnischer und deutscher Studierender

Das Einverständnis der Probanden

Alle Personen, die im Rahmen der vorliegenden Studie als Probanden teilgenommen haben, haben sich mit der Veröffentlichung der verwendeten Aufzeichnungen und ihrer Analysen einverstanden erklärt. Alle Namen der Probanden, die im Rahmen der Studie erwähnt werden, wurden zuvor vom Verfasser geändert.

Die sprachliche Berücksichtigung weiblicher und männlicher grammatischer Formen

Die Verwendung von geschlechtsspezifischen Personenbezeichnungen orientiert sich in dieser Arbeit am allgemeinen Sprachgebrauch. Ist von *Forschern* und *Autoren* die Rede, so werden die weiblichen Termini *Forscherinnen* und *Autorinnen* darin eingeschlossen. Sofern Formen zur Verfügung stehen, die beide menschlichen Geschlechter zugleich beinhalten können, so wurden diese in der vorliegenden Arbeit grundsätzlich verwendet. Bereits im Titel geht es daher um weibliche und männliche *Studierende*.

Danksagung

Besonderer Dank gilt meinen Freunden, Bekannten und Verwandten, die die vorliegende Arbeit einer kritischen Korrekturlektüre unterzogen haben, insbesondere Denise Busch, Julian Hans, Barbara Schoenherr und Sebastian Texter. Danken möchte ich auch Hartmut Schröder, für alle wertvollen Tipps, Anregungen und Kritikpunkte bei der Konzeptionierung der Studie.

Dominic Busch

DER EINFLUSS SITUATIVER MISSVERSTÄNDNISSE IN INTERKULTURELLEN KONTAKTSITUATIONEN

Exemplarisch dargestellt an Gesprächen polnischer und deutscher Studierender

ibidem-Verlag
Stuttgart

Bibliografische Information Der Deutschen Bibliothek

Die Deutsche Bibliothek verzeichnet diese Publikation in der Deutschen Nationalbibliografie; detaillierte bibliografische Daten sind im Internet über <http://dnb.ddb.de> abrufbar.

∞

Gedruckt auf alterungsbeständigem, säurefreien Papier
Printed on acid-free paper

ISBN: 3-89821-257-2

Printed in Germany

Inhaltsverzeichnis

Abkürzungsverzeichnis

AP	accidental prompting	*(zufälliges Erkennen eines Missverständnisses)*
D-	Verringerung sozialer Distanz	
D+	Erhöhung sozialer Distanz	
I-MRT	misunderstanding revealing turn of an intentional misunderstanding	*(Sequenz, durch die für die Interaktionspartner ein beabsichtigtes Missverständnis manifest wird)*
MRT	misunderstanding revealing turn	*(Sequenz, durch die für die Interaktionspartner ein Missverständnis manifest wird)*
O	kurzfristig anhaltender *face-threatening act* aufgrund des thematischen Gehalts eines Missverständnisses	
O+	längerfristig anhaltender *face-threatening act* aufgrund des thematischen Gehalts eines Missverständnisses	
OR	other repair	*(Fremdreparatur)*
P	starkes situatives Machtgefälle zwischen Interaktionspartner	
P-	geringes situatives Machtgefälle zwischen Interaktionspartnern	
RA	repair attempt	*(Reparaturversuch)*
ROI-	(negative) repair outcome indication	*(Sequenz, die ein negatives Reparaturergebnis signalisiert)*
ROI+	(positive) repair outcome indication	*(Sequenz, die ein positiven Reparaturergebnis signalisiert)*
TST	trouble-source turn	*(Sequenz, deren Äußerung durch die Interaktionspartner eine unterschiedliche Interpretation erfährt, und die auf diese Weise ein Missverständnis auslöst)*

Abstract

For a long time, studies on intercultural communication have analysed their issue from a contrastive point of view: they revealed certain differences between different cultures and assumed that people from these cultures will necessarily misunderstand each other when they get in touch since they interpret things on the basis different cultural backgrounds. A new perspective has been presented by Koole and ten Thije who showed that interactants in intercultural situations are able to establish what Koole and ten Thije call a discursive interculture. On a similar vein, Angeliki Tzanne detaches intercultural misunderstandings from their pretended cultural determination. However, a closer look at Tzanne's work shows that her empirical data on misunderstanding does not help explaining intercultural communication which proceeds in a single stretch of conversation and in a successive manner. This study first aims to produce a corpus of natural conversation recorded from Polish and German students of the European University Viadrina in Frankfurt (Oder), Germany. An analysis of all 27 misunderstandings occurring in this data will show that Tzanne's categories on the sources of misunderstandings do not completely consider the circumstances of natural discourse. In a further step Tzanne builds a model relating repair strategies for misunderstandings to implications on the participants' facework in the sense of Goffman. An analysis by means of natural discourse data will show that Tzanne's categories will have to be supplemented by considerations of what she calls *misunderstanding revealing turns*. The results will show that - unlike Tzanne states - both speaker and hearer dispose of a similar choice of facework strategies to implement into situational discourse. This study will introduce the method of facework scales to illustrate the development of every single participant's facework strategies all through the discourse process. The results will show that different stereotypical strategies on how to deal with a misunderstanding can be revealed. The data corpus of this study contains the evolution of an interpersonal conflict between two interactants. Towards the end of the discourse, verbal facework strategies of these two participants become more and more violent. In contrast, this is not the case with participants dealing with interculturally caused misunderstandings. The study will show that in these cases participants apply strategies paying significantly more attention on the protection of each other's face. Interactants are much more ready to back up their fellow students by performing strategies of *other repair*. participants show a clear preference for repair strategies from Tzanne's category no. [5]: in case of cultural implications people strive for repair by giving reasons, explanations, and background information. This may be based on people's subliminal fear of culturally based judgements which have an absolute and irreversible character. On the other hand there is a significant correlation between people's preference for explanations and Koole's and ten Thije's observations of discourse positions. Thus, in intercultural settings people may enrich their interaction by taking positions of cultural representatives or of cultural experts. Tzanne's repair strategy no. [5] directly serves people to satisfy these aims: by explaining their culture from an expert's position they may turn the intercultural setting, which scientists formerly doomed to deficiency and miscommunication, into a productive and enriching situation.

1 Einleitung

Interkulturelle Missverständnisse werden häufig als zentrales Forschungs- und gleichzeitig als Legitimationsobjekt zur wissenschaftlichen Bearbeitung des Phänomens der interkulturellen Kommunikation herangezogen. Mittels empirischer Studien bestätigen Forscher, was die gesamte Gesellschaft schon vorher vage erahnte: Kommunikationsprozesse zwischen Angehörigen zweier oder mehrerer unterschiedlicher Kulturen verlaufen meist weitaus störanfälliger als die Kommunikation unter Angehörigen einer einzigen Kultur (für eine Zitatsammlung einschlägiger Äußerungen vgl. Rost-Roth 1994: 9). Aus dieser Perspektive wird die häufig als intrakulturell bezeichnete Form alltäglicher Kommunikation zum Ausgangspunkt und zum angenommenen Normalfall, dem der Sonderfall interkultureller Kommunikation gegenübergestellt wird. Irritierend wirkte in diesem Zusammenhang vor allem die Erkenntnis, dass dieser Verständigungsproblematik selbst durch noch so gewissenhaften Fremdsprachenerwerb nicht beizukommen ist. Selbst wenn die Angehörigen zweier Kulturen sich fließend in einer bestimmten Sprache unterhalten können, kommt es immer wieder überdurchschnittlich häufig zu Irritationen und Missverständnissen. Im Falle von Individuen, die sich über einen längeren Zeitraum in einer fremden Kultur aufhalten, werden derartige kulturell bedingte Irritationen gar für existenzbedrohende psychosomatische Beschwerden verantwortlich gemacht (vgl. Wagner 1996: 14). Personen, die einen derartigen Kulturschock erleiden, können erst allmählich erkennen, dass ihre Irritationen nicht etwa durch ihre eigene defizitäre Begriffsfähigkeit oder durch Böswilligkeiten der Angehörigen der Fremdkultur verursacht werden. Statt dessen unterliegen sie permanenten Missverständnissen, da sie das soziale Handeln ihrer Kontaktpersonen in der Fremdkultur vor dem Hintergrund der Handlungsregeln ihrer eigenen Kultur interpretieren. Erst nach dieser Erkenntnis können Personen gemäß der Kulturschocktheorie die in jeder Kultur unterschiedliche, jedoch langfristig erforderliche, kulturelle Kompetenz erlangen (vgl. Wagner 1996: 21).

Das Kulturschockmodell impliziert zugleich bereits eine Annahme hinsichtlich der Ursachen für interkulturelle Missverständnisse. Diese entstehen demnach aufgrund unterschiedlichen kulturellen Wissens der Interaktionspartner um soziale Handlungsweisen. Interaktionspartner handeln und deuten das Handeln ihres Gegenübers gemäß unterschiedlicher Interpretationsregeln. Anstelle der von einem Sprecher intendierten Aussagen versteht ein Hörer eine differente Aussage, deren Inhalt ihm verständlicherweise unpassend erscheint und daher irritierend wirkt.

Arbeiten zur Erforschung interkultureller Kommunikation haben in der Vergangenheit häufig versucht, die für diese Missverständnisse verantwortlichen kulturellen Unterschiede im Bereich sozialer Normen und Werte zu identifizieren und zu beschreiben, um so die Problematik interkultureller Kommunikation zu erklären. Neuere Arbeiten haben darüber hinaus versucht, Handlungskonzepte zum erfolgreichen Umgang mit interkulturellen Kontaktsituationen abzuleiten und Trainingsmethoden zur Vermittlung dieser Konzepte zu entwickeln.

1.1 Der Untersuchungsgegenstand

Erst im Rahmen der jüngsten Forschung erfährt der Bereich der interkulturellen Kommunikation wieder eine Erweiterung der Perspektive. Konzentrierte man sich bis dato auf den Aspekt der Interkulturalität als übermächtige, alles determinierende Einflussgröße interkultureller Kontaktsituationen, so gestehen neuere Arbeiten auch anderen, situativen Faktoren einen Einfluss auf den dynamischen Verlauf von Kontaktsituationen zu. Einen Beitrag zu diesem allmählichen Perspektivenwechsel leistet die Sprachwissenschaftlerin Angeliki Tzanne in ihrer in diesem Jahr unter dem Titel *Talking at Cross-Purposes* (vgl. Tzanne 2000) erschienen PhD-Dissertation. Tzanne argumentiert darin, dass die meisten sprachlich-kommunikativen Missverständnisse aufgrund situativer Ursachen hervorgerufen werden. Demnach dürfe auch in interkulturellen Kontaktsituationen nur in den seltensten Fällen das unterschiedliche kulturelle Wissen der Interaktionspartner für das Entstehen von Missverständnissen verantwortlich gemacht werden (vgl. Tzanne 2000: 6-8). Um die hohe Komplexität möglicher situativer Ursachen für Missverständnisse zu verdeutlichen, bemüht Tzanne nacheinander Erklärungsansätze unterschiedlichster Ebenen von der individuellen Wortbedeutung bis hin zum sozialen *framing* der Gesamtsituation und unterschiedlichster Disziplinen von der Semantik und Pragmatik über diskursanalytische und konversationsanalytische Ansätze bis hin zur Soziologie Goffmans.

Von größerer Bedeutung als die Ursache von Missverständnissen ist für das Bestreben, interkulturelle Konflikte konstruktiv zu bearbeiten, jedoch die Art des kommunikativen Umgangs der Interaktionspartner im Hinblick auf die vorgefallenen Missverständnisse. Tzanne zufolge ist die Aufklärung von Missverständnissen grundsätzlich mit Gesichtsverletzungen für die Interaktionspartner im Sinne der *facework*-Theorie Goffmans verbunden. Sprechern stehen jedoch stets sprachliche Strategien zur Verfügung, um diese Gesichtsverletzungen nach Belieben zu reduzieren. Tzanne begreift sprachliche Missverständnisse aus konversationsanalytischer Perspektive als Prozesse, die in unterschiedlichen, von den Interaktionspartnern beeinflussbaren Phasen ablaufen. Tzanne entwickelt in ihrer Arbeit ein Kategorienmodell, in das sich unterschiedliche *facework*-Strategien innerhalb der Reparaturen von Missverständnissen einordnen lassen. Aus diesem Modell leitet Tzanne schließlich eine Zuordnung zwischen unterschiedlichen Missverständnissen und den jeweils präferierten *facework*-Strategien ab. Da Tzanne davon ausgeht, dass Missverständnisse in interkulturellen Kontaktsituationen grundsätzlich ähnliche oder gleiche Strukturen aufweisen wie Missverständnisse in intrakulturellen Kontexten, beansprucht sie für ihr Modell auch eine Erklärungskraft im Hinblick auf die Problematik interkultureller Missverständnisse. Darüber hinaus behauptet Tzanne, dass die aus Missverständnissen resultierenden Gesichtsverletzungen negative Auswirkungen auf den weiteren Gesprächsverlauf haben. Missverständnisse können aufgrund der durch sie verursachten Verunsicherung der Gesprächspartner die Entstehung weiterer Missverständnisse provozieren. Darüber hinaus modifizieren sie den Umgang mit späteren Missverständnissen, in die die Interaktionspartner folglich bereits mit früheren Gesichtsverletzungen eintreten.

1.2 Die Fragestellung

Angeliki Tzanne begründet ihre Kategorisierungen anhand eines Korpus unterschiedlichster sprachlicher Missverständnisse, die sie teilweise selbst erlebt und mittels der *diary*-Methode nachträglich aufgezeichnet hat. Einen anderen Teil der Missverständnisse bezieht Tzanne aus Dramen englischsprachiger Autoren des zwanzigsten Jahrhunderts. Beide Methoden der Korpusgenerierung ermöglichen es Tzanne, ihre jeweiligen Argumentationen und Klassifikationen anhand eindeutiger und klarer Beispiele zu illustrieren. Zugleich leiden jedoch beide Methoden unter einer gewissen Realitätsferne, versteht man unter sprachlicher Realität doch eher natürliche, tatsächlich ereignete, interpersonale Gespräche. Insbesondere bei der Zuordnung von unterschiedlichen Missverständnissen und jeweils tendenziell von Sprechern präferierten *facework*-Strategien wird Tzannes Argumentation anhand eines künstlichen Korpus fraglich. Präferieren Autoren von Dramen bei ihrer Produktion bestimmte *facework*-Strategien, so gibt dies keinerlei Aufschluss darüber, ob Menschen in natürlichen Gesprächen es ihnen gleichtun. Darüber hinaus postuliert Tzanne eine durch Missverständnisse beeinflusste Dynamik, die sich über den gesamten Gesprächsverlauf erstreckt. Das Korpus, das Tzannes Untersuchung zugrunde liegt, besteht jedoch nicht aus einem zusammenhängenden Gesprächsverlauf, sondern aus Missverständnissen in den unterschiedlichsten, nicht zusammenhängenden Kontexten. Auch ihr eingangs aufgestelltes Postulat der Erklärungskraft für interkulturelle Missverständnisse findet im Rahmen der Korpusanalyse keinerlei Beachtung mehr.

In der vorliegenden Studie soll das Modell von Angeliki Tzanne einer eingehenden Diskussion unterzogen werden. Aus diesem Ziel ergeben sich im einzelnen drei Fragestellungen:

1. Im Hinblick auf die Interkulturalität der Ursachen von Missverständnissen soll untersucht werden, ob es durch Tzannes Modell tatsächlich möglich wird, einen Großteil der real aufgetretenen Missverständnisse in interkulturellen Kontaktsituationen auf situative Ursachen zurückzuführen und somit den Faktor der Interkulturalität möglichst präzise zu isolieren.

2. Weiterhin soll überprüft werden, ob Tzannes Ansatz tatsächlich hinreichend ist, um dynamische Prozesse auf der Ebene zwischenmenschlicher Beziehungen zu erklären, die sich nicht nur innerhalb der Entstehung und Aufklärung eines Missverständnisses, sondern darüber hinaus über den gesamten Verlauf eines längeren interpersonalen Gesprächs erstrecken.

3. Bleiben Missverständnisse in interkulturellen Kontexten unaufgeklärt, so besteht die Gefahr der Entstehung neuer oder der Bekräftigung bestehender nationaler Stereotypen (vgl. Gass/Varonis 1991: 142). Unabhängig von ihrem eigentlichen Entstehungsgrund gebührt dem Umgang mit interkulturellen Missverständnissen daher besondere Aufmerksamkeit. Aus diesem Grund soll die vorliegende Untersuchung zeigen, ob Tzannes Modell Aufschluss über mögliche Unterschiede im Umgang der Interaktionspartner mit interkulturellen im Gegensatz zu situativen Missverständnissen geben kann.

Sollte diese Diskussion zeigen, dass Tzannes Modell in diesen Aspekten keine hinreichend aussagekräftigen Erklärungen erlaubt, so zählt es zur Aufgabenstellung der vorliegenden Studie, das Modell in einer Weise zu modifizieren, die der Fragestellung zumindest annähernd konstruktiv entgegenkommt.

1.3 Die Methode

Kern der Kritik der vorliegenden Studie an Tzannes Studie ist die Erklärungskraft der empirischen Beweisführung. Der pragmatischen und konversationsanalytischen Auffassung von Missverständnissen, die Tzanne in ihrer Arbeit vertritt, soll in der vorliegenden Studie in Form der Analyse eines authentischen Gesprächskorpus eine ethnomethodologische Komponente hinzugefügt werden. Daher muss in diesem Rahmen zunächst eine neue Methode zur Generierung empirischer Daten entwickelt werden, die den Ansprüchen der aufgestellten Fragestellung besser gerecht werden kann: Hierzu ist ein längeres, zusammenhängendes Textkorpus eines interpersonalen Gesprächs erforderlich, dessen Interaktionspartner aus mindestens zwei unterschiedlichen Kulturen stammen. Die international geprägte Studierendenschaft der Europa-Universität Viadrina bietet in diesem Rahmen ein optimales Forschungsumfeld, in dem der interkulturelle, insbesondere der deutsch-polnische Kontakt für viele möglichen Probanden zur Alltagswelt gehört. Exemplarisch sollen in diesem Rahmen Videoaufzeichnungen von Freizeitgesprächen von jeweils vier interkulturell zusammengesetzten Gruppen untereinander befreundeter Studierender im Hinblick auf sprachliche Missverständnisse untersucht werden. Sind die aufgetretenen Missverständnisse in der Transkription identifiziert, so soll die Anwendbarkeit von Tzannes Kategorisierung anhand jedes Missverständnisses mit besonderer Berücksichtigung des möglichen Einflusses von Interkulturalität überprüft und diskutiert werden. Auch Tzannes Modell der Reparaturstrategien soll einer eingehenden Diskussion unterzogen werden. Möglicherweise wird das empirische Material eine Modifikation und Erweiterung von Tzannes Modell erforderlich machen. Nach Tzannes vorgeschlagenen konversationsanalytischen Gesichtspunkten soll im Anschluss ein Darstellungsmodell entwickelt werden, das die dynamische Veränderung der Faceworkstrategien von Interaktionspartnern im Gesprächsverlauf verdeutlichen kann. Anhand dieses konversationsanalytischen Modells soll überprüft werden, ob die von den Probanden verwendeten Gesprächsstrategien Tzannes Thesen bezüglich der gesamten Gesprächsdynamik und der Indifferenz der Strategien gegenüber interkulturellen Einflüssen belegen oder andersartige Aussagen ermöglichen.

Um zu authentischen Aussagen über den Einfluss von Missverständnissen auf Gesprächssituationen gelangen zu können, gebührt den subjektiven Eindrücken der beteiligten Probanden besondere Beachtung. Demnach genügt es nicht, anhand des theoretischen Facework-Modells mögliche Gesichtsbedrohungen zu identifizieren, wenn die Probanden diese Gesichtsbedrohungen nicht auch tatsächlich empfunden haben. Erst auf der Basis real ausgelöster Gesichtsbedrohungen kann von einem Beitrag zur Beeinflussung der gesamten Gesprächsdynamik ausgegangen werden. Qualitative Interviews sollen folglich der empirischen Validierung und Untermauerung des ausgearbeiteten Modells dienen.

1.4 Die Gliederung

Um die Implikationen der Erkenntnisse über die Rolle von Missverständnissen in interkulturellen Kontaktsituationen in ihrem Umfang ermessen zu können, wird dieser Studie im folgenden Kapitel eine Einordnung der Thematik in den Forschungsbereich der interkulturellen Kommunikation vorangestellt. Nach einer Eingrenzung auf das mit Missverständnissen verbundene Erkenntnisinteresse und nach einer Kritik an der Methodologie Angeliki Tzannes soll im dritten Kapitel ein modifiziertes Verfahren zur Generierung geeigneter empirischer Daten vorgestellt und diskutiert werden. Das vierte Kapitel untersucht zunächst die möglichen Entstehungsgründe für sprachliche Missverständnisse und wird in diesem Zusammenhang die Rolle des Faktors der Interkulturalität im Hinblick auf Tzannes Thesen diskutieren. Die drei darauffolgenden Kapitel fünf und sechs und sieben sind der Analyse möglicher Strategien im Umgang mit aufgetretenen Missverständnissen gewidmet. Das fünfte Kapitel diskutiert Tzannes Beschränkung der Analyse auf die Sequenz der Reparaturversuche und führt auf dieser Basis ein erweitertes Modell ein, das den Implikationen des Facework weiterer Sequenzen innerhalb eines Missverständnisses Rechnung trägt. Im sechsten Kapitel wird anschließend ein Analysemodell entwickelt, das den zusätzlichen Anforderungen einer Betrachtung des gesamten Gesprächsverlaufs gerecht wird. Im siebten Kapitel kommt dieses Modell zur Anwendung, indem die Facework-Strategien der einzelnen Probanden untersucht und den Aussagen der Probanden in den qualitativen Interviews gegenübergestellt werden. Zusätzliche Beachtung soll den möglicherweise modifizierten Strategien der Probanden im Umgang mit interkulturellen Missverständnissen zuteil werden. Das abschließende achte Kapitel dient schließlich der Zusammenfassung der in dieser Studie gewonnenen Aussagen und bietet einen Ausblick auf daraus resultierende Fragen für die zukünftige Forschung.

2 Interkulturelle Kommunikation und Missverständnisforschung

Bevor ab dem dritten Kapitel dieser Studie die Diskussion und Weiterentwicklung der Theorie von Angeliki Tzanne begonnen wird, soll dieser Abschnitt einen Überblick über die Forschungsbereiche und die theoretischen Strömungen im Bereich der interkulturellen Kommunikationsforschung geben. Vor diesem Hintergrund lassen sich am Ende des Kapitels Konsequenzen der Erkenntnisse Tzannes für die Rolle sprachlicher Missverständnisse in der interkulturellen Kommunikation ableiten.

2.1 Die Relevanz interkultureller Kommunikation als Gegenstand wissenschaftlicher Untersuchung

Bereits in der Einleitung zu dieser Studie wurde die Grundannahme erwähnt, Kommunikation in interkulturellen Kontexten verlaufe grundsätzlich störanfälliger als „normale", intrakulturelle Kommunikation. Forschungsüberblicke zur interkulturellen Kommunikation blicken relativ einheitlich auf eine ca. zwanzig- bis dreißigjährige Entwicklung interkultureller Kommunikation als Gegenstand akademischer Forschung zurück (vgl. Ehlich 1996: 920; Hinnenkamp 1994: 47; Liedke/Knapp-Potthoff 1997: 9; Rehbein 1985: 8-9). Für die seither stetig zunehmende Literatur auf diesem Gebiet, von dem die Studienbibliographie Hinnenkamps einen Eindruck zu vermitteln vermag (vgl. Hinnenkamp 1994), können drei Faktoren verantwortlich gemacht werden:

2.1.1 Die Homogenisierungstendenzen früherer Auffassungen sozialer Wirklichkeit

Konrad Ehlich zufolge stellt das Phänomen interkultureller Kommunikation grundsätzlich heterogene Situationen dar, die den Homogenisierungstendenzen zuwiderlaufen, die Ehlich in Politik und Wissenschaft bis in die Mitte des zwanzigsten Jahrhunderts hinein feststellt (vgl. Ehlich 1996: 920). Demzufolge boten sich bereits in den vergangenen Jahrhunderten zahlreiche Gelegenheiten interkultureller Kontaktsituationen, bei denen die kognitive Erfassung des inhärenten Problemgehaltes jedoch nicht geleistet wurde. Die heutige Forschung zur interkulturellen Kommunikation setzt sich meist allgemein zum Ziel, Gründe für die Störanfälligkeit interkultureller Kommunikation zu identifizieren und somit die kommunikative Verständigung zwischen Menschen unterschiedlicher Kulturen zu verbessern. Hinnenkamp (vgl. Hinnenkamp 1994: 47) weist im Hinblick auf interkulturelle Kontakte darauf hin, dass bereits die Schaffung von Kolonialbeziehungen in der Zeit des Kolonialismus mit dem Verstehen der jeweils fremden, nichteuropäischen Kultur legitimiert wurde. Exemplarisch verweist Hinnenkamp dabei auf die Schilderungen Todorovs zur Eroberung Mexikos durch Cortes. Auch im Rahmen dieses Kolonialverhältnisses rechtfertigte die europäische Gesellschaft ihre Vorstöße mit dem Anspruch, die Kultur der autochthonen Bevölkerung verstehen zu können. Offenkundig hinderte dieses Verstehen die Kolonisatoren jedoch nicht daran, die Kolonialstaaten rücksichtslos zu eigenen Zwecken auszubeuten und uneingeschränkte Macht über sie auszuüben (vgl. Todorov 1985: 155-160). Wenngleich die zahlreichen Plantationen und Vertreibungen im Rahmen der Kolonisation zu einer erheblichen Steigerung der Kulturkontakte führten, wendet Ehlich jedoch ein, dass die Kolonisatoren aufgrund ihrer Vormachtstellung keinen Anlass zur Problematisierung von Interkulturalität sahen. Auch innerhalb Europas waren der Erkenntnis interkultureller Probleme kognitive Schranken gesetzt. Ehlich verweist hier auf die Verbreitung der Idee nationaler Homogenität, nach der die Existenz unterschiedlicher Kulturen in einer Nation nicht denkbar waren. Zudem wurde dieses Homogenitätsbestreben politisch forciert, bis es schließlich in Deutschland in Form des Holocaust seinen grausamen Höhepunkt fand (vgl. Ehlich 1996: 923).

Parallele Homogenisierungsbestrebungen zeichnet Ehlich zeitgleich auch im akademischen Bereich nach. Ehlich zufolge erlebten geisteswissenschaftliche Disziplinen eine kontinuierliche Eingrenzung des für sie relevanten Forschungsgegenstandes. Für den Bereich der Sprachwissenschaften verweist Ehlich auf Ferdinand de Saussure, der mit seiner Unterscheidung zwischen *langue* und *parole* zugleich für zukünftige Forschungen einen wissenschaftlichen Fokus auf die Untersuchung der *langue* erfolgreich postulierte. Eine Differenzierung vergleichbaren Ausmaßes nahmen später die Sprechakttheoretiker vor, indem sie den illokutionären Akt von seiner Ausführung trennten und sich darauf aufbauend auf die Erforschung der Illokution konzentrierten. Die Eingrenzungen des Forschungsbereichs, die mit diesen Kategorisierungen einhergingen, wurden als positive Präzisierungen im Sinne wissenschaftlich exakter Methodik betrachtet. Die Kehrseite dieser Medaille wurde über lange Zeit nicht erkannt: immer mehr Realitätsbereiche wurden gleichzeitig in wissenschaftliche Randbereiche verbannt, bis sie sich der Untersuchung mit Hilfe der präzisierten wissenschaftlichen Instrumente vollends entzogen. Dieses Unglück ereilte auch das in der realen Welt präsente Phänomen der interkulturellen Kommunikation, denn auch in Disziplinen wie denen der Anthropologie, Ethnologie und Soziologie, in denen die Konzepte der *Gruppe* und der *Ethnie* ausgearbeitet wurden, erfuhren hiermit eine Homogenisierung. Beide Konzepte schienen Mischsituationen wie die interkulturellen Kontakts a priori auszuschließen. Ehlich räumt jedoch ein, dass die Ausgrenzung interkultureller Kommunikation aus verschiedenen Fachbereichen wiederum zu ihrer eigenen fachlichen Präzisierung innerhalb der vergangenen drei Jahrzehnte beitrug (vgl. Ehlich 1996: 920-921). Aufgrund dieser Annäherung mittels des Ausschlussverfahrens an den Bereich der interkulturellen Kommunikation erklärt sich zugleich die Interdisziplinarität, die in dem Phänomen seither permanent enthalten ist: Noch immer nehmen Arbeiten zur interkulturellen Kommunikation eine interdisziplinäre Position inmitten unterschiedlichster disziplinärer Zentren ein. Abschnitt 2.4 gibt daher neben der Konzentration auf sprachwissenschaftliche Methoden, denen sich die vorliegende Studie weitestgehend verpflichtet fühlt, einen Überblick über relevante Arbeiten aus anderen Disziplinen.

2.1.2 Die technische Realisierbarkeit der empirischen Untersuchung gesprochener Sprache

Auf der Suche nach Anfängen und Vorarbeiten zur Erforschung interkultureller Kommunikation greifen heutige Autoren bereits auf Wilhelm von Humboldt zurück. Für Humboldt erschloss sich erst durch die Auseinandersetzung mit fremden Sprachen die Positionierung der eigenen Sprache (vgl. Günthner 1994: 97). Ausgehend von der Annahme, unterschiedliche Sprachen ermöglichten unterschiedliche Denkweisen, forderte er, mittels eines Sprachvergleich herauszufinden, „welches der weiteste Aufflug ist, den eine [Sprache] gestattet, und auf welche Weise die Grenzen des menschlichen Geistes von dieser Seite gleichsam historisch zu bestimmen sind.“ (Humboldt 1810/11: 12). Hinnenkamp verweist in einer weiteren Entwicklung auf die Ausführungen Sapirs aus den dreißiger Jahren, dessen Sprachvergleich ähnliche Ziele verfolgt (vgl. Hinnenkamp 1994: 48; Sapir 1996). Hinnenkamp und Rehbein zufolge überträgt Robert Lado diese komparative Methode erstmals auf allgemeinere kulturelle Phänomene (vgl. Hinnenkamp 1994: 48; Lado 1953; Rehbein 1985: 8). Rehbein konstatiert jedoch, dass diese Entwicklung des Forschungsbereichs der interkulturellen Kommunikation von einer fortschreitenden Empirisierung gekennzeichnet ist (vgl. Rehbein 1985: 9), die allerdings erst mit den konversationsanalytisch ausgerichteten Studien von John J. Gumperz zu Beginn der sechziger Jahre ihren Anfang nimmt. Viele Autoren beziehen sich daher auf die Arbeiten von Gumperz und Hymes als disziplinäre Begründung interkultureller Kommunikation als Forschungsrichtung und grenzen diese so gegenüber den rein theoretischen Vorarbeiten ab (vgl. Knapp/Knapp-Potthoff 1987: 2).

Nicht zu vernachlässigen ist an dieser Stelle die Rolle technischer Hilfsmittel, die es erst in der zweiten Hälfte des zwanzigsten Jahrhunderts ermöglichten, umfangreichere Korpora gesprochener Sprache in Ton und Bild aufzuzeichnen und so einer eingehenden Analyse erst zugänglich zu machen (vgl. Knapp/Knapp-Potthoff 1987: 1). Seither haben sich die technischen Möglichkeiten kontinuierlich verbessert und stets neue Analysemethoden hervorgebracht.

2.1.3 Das wachsende Problembewusstsein für interkulturelle Kontaktsituationen

Entgegen der bereits skizzierten Annahme Ehlichs, dass interkulturelle Kontaktsituationen auch in früheren Jahrhunderten durchaus zum Alltagsbild gehörten, gehen andere Autoren von einer grundsätzlichen Zunahme interkultureller Kontakte aus. Maletzke unterscheidet als relevante gesellschaftliche Problemfelder die Bereiche der internationalen Politik, der Wissenschaft, der Wirtschaft, des Tourismus und der Migration (vgl. Maletzke 1996: 9-12). Liedke und Knapp-Potthoff weisen darüber hinaus darauf hin, dass interkulturelle Kontaktsituationen zunehmenden Eingang in die innereuropäische Alltagswelt gefunden haben. Aufgrund permanenter Migrationsströme können am Arbeitsplatz, im Rahmen gesellschaftlicher Institutionen, aber auch im privaten Bereich von Nachbarschaft und Familie interkulturelle Faktoren eine Rolle spielen (vgl. Liedke/Knapp-Potthoff 1997: 7). Luchtenberg fokussiert in ihrer Übersicht insbesondere interkulturelle Kontaktsituationen im Rahmen von Institutionen wie der der Sozialarbeit, der medizinisch-psychologischen Beratung, des internationalen Jugendaustauschs, der Schule, des Gerichts und der Medien (vgl. Luchtenberg 1999: 9). Diesen erkannten Problemfeldern stehen bereits eine Reihe neuer Arbeitsfelder wie das der interkulturellen Wirtschaftskommunikation, der Fremdsprachendidaktik sowie der Konzeptionierung und Durchführung von Trainingsangeboten gegenüber, die allesamt versuchen, relevante wissenschaftliche Forschungsergebnisse in Lösungen für die Praxis umzusetzen (vgl. Luchtenberg 1999: 9). Schlagworte wie die des von Marshall McLuhan geprägten *global village* helfen einerseits, bestehende Tendenzen zu beschreiben, und lösen ihrerseits zugleich wiederum eine den Prozess verstärkende Dynamik aus.

2.2 Definition des Begriffs interkultureller Kommunikation

In der vorliegenden Studie soll der potentielle Einfluss von Interkulturalität in interpersonalen Kommunikationssituationen einer kritischen Analyse unterzogen werden. Aus diesem Grund ist eine vorherige präzise Definition des zugrundeliegenden begrifflichen Verständnisses unerlässlich.

2.2.1 Kultur

Spricht man von interkultureller Kommunikation, also von Kommunikation zwischen Angehörigen unterschiedlicher Kulturen, so spielt der zugrunde liegende Kulturbegriff eine maßgebliche Rolle bei der Eingrenzung des Untersuchungsgegenstandes. Die Schätzungen zur Anzahl kursierender Definitionen zum Kulturbegriff gehen weit auseinander. Schon in den fünfziger Jahren konnten Kroeber und Kluckhohn über 200 verschiedene Definitionen ausmachen (vgl. Kroeber/Kluckhohn 1952), Slembek spricht 1998 von über 300 Definitionen (vgl. Slembek 1998: 27). Ehlich sieht den Grund für diese Vielfalt in der Funktion, die die Verwendung eines Kulturbegriffs in den Sozialwissenschaften erfüllt. Ihm zufolge erfüllt der Kulturbegriff gleichsam die Aufgabe einer Black Box, eines Platzhalters, der es einerseits erlauben soll, möglichst viele, völlig unterschiedliche Aspekte der menschlichen Lebenswelt unter einen Begriff zu subsumieren, ohne andererseits die Beziehungen und Interdependenzen dieser einzelnen Aspekte untereinander erklären zu müssen. Ehlich folgert daraus, dass der Kulturbegriff nicht mehr als Explanans angesehen werden kann, sondern vielmehr als Explanandum berücksichtigt werden muss (vgl. Ehlich 1996: 921). Dennoch nehmen Autoren zwecks besserer Operationalisierbarkeit auch heute noch ungeachtet der Vielschichtigkeit des Kulturbegriffes enorme Vereinfachungen in Kauf. So hält Bolten im Falle interkultureller Wirtschaftskommunikation aller Einsichten zum Trotz eine Gleichsetzung kultureller Differenzierungen mit nationalen Grenzziehungen für erforderlich (vgl. Bolten 1997: 474).

2.2.1.1 Enger vs. erweiterter Kulturbegriff

Zuvor bietet Bolten jedoch eine übersichtliche Kategorisierung einzelner Kulturbegriffe. Auf einer obersten Ebene unterscheidet er zunächst zwischen einem engen und einem erweiterten Kulturbegriff. Der enge Kulturbegriff wurde meist als Gegenstück zu den Begriffen der Natur oder auch der Massenkultur gesehen und wurde im Gegensatz zu ihnen mit positiven Werten des Schönen und Guten belegt. In den heutigen Kulturwissenschaften kommt dagegen der erweiterte Kulturbegriff zum Zuge. Er versucht, die Gesamtheit der Normen und Wertorientierungen alltäglichen Handels zu umfassen und führt so zu dem oben gemäß Ehlich zitierten Dilemma.

2.2.1.2 Kulturtheorien nach dem erweiterten Kulturbegriff

In diesem Rahmen unterscheidet Bolten zunächst zwischen materialistischen und mentalistischen Kulturtheorien. Erstere konzentrieren sich Bolten zufolge auf die Beschreibung konkret wahrnehmbarer Artefakte wie Gebäude, Gebrauchsgegenstände oder Kleidung. Diese sogenannten *Perceptas* werden von den Mitgliedern der Kultur wie auch von Außenstehenden als identifikationsstiftende kulturelle Merkmale wahrgenommen (vgl. Bolten 1997: 472-473). Die mentalistische Kulturtheorie begreift Kultur demgegenüber als Gesamtheit abstrakter gesellschaftlicher Werte, Einstellungen und Normen, die gegenüber den *Perceptas* in die Gruppe der *Conceptas* fallen (vgl. Bolten 1997: 473). Die funktionalistische Kulturtheorie beschreibt das Phänomen mittels seiner Rolle als Orientierungssystem, in dem Individuen ihr alltagsweltliches Handeln ausrichten. Kultur beinhaltet demnach ein unbewusstes und unhinterfragtes Regelwerk, nach dem Mitglieder einer Gesellschaft interagieren. Kultur kann so auch als gemeinsamer Zeichenvorrat betrachtet werden, über den die Individuen einer Gruppe miteinander kommunizieren. Bolten räumt jedoch ein, dass heutige Sichtweisen meist alle drei Perspektiven im Blick behalten und sowohl Perceptas als auch Conceptas berücksichtigen (vgl. Bolten 1997: 473-474). Auch die vorliegende Studie soll sich an den von Bolten vorgestellten Dimensionen orientieren. Dabei eröffnet insbesondere die funktionalistische Perspektive erhellende Einblicke in die Rolle der Kultur im Fall situativer sprachlicher Missverständnisse. Geht man davon aus, dass sich Interaktionspartner zur Interpretation grundsätzlich auch kulturell geprägten Hintergrundwissens bedienen, so ist die Orientierungsfunktion kulturellen Wissens nicht zu unterschätzen. Darüber hinaus trägt auch das wiederum kulturell geprägte Wissen über die Existenz andersartiger Kulturen als Orientierungshilfe zur Interpretation einer Situation bei.

2.2.2 Kommunikation

Bolten zeichnet eine Entwicklung des Kommunikationsbegriff von einem Transmissionsmodell zu einem Interaktionsmodell in den Geisteswissenschaften nach. Kern des Transmissionsgedanken ist die im Jahre 1948 von Harold D. Lasswell entwickelte, sogenannte *Lasswell-Formel*, die die angenommenen Kriterien in einem Satz vereint: „Wer sagt was auf welchem Wege zu wem mit welcher Wirkung?“ (Bolten 1997: 478). Heutige

Kommunikationsmodelle dagegen gehen grundsätzlich von einer kommunikativen Aktivität aller beteiligten Personen aus. Darüber hinaus enthält jede kommunikative Äußerung neben der durch sie transportierten inhaltlichen Komponente Aspekte der Selbstoffenbarung und der Beziehungsdefinition sowie einen impliziten Appell an den Hörer. Schulz von Thun illustriert diese vier Aspekte graphisch an seinem Modell des *vierohrigen Empfängers* (vgl. Schulz von Thun 1981: 45). Im Rahmen interkultureller Kommunikation sieht Luchtenberg in dem von Els Oksaar vorgestellten Kulturemmodell eine Synopse aller relevanten kommunikativen Aspekte (vgl. Luchtenberg 1999: 12). Oksaar trägt dabei zusätzlich der Tatsache Rechnung, dass jegliche Form der Kommunikation stets kulturgebunden und zugleich eine Manifestation von Kultur darstellt. Während Oksaar der Kommunikation zugrundeliegende Regeln zu soziokulturellen Verhaltensweisen als *Kultureme* bezeichnet, betrachtet sie alle kommunikativen Handlungen als *Behavioreme*. Behavioreme schließlich enthalten alle dem Menschen zur Verfügung stehenden Kommunikationsformen. Oksaar unterscheidet hier zwischen nonverbaler Kommunikation, zu der sie Handlungen aus dem Bereich der Mimik, der Gestik und der Körperbewegungen zählt. Der Bereich der extraverbalen Kommunikation beinhaltet Aspekte der Zeit und des Raumes sowie der Proxemik. Die Kategorie verbaler Kommunikation schließlich beinhaltet sprachliche Ausdrucksweisen in Form von Worten. Darüber hinaus unterscheidet Oksaar parasprachliche kommunikative Elemente, zu denen beispielsweise lautliche Äußerungen und Ausrufe gerechnet werden, die jedoch keine Wörter enthalten (vgl. Luchtenberg 1999: 12). Oksaars angenommene, relativ statische Verbindung zwischen Kultur und Kommunikation deutet jedoch darauf hin, dass Oksaar einem kontrastiven Ansatz in der interkulturellen Kommunikation verhaftet ist. Die Existenz eines Zusammenhangs zwischen Kultur und Kommunikation soll auch in dieser Studie in keiner Weise in Frage gestellt werden. Dennoch muss davon ausgegangen werden, dass Individuen auch fähig sind, in interkulturellen Situationen neue kommunikative Ausdrucksformen zu erlernen und situativ anzuwenden. Luchtenberg unterscheidet außerdem zwischen medial vermittelter Kommunikation und interpersonaler Kommunikation (vgl. Luchtenberg 1999: 10). Häufig wird darüber hinaus zwischen schriftlicher und mündlicher Kommunikation unterschieden. Im Rahmen der vorliegenden Studie soll ausschließlich mündliche, interpersonale Kommunikation untersucht werden. Dabei gebührt der verbalen Ebene der Kommunikation besondere Beachtung. Eine audiovisuelle Aufzeichnung des Datenkorpus soll es jedoch ermöglichen, auch außersprachliche kommunikative Aspekte zu berücksichtigen.

2.2.3 Interkulturelle Kommunikation

Nach einer Begriffsbestimmung der Termini der Kultur und der Kommunikation steht eine Definition dessen, was unter interkultureller Kommunikation zu verstehen sei, weiterhin aus. Die Diskussion des Kulturbegriffs hat gezeigt, dass dieser nur schwerlich eine homogene, nach außen abgegrenzte Gruppe von Menschen charakterisieren kann. Statt dessen hat jedes Individuum seine eigene Kultur selbst erworben, wenngleich sich darin gewiss viele Orientierungsmuster widerspiegeln, die sich mit denen seiner Mitmenschen decken. Um dem Charakter des Alleinigkeitsanspruchs des Kulturbegriffs zu entkommen, führt Maletzke gar den Begriff der Subkulturen ein (vgl. Maletzke 1996: 16-17). Luchtenberg räumt jedoch ein, dass in den weitaus meisten Fällen im Bereich der Forschung auf die Unterscheidung nationaler Kulturen mit dazugehörigen unterschiedlichen Sprachen zurückgegriffen wird (vgl. Luchtenberg 1999: 17). Auch in der vorliegenden Studie soll eine derartige Auffassung Verwendung finden, wenngleich eine derartige Abgrenzung nicht unproblematisch ist. Luchtenberg weist beispielsweise darauf hin, dass Nationalität und Sprachlichkeit nicht immer zusammenfallen. Auch im Bereich der Sprachen kann der Übergang von einer zur anderen Sprache fließend sein, so dass eine bestimmte Varietät entweder - meist aufgrund politischer Motive - als Dialekt einer Standardsprache oder als eigenständige Sprache angesehen werden kann (vgl. Luchtenberg 1999: 17-18).

Kommunizieren zwei oder mehrere Interaktionspartner unterschiedlicher kultureller Abstammung gemäß der an dieser Stelle zuvor getätigten Definition miteinander, so erfordert dies, dass mindestens einer der Interaktionspartner in einer Sprache spricht, die nicht seine Muttersprache ist. Denkbar sind Konstellationen, in denen alle an einer Situation beteiligten Personen in einer erlernten Fremdsprache sprechen. Demgegenüber zu unterscheiden sind Situationen, in denen ein mehr oder weniger großer Teil einer Gruppe auf seine Muttersprache zurückgreifen kann. Im Falle der vorliegenden Studie kommunizieren alle Probanden in deutscher Sprache untereinander. Dabei setzt sich die Gruppe der Probanden grundsätzlich zur Hälfte aus deutschen und zur Hälfte aus polnischen Muttersprachlern zusammen.

2.3 Unterschiedliche Terminologien für ähnliche Phänomene

Aus den unterschiedlichen Untersuchungsdimensionen und Anwendungsbereichen zur interkulturellen Kommunikation lassen sich entsprechend viele verschiedene Begriffe zusammentragen, mit denen Autoren versuchen, ihren Untersuchungsbereich abzugrenzen und zu definieren. Auch hier herrscht keine einheitliche Begriffsverwendung vor.

Um die relative Beliebigkeit der Begriffsverwendungen zu illustrieren, ordnet Hinnenkamp die einzelnen Elemente der Termini wie folgt in eine Tabelle ein:

inter- cross- pan- trans- multi-	-national -kulturell, -cultural -racial -ethnisch, -etnic	Kommunikation communication

Tab. 1: Begriffsvariationen zur Bestimmung einzelner Forschungsrichtungen im Bereich der interkulturellen Kommunikation (Hinnenkamp 1994: 48)

Mit der Verwendung englischsprachiger und deutschsprachiger Elemente in der Tabelle trägt Hinnenkamp der Tatsache Rechnung, dass einige Termini nur in der Forschungsliteratur einer der beiden Sprachen Anwendung finden. Dennoch erläutert Hinnenkamp, dass alle 20 denkbaren Begriffskombinationen auch tatsächlich in der Literatur zu finden sind (vgl. Hinnenkamp 1994: 48-49). Im folgenden seien jedoch nur die Bedeutungsdimensionen der am häufigsten verwendeten Termini erläutert.

Unter internationaler Kommunikation versteht Hinnenkamp massenmedial vermittelte Kommunikation sowie Kommunikationen zwischen Institutionen und Körperschaften. Reimann dagegen diskutiert den selben Gegenstand unter dem Label transkultureller Kommunikation (vgl. Reimann 1992). Sigrid Luchtenberg versteht massenmedial vermittelte Kommunikation als *Diskurse* und unterscheidet sie so von interpersonaler Kommunikation, die sie schlicht unter dem Terminus der *Kommunikation* führt (vgl. Luchtenberg 1999: 13).

Der Terminus *cross-cultural communication* findet kein direktes Äquivalent in der deutschsprachigen Literatur. Hinnenkamp verortet den Begriff in der Psychologie, führt jedoch keine Beispiele an. Die Aufsätze von Thomas und Ulinchy zeigen jedoch, dass der Begriff mit gleicher Selbstverständlichkeit auch innerhalb der Pragmatik verwendet wird (vgl. Thomas 1983; Ulinchy 1997), García und Otheguy sprechen von *cross-cultural communication* aus soziolinguistischer Perspektive. Bolten schließlich zeigt, dass der Terminus auch eingesetzt werden kann, um Trendbewusstsein zu suggerieren, wenn man ihn als Titel für eine deutschsprachige Veröffentlichung verwendet (vgl. Bolten 1995). *Cross-cultural communication* scheint in der englischsprachigen Literatur daher eine eher universelle Bedeutung zu tragen, die der Verwendung des Begriffes *interkulturelle Kommunikation* im Deutschen ähnelt.

Negative Geschichtserfahrungen verbieten verständlicherweise die wörtliche Übersetzung der Varianten der *cross-racial* oder *interracial communication* ins Deutsche. Hinnenkamp zufolge werden sie in Übersetzungen meist durch das Adjektiv *interethnisch* wiedergegeben (vgl. Hinnenkamp 1994: 49). In den USA befassen sich Arbeiten zur *cross-racial communication* meist mit der dort akuten Problematik der Kommunikation zwischen sogenannten *Black and White Americans*. Interethnische Kommunikation dagegen meint meist Kontaktsituationen zwischen Mitgliedern von Gruppen mit einer stark ausgeprägten ethnischen Identität.

2.4 Methodologische Ansätze in der interkulturellen Kommunikation

Ten Thije zeichnet eine Entwicklung dreier unterschiedlicher methodologischer Ansätze zur Untersuchung interkultureller Kommunikation nach, die teilweise chronologisch aufeinander folgend in unterschiedlichen wissenschaftlichen Disziplinen verfolgt wurden. Demnach thematisierten ältere Studien insbesondere die Untersuchung kultureller Unterschiede, die die Interaktion zwischen Sprechern unterschiedlicher Kulturen erschwerten. Daraufhin folgten zahlreiche Arbeiten, die die besondere Problematik von Gesprächen untersuchten, die von mindestens einem Gesprächsteilnehmer in einer erworbenen Fremdsprache bestritten wurden. Ten Thije zufolge befassen sich neuere Studien mit tatsächlichen Diskursen zwischen Interaktionspartnern unterschiedlicher Kulturen (vgl. ten Thije 1997: 128).

Konrad Ehlich zufolge erwachsen die meisten Studien zur Rolle sprachlicher Missverständnisse im Rahmen interkultureller Kommunikation dem ersteren, kontrastiven Ansatz (vgl. Ehlich 1996: 925). Tzanne fordert mit ihrer Arbeit eine Herauslösung des Phänomens der Missverständnisse aus diesem kontrastiven Kontext und fordert statt dessen eine Untersuchung tatsächlicher interkultureller Interaktionssituationen. Mit ihrer Hauptaussage zielt sie insbesondere darauf ab, den vermeintlichen Einfluss des Faktors der Interkulturalität einzugrenzen und durch situative Faktoren teilweise zu ersetzen.

Um die Implikationen dieser Herauslösung der Missverständnisforschung aus der kontrastiven Analyse und ihrer Einbettung in eine interaktionale Methodik mit allen Implikationen nachvollziehen zu können, soll der folgende Abschnitt einen kurzen Forschungsüberblick geben.

2.4.1 Kontrastive Ansätze

Innerhalb der Differenzierung kontrastiver gegenüber interaktionaler Ansätze verfolgt dieser Abschnitt einen Überblick entlang disziplinärer Grenzen, um die methodologische Herangehensweisen der Arbeiten weiter kategorisieren zu können.

2.4.1.1 Kulturanthropologische Ansätze

Im Bereich der Kulturanthropologie wurde in den 70er Jahren insbesondere durch die umfangreichen quantitativen Studien von Hofstede und Hall der Grundstein einer bis heute anhaltenden Forschungstradition gelegt, die insbesondere im Rahmen der Wirtschaftswissenschaften große Beachtung fand. Beide Studien seien im folgenden kurz geschildert und diskutiert.

2.4.1.1.1 Die IBM-Studie von Hofstede

Mit Hilfe von über 120.000 Fragebögen eruierte Geert Hofstede zwischen 1968 und 1972 die arbeitsrelevanten Einstellungen und Werte von Mitarbeitern des IBM-Konzerns. Zur Auswertung übernimmt er die Annahme der Anthropologin Margaret Mead, nach der alle kulturell noch so verschiedenen Gesellschaften mit der Lösung immer gleicher Grundprobleme konfrontiert seien (vgl. Hofstede 1997: 15). Hofstede isoliert diese Grundprobleme aus seinen Forschungsergebnissen, indem er sie in Form von vier kulturellen Dimensionen definiert. Das Problem des Umgang mit Autoritäten lösen Gesellschaften demzufolge in Form unterschiedlicher Machtdistanz. Auf die Frage nach der Beziehung des Individuums zur Gesellschaft findet Hofstede Antworten, die er als individualistische vs. kollektivistische Verhaltensweisen beschreibt. Zugleich unterscheidet sich das Selbstverständnis der Gesellschaften im Bezug auf seine Vorstellungen von Maskulinität und Femininität. Schließlich identifiziert Hofstede unterschiedliche Umgangsweisen zur Vermeidung oder Behandlung von Unsicherheit (vgl. Hofstede 1997: 16). Sind die Kulturen unterschiedlicher Länder in eine gemäß der Dimensionen entworfene Matrix eingeordnet, lässt sich Hofstede zufolge anhand der Distanz und entsprechend anhand des Ausmaßes der Differenzen zwischen den Kulturen folgern, welche Bereiche interkulturellen Kontaktes sich mehr oder weniger problematisch gestalten würden (vgl. Hofstede 1997: 71, 119, 137, 173, 181). Casper-Hehne kritisiert, dass die Studie aufgrund der Durchführung innerhalb eines Unternehmens ebenso eine einzelne Unternehmungskultur nachzeichnen könnte (vgl. Casper-Hehne 1999: 81). Weiterhin ist anzumerken, dass die Studie eine reine, mittlerweile 30 Jahre alte Momentaufnahme darstellt, wohingegen es ein Allgemeinplatz ist, dass kulturelle Werte einem permanenten Wandel unterliegen.

Des weiteren erliegt man einem Fehlschluss, geht man davon aus, dass Einzelpersonen sich in interkulturellen Kontaktsituationen zwangsweise entsprechend der kulturellen Positionierung ihrer eigenen Nation in der Matrix von Hofstede verhalten werden.

2.4.1.1.2 Das Kulturmodell von Hall

Auch Edward T. Hall führte eine Befragung unter Angehörigen unterschiedlicher Kulturen und Gesellschaftsschichten durch. Zentrale Kategorien seiner Auswertung sind die Dimensionen des unterschiedlichen Umgangs mit Zeit und Raum (vgl. Hall 1983). Hall unterscheidet demnach Kulturen, die Zeit monochron auffassen, d.h. einzelne Aufgaben nacheinander ausführen, gegenüber Kulturen mit polychronem Zeitverständnis. Mitglieder letzterer Kulturen können demnach mehrere Aufgaben gleichzeitig ausführen, da sie weniger Wert auf die Einhaltung von Zeitplänen als auf die Beendigung menschlicher Interaktion legen. Weiterhin unterschiedet Hall Kulturen mit *high context*-Orientierungen von solchen mit *low context*-Orientierung. Menschen in *high context*-Kulturen unterhalten enge, individuelle Beziehungen zu ihren Mitmenschen, so dass sie den Beziehungsaspekt in der Kommunikation nicht permanent in Frage stellen oder thematisieren müssen. Menschen in *low context*-Kulturen dagegen müssen diese nicht von vornherein festgelegte Beziehung auch zu ihren engsten Mitmenschen immer neu definieren, was sich meist in vermehrten indirekten Formulierungen und Höflichkeit niederschlägt (vgl. Casper-Hehne 1999: 82-83).

2.4.1.2 Arbeiten aus der Ethnographie der Kommunikation

Mittels ethnographischer Methoden versucht die Forschungsrichtung der Ethnographie der Kommunikation, kulturell unterschiedliche Sprechmuster und Sprechgewohnheiten herauszuarbeiten. 1962 von Dell Hymes initiiert, wurde die Methode im Rahmen interkultureller Kommunikation beispielsweise durch eine Studie der Universität Vaasa aufgegriffen, in der mit Hilfe von Interviews Unterschiede in der Kommunikation im deutsch-finnischen Handel herausgestellt wurden (vgl. Reuter/Schröder/Tiittula 1989). Während deutsche Verhandlungspartner schriftliche Kommunikation vorzögen, präferierten ihre finnischen Kollegen mündliche Korrespondenz. Finnische Führungskräfte beurteilten den Verhandlungsstil meist als aggressiv, wohingegen ihre deutschen Kollegen ihnen Unfähigkeit im Umgang mit Kritik vorwarfen (vgl. Casper-Hehne 1999: 85-86). Casper-Hehne kritisiert, dass die Arbeiten lediglich auf Interviews und Fragebogenaktionen beruhen, sich jedoch nicht auf authentisches Datenmaterial stützen, das in interkulturellen Kontaktsituationen gewonnen wurde. Diese methodologische Schwäche weisen auch die meisten Arbeiten aus der kontrastiven Pragmatik auf. Untersucht letztere vor allem die unterschiedliche Realisierung von Sprechakten, so unterscheiden sich Arbeiten aus der Ethnographie der Kommunikation von ihr vor allem in der Erhebungsmethode der Daten. Dennoch stellt die erwähnte Studie bereits eine Loslösung rein kontrastiver Methoden und eine Neufokussierung tatsächlicher Kontaktsituationen dar.

2.4.1.3 Der kontrastiv-pragmatische Ansatz in den Sprachwissenschaften

Hinnenkamp zufolge lassen sich auch im Bereich der Sprachwissenschaften kontrastive gegenüber interaktionstheoretisch orientierten Ansätzen unterscheiden. Insbesondere die Kontrastive Pragmatik und die Interaktionale Soziolinguistik haben sich als eigenständige Richtungen herauskristallisiert (vgl. Hinnenkamp 1994: 53-58). Rost-Roth bestätigt diese Unterteilung, hält jedoch eine Kombination beider Ansätze für den Erkenntnisgewinn für unerlässlich (vgl. Rost-Roth 1994: 35).

Hinnenkamp subsumiert aus den Arbeiten innerhalb der kontrastiven Pragmatik die Annahme, Sprechakte und Interaktionsstile unterschiedlicher Kulturen könnten einander gegenübergestellt und verglichen werden. In interkulturellen Kontaktsituationen interpretieren Muttersprachler und Nichtmuttersprachler den Stil des anderen jeweils nach den Regeln, die sie auch ihrem eigenen kommunikativen Handeln zugrunde legen. Sprechakte und Interaktionsstile werden also von Hörern nach Dekodierungsregeln interpretiert, die sich von denen des Sprechers mehr oder weniger unterscheiden. Die dadurch entstandene Fehlkommunikation wird in der kontrastiven Pragmatik daher dem interkulturellen Umfeld zugeschrieben (vgl. Hinnenkamp 1994). Aufgabe der kontrastiven Pragmatik ist es daher, die Strukturen und deren Funktion in aller Sprachen und Kulturen, die an einer interkulturellen Kontaktsituation beteiligt sind, zu beschreiben. Ähnlichen Strukturen zweier Sprachen wird häufig in jeder einzelnen Sprache eine unterschiedliche Funktion zugeordnet. Denkbar ist umgekehrt auch der Ausdruck derselben Funktion in Form voneinander divergierender Strukturen. Schlimmstenfalls wird durch den Gebrauch einer bestimmten Struktur nicht nur die gewünschte Funktion in einer anderen Sprache nicht erzielt, sondern eine völlig andere Funktion ausgelöst. In diesem Fall wird die Existenz einer Fehlkommunikation den beteiligten Sprechern zunächst gar nicht bewusst. Beide Partner kommen nach ihren eigenen Regeln zu einer schlüssigen Interpretation. Ganz deutlich wird für sie eine bestimmte pragmatische Funktion ausgedrückt, die ihnen jedoch in der Situation meist als unangemessen erscheint.

Beispiele für diese Art der Fehlkommunikation lassen sich auf allen verbalen und nonverbalen Ebenen finden. Als Beispiel nennt Hinnenkamp Irritationen, die auftreten können, wenn ein Sprecher in Situationen Komplimente macht, in denen dies nach Auffassung der anderen Kultur unangemessen ist. Nichtmuttersprachler im Deutschen können oft nur schwer unterscheiden, in welchen Situationen sie ihren Gegenüber duzen oder siezen sollen (vgl. Hinnenkamp 1994: 53).

2.4.1.3.1 Arbeiten im Bereich der interkulturellen Kommunikation

Untersuchte man in der kontrastiven Pragmatik zunächst völlig isolierte Sprechakte, so ist man Hinnenkamp zufolge heute dazu übergegangen, Datenmaterial nach ethnographischen Methoden in ihrem speziellen Kontext zu erfassen. Hat man einen Sprechakt innerhalb eines soziokulturellen Systems genau untersucht und seine Funktion in diesem System beschrieben, so kann in anderen soziokulturellen Systemen nach äquivalenten oder zumindest ähnlichen Sprechakten gesucht werden. Finden sich Entsprechungen, so können nun Gemeinsamkeiten und Unterschiede im Verhältnis von Struktur und Funktion beschrieben werden. Hinnenkamp bemängelt, dass diese Forschungsrichtung bisher nicht darüber hinausgekommen ist, lediglich sehr stereotype Sprechakttypen wie unterschiedliches Anredeverhalten oder Höflichkeitsfloskeln zu analysieren (vgl. Hinnenkamp 1994: 54). Darüber hinaus kritisiert er, dass die kontrastive Pragmatik dabei meist keine interkulturellen Kontaktsituationen untersucht hat, sondern nur unterschiedliche Standards beschrieben hat. Lediglich Gass und Varonis legen eine Studie vor, die Kontaktsituationen aus kontrastiv-pragmatischer Perspektive untersuchten (vgl. Hinnenkamp 1994: 55).

Hinnenkamp verweist schließlich auf einige methodologische Schwächen der kontrastiven Pragmatik: Ihm zufolge ist bereits die Unterstellung, man könne in zwei verschiedenen Kulturen Sprechakte mit gleicher oder ähnlicher Funktion finden, eine Annahme, für die keine ersichtlichen Gründe existieren. Allein mit der Suche nach ähnlichen Sprechakten unterstellt der Forscher Hinnenkamp zufolge deren Existenz. Auf dieser Basis lässt sich die Frage formulieren, ob es Funktionen von Sprechakten gibt, die universeller Natur sind, oder ob derartige Funktionen grundsätzlich kulturgebunden sind (vgl. Hinnenkamp 1994: 54).

In diesem Zusammenhang zu nennen ist eine von Jochen Rehbein durchgeführte Untersuchung des deutschen Sprachgebrauchs unter türkischen Einwanderern. Rehbein bescheinigt den türkischen Arbeitern in seiner Analyse den häufigen Gebrauch formelhaft gelernter Redewendungen, die auf den Muttersprachler irritierend wirkten. Diese Irritation führt Rehbein darauf zurück, dass die türkischen Arbeiter den Bedeutungsgehalt der Redewendungen vor dem Hintergrund ihres türkischen Sprachwissens interpretieren und ausdeuten (vgl. Rehbein 1987). Im gleichen Band präsentiert Judith Stalpers eine Studie zum unterschiedlichen Gebrauch der französischsprachigen Konjunktion *alors* unter niederländischen und französischen Geschäftsleuten (vgl. Stalpers 1987). Missverständnisse in der Geschäftskommunikation zwischen Franzosen und Niederländern werden ihrzufolge unter anderem dadurch verursacht, dass beide Gruppen dem Wort *alors* unterschiedliche Bedeutungen und Funktionen zuschreiben. Ausgehend von Hofstedes kulturkontrastivem Modell fordert Stalpers folglich Trainingsmaßnahmen für die von ihr untersuchte Gruppe, in der die Teilnehmer für potentielle kulturelle Unterschiede sensibilisiert werden (vgl. Stalpers 1987: 251-252).

2.4.1.3.2 Kulturverständnis

Um einander ähnliche Sprechakte in zwei soziokulturellen Systemen zu identifizieren, müssen vorab Situationen denkbar sein, die in beiden Kulturen existieren, um eine gleiche Basis für mögliche ähnliche Sprechakte definieren zu können. Diese Forderung unterstellt logischerweise auch auf kultureller Ebene die Erwartbarkeit äquivalenter, wenn nicht sogar gleicher situativer Muster. Hinnenkamp zufolge ist auch diese Annahme nicht haltbar und reduziert die tatsächliche Unterschiedlichkeit der Kulturen (vgl. Hinnenkamp 1994: 54). Die aus kulturvergleichenden Studien gewonnenen, kontrastiven Thesen implizieren darüber hinaus grundsätzlich die eigene kulturelle Perspektive des Forschers, aus der die herausgearbeiteten Unterschiede beschrieben werden. Schröder warnt daher vor dem permanenten Ethnozentrismus, den kulturkontrastive Untersuchungen beinhalten (vgl. Schröder 1998: 41).

2.4.2 Interaktionale Ansätze

Interaktionstheoretischen Studien liegt die Annahme zugrunde, dass theoretisch in interkulturellen Kontaktsituationen Kommunikationsformen entstehen können, die in keiner der einzelnen beteiligten Kulturen zuvor enthalten waren. Dies ist möglich, da davon ausgegangen wird, dass der Ablauf jeder individuellen Gesprächssituation jeweils von den Interaktionspartnern selbst untereinander ausgehandelt und somit bestimmt wird. Dabei negiert der interaktionstheoretische Ansatz jedoch keinesfalls mögliche kulturelle Einflüsse auf diese Aushandlungssituationen.

2.4.2.1 Arbeiten aus Psychologie und Sozialpsychologie

Casper-Hehne verortet den Ursprung interaktionstheoretischer Ansätze in der Psychologie und Sozialpsychologie der USA. In diesem Rahmen werden Arbeiten durchgeführt, mit denen zentrale Normen und Wertvorstellungen, die für interkulturelle Kontakte relevant sind, überprüft werden sollen. Ziel der Arbeiten ist es meist, Konzepte zum Abbau von Stereotypisierungen und von Angst vor Fremden zu erstellen. Innerhalb der deutschsprachigen Forschung ordnet Casper-Hehne unter diese Kategorie beispielsweise die Arbeit von Apitzsch und Dittmar zum Kontakt zwischen jugendlichen türkischen Spätaussiedlern und gleichaltrigen Deutschen im damaligen West-Berlin (vgl. Apitzsch/Dittmar 1987). Mit der Methode teilnehmender Beobachtung in einer Gesamtschule stellten Apitzsch und Dittmar den hohen soziopolitischen Einfluss heraus, der die türkischen Jugendlichen mit einem niedrigen Sozialprestige belastete. Die türkischen Jugendlichen versuchten, den Vorurteilen der Deutschen mit Zurückhaltung und sprachlicher Hyperkorrektheit zu begegnen (vgl. Apitzsch/Dittmar 1987: 69). Casper-Hehne fügt jedoch an, dass sich die Prestigesituation der türkischstämmigen Bevölkerung insbesondere in städtischen Räumen, in denen diese Gruppe einen hohen Bestandteil der Gesamtbevölkerung stellt, in den vergangenen Jahren stark gewandelt hat. Häufig beansprucht die deutsche Varietät der Türken in diesen Situationen sogar das höchste soziale Prestige (vgl. Keim/Androutsopoulos 2000).

2.4.2.2 Interaktionstheoretische Ansätze in den Sprachwissenschaften

Ungleich der kontrastiven Pragmatik gehen Arbeiten aus der Richtung der interaktionalen Soziolinguistik nicht von der grundsätzlichen Existenz standardisierter Situationen und entsprechender Sprechakttypen aus. Statt dessen unterstellen Forscher dieser Richtung, dass Interaktionspartner die gemeinsame Interpretation ihrer Situation immer individuell und permanent aushandeln. Anstelle standardisierter Sprechaktsituationen orientieren sich Sprecher aus dieser Perspektive an sogenannten Kontextualisierungshinweisen. John J. Gumperz (vgl. Gumperz 1982), den Hinnenkamp als Begründer dieses Ansatzes nennt, versteht darunter Zeichen unterschiedlichster Form, die in den Bereichen der Kinetik, der Proxemik, der Prosodie, des Blickverhaltens, der zeitlichen Plazierung, der Sprachwahl, der lexikalischen Variation oder der sprachlichen Formulierung zu finden sind. Unterstellt die kontrastive Pragmatik interkulturelle Unterschiede im Verhältnis von Struktur und Funktion eines Sprechaktes, so konstatieren Arbeiten der interaktionalen Soziolinguistik, dass diese Kontextualisierungshinweise in jeder Kultur unterschiedlich ausfallen. Beide Ansätze erklären so auf unterschiedliche Weise das selbe Phänomen: aufgrund der kulturellen Differenzen kommt es in interkulturellen Kontaktsituationen zu Fehlkommunikation (vgl. Hinnenkamp 1994: 56). Im Gegensatz zu den von der kontrastiven Pragmatik unterstellten Unterschieden, wirken die der interaktionalen Soziolinguistik jedoch auf einer noch unbewussteren Ebene. Die Kontextualisierungshinweise jeder Kultur gelten in ihr als konventionalisiert und werden von ihren Mitgliedern nicht mehr wahrgenommen. Erkennen Sprecher also nach ihrem eigenen Muster einen Kontextualisierungshinweis, der von ihrem fremdkulturellen Interaktionspartner nicht als solcher beabsichtigt war, so führt dies automatisch zu einer Fehlinterpretation, die nicht einmal als solche erkannt wird. Schröder zufolge führen derartige unaufgeklärte Missverständnisse statt dessen zu einer verstärkten Stereotypenbildung (vgl. Schröder 1998: 46).

Im Hinblick auf vorgefallene Missverständnisse führt Hinnenkamp weiterhin aus, dass selbst anschließende Reparaturversuche meist zum Scheitern verurteilt sind, da auch sie von konventionalisierten Kontextualisierungshinweisen Gebrauch machen. (vgl. Hinnenkamp 1994: 56). Gass und Varonis dagegen sehen in Missverständnissen sowohl eine Gefahr als auch eine Chance. Unaufgeklärten Missverständnissen messen auch sie die Gefahr der Stereotypenbildung bei, weisen jedoch darauf hin, dass die erfolgreiche Aufklärung eines Missverständnisses auch zur positiven interpersonalen Verständigung beitragen kann (vgl. Gass/Varonis 1991: 142). Gass und Varonis, die den Umgang mit Missverständnissen in interkulturellen Kontaktsituationen aus interaktionstheoretischer Perspektive betrachten, arbeiten außerdem die Bedingungen zu einer erfolgreichen Verständigung heraus, die sich aus diesem Ansatz ergeben. Können sich Interaktionspartner in interkulturellen Kontaktsituationen nicht mehr auf vorhandene Kontextualisierungshinweise stützen, so sind sie in umso größerem Maße auf die erfolgreiche interaktionale Aushandlung der Situation angewiesen. Gass und Varonis zufolge hängen sowohl die Möglichkeit als auch die Bereitschaft der beteiligten Personen zu einer interaktiven Konversation insbesondere von den kontextuellen Bedingungen ab und sind somit großen Schwankungen unterlegen (vgl. Gass/Varonis 1991: 138). Die vier im Rahmen der vorliegenden Studie aufgezeichneten Gesprächsrunden zeichnen sich durch eine stark divergierende Anzahl vorgefallener Missverständnisse aus. Diese großen Unterschiede zwischen den einzelnen Gesprächen lassen sich möglicherweise gemäß Gass und Varonis durch die unterschiedlich große Bereitschaft der Teilnehmer zu einer regen, interaktionalen Diskussion und Aushandlung erklären.

Dem Ansatz entsprechend liegt der interaktionalen Soziolinguistik auch ein anderes Kulturverständnis zugrunde als der kontrastiven Pragmatik. Stellt die Kultur für letztere eine recht standardisierte Struktur dar, in die sich Sprechakttypen an jeweils interkulturell äquivalenten Stellen einbetten ließen, so wird Kultur für die interaktionale Soziolinguistik zum Inbegriff spezieller kognitiver Wissensstrukturen. Kultur beinhaltet für die betroffenen Individuen ein Areal erworbener Wissenskonstrukte, die es ihnen ermöglichen, ihre Umwelt sinnstiftend zu interpretieren. Zu dieser Ebene gehören auch die Gumperzschen Kontextualisierungshinweise. Kultur wird aus dieser Perspektive zum determinierenden Aspekt für die Lebenswelt der Individuen, aus der sich diese nur schwerlich herauslösen können (vgl. Hinnenkamp 1994: 57).

2.4.3 Die Erforschung der *diskursiven Interkultur* als Form erfolgreicher interkultureller Kommunikation

Mit ihrer diskursanalytischen Untersuchung interkultureller Teambesprechungen leiten Tom Koole und Jan D. ten Thije nach der Phase kontrastiver und der Phase interaktionstheoretischer Studien einen erneuten Perspektivenwechsel in der Erforschung interkultureller Kommunikation ein (vgl. Koole/ten Thije 1994). Stand die Untersuchung sprachlicher Missverständnisse in interkulturellen Kontaktsituationen in früheren Arbeiten meist im Fokus der Untersuchungen, so war dies ten Thije zufolge durch ein immer noch zu statisches Kulturverständnis begründet (vgl. ten Thije 1997: 129). Mit der Annahme von Kontextualisierungshinweisen anstelle statischer, kulturell beeinflusster Handlungsskripte in der interkulturellen Kommunikation wurde Sprechern bereits die Fähigkeit eingeräumt, den Verlauf konkreter Situationen individuell auszuhandeln. Kulturgebundene Kontextualisierungshinweise dienten dabei als Orientierungs- und Interpretationshilfe.

Koole und ten Thije zufolge bleiben jedoch beide Ansätze einer Vorstellung verhaftet, die sie als Modell des *cultural transfer* bezeichnen (vgl. Koole/ten Thije 1994: 62). Demnach stehen zwei Interaktionspartnern unterschiedlicher Kulturen im Hinblick auf die Interpretation einer Äußerung ihres jeweiligen Gegenübers zwei unterschiedliche kulturelle Interpretationssysteme zur Verfügung. Jeder Sprecher ist dabei Experte seines eigenen kulturellen Hintergrundes und wird tendenziell versuchen, eine gegebene Situation aus dieser Perspektive zu interpretieren. Gehen beide Interaktionspartner auf diese Weise vor, so werden sie unweigerlich zu unterschiedlichen Interpretationen derselben Situation gelangen und somit einem interkulturell bedingten Missverständnis unterliegen. Trainingsmethoden zur besseren Bewältigung interkultureller Kontaktsituationen können vor diesem Hintergrund lediglich die Kulturstandards anderer Kulturen vermitteln oder die Trainingsteilnehmer zumindest für mögliche Unterschiede sensibilisieren. Entweder werden die Teilnehmer also mit einem Rezeptwissen über die andere Kultur ausgestattet, oder sie werden in ihrer Fähigkeit zur Ambiguitätstoleranz gestärkt, um mehrdeutigen Situationen souveräner begegnen zu können (vgl. ten Thije 1997: 139-141).

2.4.3.1 Kulturverständnis

Koole und ten Thije legen ihrer Untersuchung ein funktionales Kulturverständnis zugrunde. Kultur verstehen sie folglich als erlerntes Wissen, das es einer Gruppe ermöglicht, häufig wiederkehrenden Problemstellungen mit standardisierten Lösungsmustern entgegentreten zu können. Diese Lösungsmuster werden von den Angehörigen der Gruppe zunehmend verinnerlicht, so dass sie sie bald selbstverständlich anwenden und die ursprünglichen Probleme, die nun grundsätzlich schnell gelöst werden können, nicht mehr als Probleme betrachten. Koole und ten Thije verweisen auf die kulturkontrastiven Studien, die jedoch zeigen, dass unterschiedliche Kulturen auch jeweils unterschiedliche Lösungswege für ähnliche Problemstellungen gefunden haben.

2.4.3.2 Die Entstehung einer diskursiven Interkultur

Für die erfolgreiche Bewältigung interkultureller Kontaktsituationen halten die einzelnen Kulturen Koole und ten Thije zufolge jedoch keine zuvor erprobten Lösungsansätze bereit. Koole und ten Thije gestehen den Individuen jedoch die Fähigkeit zu, in diesen Situationen, die mittels erlernter Lösungen nicht gemeistert werden können, spontan neue Lösungen zu entwickeln. Derartige neue Lösungen können nur entstehen, wenn die Individuen aller beteiligten Kulturen bereit sind, diese zu akzeptieren und anzuwenden. Folglich können in interkulturellen Kontaktsituationen neue Problemlösungen diskursiv entwickelt werden, die einen kulturellen Charakter haben (vgl. Koole/ten Thije 1994: 68). Dieser kulturelle Charakter basiert jedoch auf der neuen, interkulturellen Situation. Koole und ten Thije bezeichnen dieses Phänomen als diskursive Interkultur (vgl. engl. *discursive interculture*, Koole/ten Thije 1994: 69).

2.4.3.3 Die Ergebnisse der Studie von Koole und ten Thije

Im Rahmen ihrer Studie haben Koole und ten Thije Teambesprechungen analysiert, die zwischen niederländischen Schullehrern und Beratern aus dem Aufgabenbereich der interkulturellen Erziehung durchgeführt wurden. Neben den niederländischen Schullehrern entstammte ein Teil der Berater aus Ländern wie Marokko, Surinam oder der Türkei sowie ein Teil ebenfalls aus den Niederlanden. Koole und ten Thije geben dabei an, dass ihre ausländischen Probanden eine sehr erfolgreiche Karriere in den Niederlanden durchlaufen, indem sie als Berater tätig sind. Koole und ten Thije gehen daher davon aus, dass Probanden aus dieser Berufsschicht offenbar erfolgreich mit der interkulturellen Situation umgehen können, woraus auch die Motivation für die Studie resultiert (vgl. Koole/ten Thije 1994: 1). Koole und ten Thije schließen aus den Ergebnissen ihrer Diskursanalyse, dass die Probanden in ihren Gesprächen unterschiedliche

Positionen einnehmen können (vgl. ten Thije 1997: 133). Dabei konkurrieren im Falle der Untersuchung institutionelle Positionen, die sich aus der Situation der Beratungskonstellation ergeben, mit interkulturellen Positionen, die sich aus der unterschiedlichen kulturellen Zugehörigkeit der Personen ergeben (vgl. ten Thije 1994: 132). Innerhalb der kulturell bestimmten Positionen isolieren Koole und ten Thije drei einzelne, mögliche Positionen: So können Sprecher in einer Situation beispielsweise die Position eines Repräsentanten ihrer Kulturgruppe (vgl. engl. *representative of a cultural group*, ten Thije 1997: 133) einnehmen und aus dieser Position zur Gruppe sprechen. Die Einnahme dieser Position erfolge meist in Form einer Selbstzuschreibung durch den Sprecher. Demgegenüber können Sprecher aber auch die Position eines Einwanderers als Spezialist (vgl. engl. *immigrant specialist*, ten Thije 1997: 134) einnehmen, die ten Thije zufolge meist aus einer Fremdzuschreibung heraus resultiert. Im Spannungsfeld zu den institutionellen Positionen können Sprecher aber auch aus kultureller Perspektive die Position eines Spezialisten für die Institution (vgl. engl. *institutional specialist*, ten Thije 1997: 136) einnehmen. Ten Thije zufolge werde diese Position meist von Angehörigen einer jeweils autochthonen Kultur eingenommen. Das Spezialwissen über die Institution werde in diesem Falle mit der Kulturzugehörigkeit begründet (vgl. ten Thije 1994: 136).

2.4.3.4 Kritik an den Ergebnissen von Koole und ten Thije

Koole und ten Thije zeigen erstmals anhand ihrer Studie, wie Interaktionspartner in interkulturellen Kontaktsituationen das situative Potential kreativ nutzen können, um das Problem der Interkulturalität erfolgreich zu meistern. Die Schaffung einer Interkultur erfordert jedoch zugleich das Einverständnis und die Kooperationsbereitschaft aller an einer Situation beteiligten Personen. Diese Bedingungen können im Untersuchungsaufbau von Koole und ten Thije gleichsam vorausgesetzt werden: Sowohl Lehrer als auch Berater kommen in einer Teambesprechung zusammen, um über Vermittlungsmethoden von Interkulturalität zu sprechen. Bereits die Gesprächsthematik sowie die Bereitschaft der Interaktionspartner zur Teilnahme dürften sie zu einem gewissen Maße sensibilisieren. Darüber hinaus erklären Koole und ten Thije explizit, ihre ausländischen Probanden seien in den Niederlanden beruflich und im Vergleich zu anderen Einwanderern sehr erfolgreich. Eine gleich hohe Kompetenz zur Schaffung der von Koole und ten Thije beschriebenen Interkultur kann daher nicht bei allen Menschen vorausgesetzt werden. Ten Thije schlägt daher auch die Konzeptionierung neuer interkultureller Trainingsmethoden vor, die die Ergebnisse der Studie von Koole und ten Thije berücksichtigen (vgl. ten Thije 1994: 143). Diese Einschränkung muss im Rahmen dieser Studie berücksichtigt werden, da die Probanden in diesem Fall unter anderen Prämissen miteinander kommunizieren.

2.4.4 Interkulturelle Mediation als diskursorientierter Lösungsansatz

Das Modell und die Studie von Koole und ten Thije haben gezeigt, dass interkulturelle Kontaktsituationen geradezu Synergien beinhalten können, wenn die Interaktionspartner es verstehen, mit dem Potential umzugehen und beispielsweise ihre Rollen als Spezialisten im Sinne Kooles und ten Thijes richtig nutzen. Dennoch stellen interpersonale Konflikte, die in interkulturellen Umfeldern auftreten, weiterhin ein besonderes Problemfeld dar, da Interaktionspartner in diesem Fall zu einer verstärkten Stereotypenbildung neigen. Schröder definiert Stereotypen als teilweise notwendige, orientierungsstabilisierende Handlungsmuster, die dazu dienen, die Komplexität von gegebenen Situationen zu reduzieren. In interkulturellen Kontaktsituationen können sie jedoch dazu führen, dass die Konfliktpartner tatsächliche Handlungsmotivationen ihrer Gegenüber nicht erkennen und somit in ihrer Fähigkeit zur Lösung des Konfliktes gehemmt werden (vgl. Schröder 1998: 44).

Neuere Arbeiten sehen einen Lösungsansatz zur Bewältigung interkultureller Konflikte, die aufgrund von Missverständnissen und Erhärtungen von Stereotypen entstanden sind, in den Instrumenten der sogenannten *interkulturellen Mediation*. Ursprünglich im Bereich der Rechtsprechung entwickelt, beschreibe die Mediation „Verfahren der Konfliktlösung, in denen ein neutraler Dritter ohne eigentliche Entscheidungsgewalt versucht, sich im Streit befindende Parteien auf dem Weg zu einer Einigung zu helfen" (Müller-Jacquier/ten Thije 1999: 4). Frank Liebe zufolge sei der Begriff im Bereich der interkulturellen Kommunikation jedoch grundsätzlich weiter zu fassen. Anstelle eines standardisierten Verfahrens versteht Liebe interkulturelle Mediation demnach als einen allgemeinen Aushandlungsprozess zur Konfliktlösung (vgl. Liebe 1996: 1). Zur Identifizierung möglicher Handlungsweisen analysiert Liebe Gespräche, die im Rahmen eines interkulturell besetzten Trainings zur Konfliktlösung unter den bereits professionellen Teilnehmern geführt wurden. Auch Liebe kommt zu dem Schluss, dass die Schaffung einer gemeinsamen, situativen Interkultur der Konfliktlösung zuträglich sein kann. Im Gegensatz zu Koole und ten Thije (vgl. Koole/ten Thije 1994) räumt Liebe jedoch ein, dass der Aufbau und der Erhalt einer solchen Interkultur durch die beteiligten Gesprächspartner ein allseits vorhandenes, hohes Maß an persönlicher Kompetenz und Offenheit erfordert (vgl. Liebe 1996: 46).

Müller-Jacquier und ten Thije präzisieren, dass interkulturellen Mediatoren im Falle von Konflikten die Aufgabe zukommt, „neue Kommunikationsregeln zu etablieren, die allen Streitparteien adäquate Problem- und Lösungsformulierungen ermöglichen“ (Müller-Jacquier/ten Thije 1999: 4). Interkulturelle Mediatoren sollten also Maßnahmen ergreifen, die das Zustandekommen einer diskursiven Interkultur fördern können. Haumersen und Liebe haben in diesem Rahmen eine Sammlung pädagogisch anwendbarer Instrumente in Form von Simulationen und Übungen zusammengestellt, mit denen interkulturelle Mediatoren im pädagogischen Bereich arbeiten können (vgl. Haumersen/Liebe 1999). Anwendungsorientierte Arbeiten, die sich auf interkulturelle Mediation in anderen gesellschaftlichen Bereichen konzentrieren, stehen derzeit noch aus. Müller-Jacquier und ten Thije empfehlen auch im Rahmen von Trainingseinheiten die Durchführung einer nachträglichen Diskursanalyse anhand von Videoaufzeichnungen, um die Komplexität sogenannter *critical incidents*, also von Situationen, die potentielle interkulturelle Konflikte beinhalten, aufzuzeigen (vgl. Müller-Jacquier/ten Thije 1999: 7-8). Hartmut Schröder plädiert darüber hinaus für den Einsatz interkulturell kompetenter Mediatoren im Bereich international agiernder Medien. Aus der Position eines Journalisten etwa können Mediatoren zusätzlich auf die multiplikatorische Kraft der Medien zurückgreifen und auf diese Weise das Aufkeimen neuer ethnischer Konflikte früh erkennen (vgl. Schröder 2000).

Verbunden mit diskursanalytischen Lernmethoden können im Rahmen interkultureller Mediation dennoch auch kulturkontrastive Handlungsmuster aufgedeckt werden, die dazu beitragen können, die Bandbreite denkbarer Handlungsoptionen zu erweitern. Hartmut Schröder verweist in diesem Zusammenhang auf die wertvolle Gelegenheit des Erkennens von Tabus, die der eigenen Kultur zugrunde liegen. Erst der kontrastierende interkulturelle Kontakt bietet eine Möglichkeit zur Sichtbarmachung dieser blinden Flecken, so dass Kontaktsituationen durchaus auch bereichernd für das Wissen über die eigene Kultur sein können (vgl. Schröder 1997).

Die im Rahmen der vorliegenden Studie durchgeführte Untersuchung sprachlicher Missverständnisse wird den Reparaturstrategien, die von den Interaktionspartnern angewendet werden, besondere Beachtung schenken. Im Hinblick auf die Ergebnisse von Koole und ten Thije soll darauf geachtet werden, ob und auf welche Weise es den Interaktionspartnern möglicherweise gelingt, eine Interkultur zu etablieren. Konkurrierend zu diesem möglichen Ergebnis wäre im Zusammenhang mit auftretenden interkulturellen Missverständnissen die Eskalation von Konflikten oder zumindest eine Verschlechterung des interpersonalen Verhältnisses denkbar.

2.4.5 Die Rolle von Missverständnissen für den Ansatz der diskursiven Interkultur

Wenngleich Koole und ten Thije Missverständnisse nicht mehr als zentralen Untersuchungsgegenstand interkultureller Kommunikationsforschung betrachten, so räumen sie dennoch ein, dass Missverständnisse eine von vielen möglichen Problemstellungen darstellen, die im Rahmen interkultureller Gespräche potentiell bewältigt werden müssen. Das Problem eines in einem Gespräch aufgetretenen Missverständnisses wird meist in Form von sprachlichen Reparaturen gelöst. Da Missverständnisse unterschiedlichster Art nicht vermieden werden können, konstatieren Koole und ten Thije, dass der mehr oder weniger erfolgreiche Umgang mit Missverständnissen in Form von Reparaturen von weitaus größerer Bedeutung für die Entwicklung einer interkulturellen Kontaktsituation seien. Angeliki Tzanne (vgl. Tzanne 2000) bietet mit ihrer Arbeit ein erstes Modell zur Analyse von Reparaturen, das in der vorliegenden Studie diskutiert und zur Untersuchung von Gesprächsabläufen in interkulturellen Situationen erweitert werden soll.

2.5 Die Untersuchung situativer Missverständnisse

Ähnlich der Begriffsunschärfe im Hinblick auf den Terminus der interkulturellen Kommunikation besteht auch angesichts des Phänomens sprachlicher Missverständnisse keinesfalls definitorische Einigkeit. Unterschieden werden neben Missverständnissen Begriffe wie beispielsweise die der *Fehlkommunikation*, des *Nicht-Verstehens*, und der *Fehlinterpretation.* Demgegenüber identifiziert Tzanne eine ähnliche Bandbreite zur Verfügung stehender Begrifflichkeiten in der englischen Sprache. Während Tzanne sich selbst auf den Begriff der *miscommunication* festlegt, diskutiert sie zusätzlich Begriffe wie *misapprehension, misunderstanding* oder *communicative breakdown* (vgl. Tzanne 2000: 37).

Tzanne versteht dabei unter *miscommunication* Fälle, in denen die kommunikative Absicht eines Sprechers durch eine andersartige Interpretation des Hörers verzerrt wird (vgl. Tzanne 2000: 36). Um von einem Missverständnis sprechen zu können, hält Tzanne darüber hinaus einen minimalen Bewusstheitsgrad über die Existenz des Missverständnisses seitens mindestens eines der Interaktionspartner für erforderlich. Werden Fehlinterpretationen nicht erkannt, so können sie auch nicht im späteren Gesprächsverlauf korrigiert werden (vgl. Tzanne 2000: 44-45). Falkner gelingt es, diese beiden Bedingungen in einer Definition zu verbinden, indem er sie auf die Perspektive des Sprechers rückbezieht. Falkner zufolge liegt demnach ein Missverständnis genau dann vor, wenn ein Sprecher der Ansicht ist, dass ein Hörer aufgrund einer Interpretation einer von ihm getätigten Äußerung zu einem Verständnis gelangt ist, das der Sprecher selbst nicht intendiert hatte (vgl. Falkner 1997: 82). Damit impliziert Falkner zugleich die Gewichtigkeit der Rolle von Reparaturen im Anschluss an Missverständnisse. Bemerkt dagegen allein ein Hörer, dass er offensichtlich zu einer nicht intendierten Interpretation einer Aussage gelangt ist, kann für ihn lediglich von einem *Nicht-Verstehen* gesprochen werden, da es für ihn keine Möglichkeit gibt, die tatsächliche Intention, und damit das Ausmaß der Differenz beider Interpretationen zu ermessen.

3 Die Generierung empirischer Missverständnisse

Um die von Tzanne aufgestellten Hypothesen anhand empirischer Daten überprüfen zu können, ist zunächst die Diskussion und Entwicklung einer geeigneten Datenerhebungsmethode erforderlich. Frühere Arbeiten haben gezeigt, dass die Sammlung authentischer Daten äußerst aufwändig ist. Falkner geht davon aus, dass die Frequenz, mit der sich Missverständnisse in realen Gesprächen ereignen, zu niedrig sei, um eine vollständige Gesprächsanalyse zu rechtfertigen (vgl. Falkner 1997: 52-57). Andererseits können eventuelle Auswirkungen von Missverständnissen und von aus ihnen resultierenden Gesichtsverletzungen auf den gesamten Verlauf eines Gesprächs nur dann empirisch nachgewiesen werden, wenn alle untersuchten Missverständnisse sich auch innerhalb eines einzigen Gesprächs in einer Abfolge ereignet haben. Im Rahmen der vorliegenden Studie soll daher ein empirisches Korpus untersucht werden, das mehrere Missverständnisse innerhalb eines längeren Gesprächsverlaufs enthält.

Sind die aufgetretenen Missverständnisse kategorisiert, und wurden aus der Analyse Rückschlüsse auf das *facework* der Interaktionspartner gezogen, so ist damit noch kein Beweis dafür erbracht worden, dass die Probanden die theoretisch hergeleiteten Auswirkungen auch tatsächlich empfunden haben. Rückwirkend kann das angewendete Modell jedoch bekräftigt werden, wenn es gelingen sollte, mit Hilfe qualitativer Interviews im Anschluss an die Aufzeichnung persönliche Aussagen der Probanden über ihre Empfindungen während des Gesprächs zu gewinnen.

Ein ähnlicher Ansatz liegt bereits in der 1994 von Susanne Günthner durchgeführten Untersuchung informeller Gespräche unter deutschen und chinesischen Akademikern vor (vgl. Günthner 1994). Auch Günthner führt zunächst Videoaufzeichnungen mehrerer Gesprächsrunden durch, zu denen sich die Probanden im Rahmen eines informellen Abendessens treffen. Anschließend befragt Günthner die einzelnen Probanden im Rahmen qualitativer Interviews zu ihren Eindrücken, die sie während des Gesprächs gewonnen haben. Günthner verwendet diese Studie jedoch aus einer kontrastiven Perspektive, gemäß der die unterschiedlichen Diskussionsstile der deutschen und chinesischen Interaktionspartner gegenübergestellt werden sollen (vgl. Günthner 1994: 99). Während die vorliegende Studie zwar eine ähnliche Versuchsanordnung wählt, unterscheidet sie sich von Günthners Arbeit in ihrem methodologischen Ansatz: Im Rahmen der Aufzeichnungen dieser Studie sollen keine Diskussionen bewusst provoziert oder begünstigt werden, um das *framing*, in dem sich Missverständnisse ereignen, nicht a priori zu beeinflussen. Entgegen der kontrastiven Perspektive soll im Rahmen der vorliegenden Studie untersucht werden, wie die Probanden in der individuellen Situation interagieren und so Lösungen aushandeln, die möglicherweise nicht vorab kulturell determiniert sind.

3.1 Interkulturelle Kontaktsituationen in Frankfurt (Oder)

An der Europa-Universität Viadrina in Frankfurt (Oder) besuchen ca. 1.000 polnische und 2.000 deutsche Studierende gemeinsame Lehrveranstaltungen der drei Fakultäten für Rechtswissenschaften, Wirtschaftswissenschaften und Kulturwissenschaften. Zusätzlich sind ca. 150 Studierende anderer Nationalitäten an der Universität immatrikuliert (vgl. Europa-Universität Viadrina 1998). Die aufgrund dieser Bedingungen erwachsende Interkulturalität des Studienumfeldes eignet sich in hervorragendem Maße zur Gewinnung eines empirischen Gesprächskorpus, das den in dieser Studie formulierten Anforderungen gerecht wird. Dennoch würde eine kritiklose Annahme einer überall gleichmäßig ausgeprägten, positiven Interkulturalität innerhalb des Studienstandortes Frankfurt (Oder) im Rahmen dieser Studie den realen Umständen nicht gerecht. Zahlreiche, meist vor Ort verfasste Arbeiten analysieren und diskutieren die individuellen Umstände der Studiensituation und der daraus resultierenden Probleme. Ein kurzer Überblick über die wichtigsten, bisher gewonnene Erkenntnisse soll eine Einordnung der in der vorliegenden Studie untersuchten Kontaktsituation ermöglichen.

3.1.1 Annahmen zur Schaffung eines Rahmens interkultureller Verständigung an der Viadrina

Hans N. Weiler, der erste Rektor der Universität, verweist auf die mit der Neugründung der Viadrina im Jahre 1991 verbundene Zielsetzung, einen „geistigen Brückenschlag nach Ostmitteleuropa und insbesondere nach Polen" (Weiler 1998: 23) zu schaffen. Eine wesentliche Bedingung zur Erreichung dieses Ziels sieht Weiler in der langfristigen und zahlreichen Zulassung polnischer Studierender zum Studium an der Viadrina, damit sie „zu selbstverständlichen Mitgliedern der Universität werden und durch ihre Präsenz zu ihrer Internationalität beitragen" (Weiler 1998: 25). Gleichzeitig begründet Weiler die Wahl des geographischen Standortes Frankfurt (Oder) für das anspruchsvolle Projekt einerseits mit der direkten Grenznähe der Stadt und andererseits mit der Fortführung einer Universitätstradition, der es bereits im 17. Jahrhundert schon einmal gelungen war, einen Ort zahlreicher internationaler Begegnungen zu etablieren (vgl. Weiler 1998: 24).

Die gegenwärtige Realität der Stadt Frankfurt (Oder) als Studienstandort bietet jedoch ein Bild, das einer Wiederauflebung dieser alten Traditionen eher hinderlich erscheint. Der Öffnung und der Erleichterung des Grenzverkehrs ins Nachbarland Polen stehen insbesondere innerhalb der Stadt Frankfurt (Oder) ausländerfeindliche Tendenzen gegenüber, die sich in regelmäßigen Abständen auch in Form gewalttätiger Übergriffe gegenüber ausländischen Studierenden ausdrücken. Doch auch innerhalb der Studierendenschaft gehen die Einstellungen hinsichtlich des interkulturellen Kontaktes auseinander (vgl. Bahr/Schröder 2000: 135; Schwarz/Jacobs 1998: 260-261).

3.1.2 Kritik an der einfachen Kontakthypothese

Andreas Bahr und Hartmut Schröder führen diese allgemeinen Verständigungsprobleme auf die Zugrundelegung einer *Kontakthypothese* zurück, deren Einsatz wissenschaftlich umstritten sei (vgl. Bahr/Schröder 2000: 128). Die Kontakthypothese geht dabei davon aus, dass allein die Herstellung einer permanenten und intensiven Kontaktsituation zwischen Angehörigen zweier oder mehrerer Kulturen ausreiche, um Stereotypen und Vorurteile langfristig abzubauen. Wagner zählt jedoch Bedingungen auf, die statt dessen zu einer Eskalation innerhalb der Kontaktsituation führen können. Demnach dürfe die Kontaktsituation zunächst keinerlei Konkurrenz erzeugen. Darüber hinaus darf das Prestige einer beteiligten Gruppe durch den Kontakt nicht sinken. Wenn Teile einer Gruppe sich im Zustand der Enttäuschung befinden, oder wenn kulturelle Erwartungen der anderen Gruppe für die eigene Gruppe nicht akzeptabel sind, kann es Wagner zufolge zu keiner Verständigung kommen. Schließlich dürfe die Gruppe, die die Rolle der Minderheit einnimmt, keinen geringeren Status einnehmen als die Gruppe der Mehrheit (vgl. Wagner 1996: 195). Unabhängig davon zeigen die Schilderungen von Bahr und Schröder, dass demnach im Falle der Grenzsituation in Frankfurt (Oder) wesentliche Bedingungen zur Verständigung nicht erfüllt sind: Die Region Ostbrandenburgs leidet unter den Folgen erheblicher wirtschaftlicher Standortnachteile (vgl. Bahr/Schröder 2000: 133). Aufgrund ihrer Rolle als Außengrenze der Europäischen Union ist die deutsch-polnische Grenze durch ein starkes Wirtschafts- und Sozialgefälle gekennzeichnet. Darüber hinaus weisen der gesellschaftsgeschichtliche und der allgemeine Hintergrund der Regionen beiderseits der Oder nur wenige verbindende Gemeinsamkeiten auf (vgl. Bahr/Schröder 2000: 128). Bahr und Schröder folgern, dass zur Bewältigung derart ungünstiger Bedingungen insbesondere Persönlichkeitsmerkmale wie die der Ambiguitäts-toleranz, der Flexibilität und der Offenheit trainiert und erlernt werden müssen (vgl. Bahr/Schröder 2000: 137).

3.1.3 Erweiterung der Kontakthypothese

Zu einem ähnlichen Ergebnis gelangen Pollack und Pickel im Rahmen einer quantitativen Erhebung, in deren Rahmen sie eine Erweiterung der Kontakthypothese erarbeiten. Demnach erforderten die konkrete Kontakterfahrung und die Kontaktsituation sowie die Persönlichkeitsmerkmale betroffener Personen zusätzliche Beachtung zur Bewertung einer Kontaktsituation. Pollack und Pickel zufolge müsse danach gefragt werden, ob eine Kontaktsituation „freiwillig oder institutionalisiert, absichtlich oder zufällig" (Pollack/Pickel 1999: 2) zustande komme. Hinsichtlich der Persönlichkeitsstruktur fragen Pollack und Pickel nach deren jeweiliger Offenheit oder Geschlossenheit ihrer Einstellungssysteme (vgl. Pollack/Pickel 1999: 2). In ihrer anschließenden qualitativen Studie unter Frankfurter und Slubicer Jugendlichen sowie unter ostdeutschen, westdeutschen und polnischen Studierenden der Europa-Universität stellten Pollack und Pickel signifikante Unterschiede in den persönlichen Einstellungen der Gruppenzugehörigen fest, die sie im einzelnen näher spezifizieren. Grundsätzlich führen die Befragten aller Gruppen einen potentiell vollzogenen Einstellungswandel auf persönliche Erfahrungswerte zurück, die aus eigenen Kontakten resultieren. Dabei stellen Pollack und Pickel fest, dass ein negativer Einstellungswandel in der Kontaktsituation häufig mit Persönlichkeitsmerkmalen wie Hedonismus, Materialismus und Egoismus korrelierten. Eigenschaften wie Konsequenz oder die Fähigkeit zur Selbstkritik dagegen korrelierten häufig mit einem positiven Einstellungswandel. In diesem Rahmen konnten Pollack und Pickel darüber hinaus Divergenzen in der Häufigkeit auftretender Persönlichkeitsmerkmale in der untersuchten Gruppen feststellen (vgl. Pollack/Pickel 1999: 9). Pickel folgert daraus, dass eine erfolgreiche Verständigung im Rahmen einer interkulturellen Kontaktsituation maßgeblich von der Wandlungsfähigkeit der beteiligten Personen abhänge (vgl. Pickel 1999: 22). Mögliche unterschiedene Arten des Kontaktes sowie persönliche Einstellungen sollen im Rahmen der vorliegenden Studie mit Hilfe der qualitativen Interviews mit den Probanden erfasst werden.

Schwarz und Jacobs haben in einer weiteren quantitativen Studie innerhalb der gesamten Studierendenschaft der Europa-Universität unterschiedliche Motivationen und Einstellungen der Studierenden herausgearbeitet, nach denen ihre Gesamtheit in signifikant unterschiedliche Gruppen eingeteilt werden kann. Demnach stellten Schwarz und Jacobs große Unterschiede entlang von Gruppen verschiedener Herkunft fest. Dabei differenzieren sie zwischen Studierenden aus West- und Ostdeutschland sowie aus West- und Ostpolen. Weiterhin spiele insbesondere die soziale Stellung des Elternhauses sowie die Studienfachwahl der Probanden eine Rolle (vgl. Schwarz/Jacobs 1998). Auch diese Kriterien sollen mit Hilfe der im Rahmen dieser Studie durchgeführten qualitativen Interviews erfasst werden.

3.2 Die Analyse interkultureller Gesprächsrunden von Studierenden

In den vorangegangenen Abschnitten wurden die Eigenheiten und Bedingungen des Umfeldes beschrieben, in dem die vorliegende empirische Untersuchung durchgeführt werden soll. Versucht man nun, eine zur Beantwortung der erarbeiteten Fragestellung optimale Arbeitsmethode zu finden, so müssen diese Umfeldbedingungen stets berücksichtigt werden.

3.2.1 Der Ansatz der ethnomethodologischen Konversationsanalyse

Als Sonderform der Konversationsanalyse misst die ethnomethodologische Konversationsanalyse dem Erhalt natürlicher empirischer Daten die höchste Priorität bei. Ausgehend von der Annahme, dass zunächst jede kleinste kommunikative Äußerung der Interaktionspartner bedeutungsrelevant für die gegebene Situation sein kann, versucht diese Forschungsrichtung, mit audiovisuellen Aufzeichnungsmethoden auch die kleinsten Details zu erfassen. Auch die Transkriptionsverfahren sollen möglichst alle Einzelheiten erfassen. Grundlage empirischer Untersuchungen sollen dabei stets natürliche Gespräche sein, die nicht zum Zweck der Beobachtung eigens arrangiert worden sind (vgl. Kallmeyer 1988: 1095). Im Hinblick auf das im Folgenden diskutierte Beobachterparadoxons muss jedoch im Rahmen der vorliegenden Studie ein praktikabler Kompromiss zwischen der Natürlichkeit und der Analysierbarkeit der aufgezeichneten Daten gefunden werden. Zugunsten der Konservierung einer möglichst authentischen Situation verzichtet die ethnomethodologische Konversationsanalyse weitgehend auf standardisierte Transkriptions- und Analyseregeln. Methoden und Vorgehensweisen sollen statt dessen individuell für die Umstände der jeweiligen Untersuchung optimiert werden (vgl. Kallmeyer 1988: 1102).

Die Grundannahmen der Konversationsanalyse bilden außerdem die Grundlage für Tzannes Untersuchung sprachlicher Missverständnisse. Dabei betrachtet die Konversationsanalyse die einzelnen, aufeinanderfolgenden Redebeiträge der Gesprächsteilnehmer als analysierbare Sinneinheiten, da diese auch den Sprechern dazu dienen, ein Gespräch zu strukturieren (vgl. Kallmeyer 1988: 1097). Von besonderem Interesse für Konversationsanalytiker ist daher die Untersuchung von Regeln, nach denen Interaktionspartner die Aufeinanderfolge ihrer Redebeiträge organisieren. Dabei wurde meist davon ausgegangen, dass diese Regeln bereits im Sprachwissen der Sprecher enthalten sind. Kotthoff plädiert dagegen für eine Öffnung dieser formalen Annahmen der Konversationsanalyse, um auch kontextuelle und kulturelle Einflüsse auf das sogenannte *turn-taking*-Verhalten der Interaktionspartner untersuchen zu können (vgl. Kotthoff 1994: 75). Kotthoff jedoch untermauert ihre Forderung mit einer kontrastiven Analyse, in der sie kulturelle Unterschiede im *turn-taking*-Verhalten ihrer deutschen und amerikanischen Probanden aufdeckt. Demnach verwendeten die amerikanischen Probanden meist längere Sequenzen, um das Ende eines Gesprächs einzuleiten, als ihre deutschen Partner. Kotthoff zufolge legten die Amerikaner folglich größeren Wert auf die Befriedigung der Bedürfnisse des *positive face* der Sprecher (vgl. Kotthoff 1994: 89). Im Rahmen der vorliegenden Studie sollen die Instrumentarien der ethnomethodologischen Konversationsanalyse ebenfalls zur Analyse interkultureller Kontaktsituationen verwendet werden. Dabei geht es jedoch nicht darum, die Existenz kultureller Unterschiede zu beweisen. Statt dessen dient die konversationsanalytische Sequenzierung von Gesprächen hier der Darstellung der Prozesshaftigkeit sprachlicher Missverständnisse.

3.2.2 Die Gewinnung der Primärdaten

Um möglichst authentische Gesprächssituationen untersuchen zu können, in denen sich sowohl interkulturelle als auch intrakulturelle Missverständnisse ereignen, soll daher in dieser Studie eine Gruppe von jeweils polnischen und deutschen Studierenden in einer gewohnten Umgebung und Konstellation beobachtet werden. Hierzu werden Probanden ausgewählt, die sich untereinander möglichst bereits kennen sollten, um mögliche Hemmschwellen durch ein andernfalls erforderliches Kennenlernen zu vermeiden. Die gewohnte Situation soll in Form einer gemeinsamen Mahlzeit in einer Studentenwohnung simuliert werden. Um auch nonverbale Äußerungen festhalten zu können, soll die Gesprächsrunde auf einen Videofilm aufgezeichnet werden.

Für die Gesprächsrunde werden keinerlei thematische Vorgaben gemacht. Thematische Anreize könnten die Probanden dazu verleiten, die Situation im Rahmen einer Diskussion zu verstehen. Ihr Rezeptwissen für Diskussionen als situativer Rahmen könnte die Reaktion der Studierenden auf sich ereignende Missverständnisse daher deutlich modifizieren. Diskussionen implizieren meist eine mehr oder weniger strikte Trennung zwischen dem besprochenen Sachverhalt und den beteiligten Personen. Missverständnisse sind hier auf der Tagesordnung, werden jedoch nicht unmittelbar der betroffenen Person in Rechnung gestellt, sondern einfach aufgeklärt.

3.2.2.1 Das Beobachterparadoxon

Empirische Studien finden sich bei der Generierung eines qualitativen Datenkorpus mit einem sogenannten *Beobachterparadoxon* konfrontiert. Brinker und Sager erläutern den von William Labov eingeführten Begriff, der auch auf die vorliegende Untersuchungskonstellation zutrifft (vgl. Brinker/Sager 1996: 31). Zwecks einer aufschlussreichen Analyse ist eine möglichst hohe Realitätsnähe des Datenmaterials von größter Bedeutung. Zugleich soll sich das gewonnene Datenmaterial durch einen möglichst hohen Detailliertheitsgrad auszeichnen. Um diesen Anforderungen gerecht werden zu können, ist es jedoch aus technischer Sicht erforderlich, das jeweilige Aufzeichnungsgerät möglichst nahe an den Sprechern zu plazieren, so dass möglichst wenige Aspekte der vorgefallenen Kommunikation verloren gehen. Der Vorgang der Beobachtung ist daher für die beobachteten Personen omnipräsent, die Beobachtung wird gleichsam durch den Beobachtungsprozess selbst modifiziert. Brinker und Sager fügen jedoch an, dass sich die beobachteten Personen erfahrungsgemäß mit zunehmender Länge der Aufzeichnung immer weniger der Beobachtung bewußt sind und sich nach einer Weile tendenziell immer „normaler" verhalten (vgl. Brinker/Sager 1996: 31-32). In der vorliegenden Studie sollen daher Aufzeichnungen durchgeführt werden, die die technischen Möglichkeiten hinsichtlich ihrer Länge voll ausschöpfen. Jede Aufzeichnung hat daher eine Länge von 90 Minuten. Ein für eine längere Aufzeichnung erforderlicher Wechsel der Aufzeichnungsbänder hätte den Probanden den Beobachtungsprozess durch eine Kamera erneut ins Bewusstsein zurückgerufen und somit die Authentizität der Situation erneut gestört.

3.2.2.2 Die Wahl des Untersuchungsumfeldes

Überträgt man Labovs Forderungen auf die vorliegende Studie, so steht zunächst eine Definition dessen aus, was sich als authentische Gesprächssituation zwischen polnischen und deutschen Studierenden an der Europa-Universität Viadrina bezeichnen ließe. Zu derartigen, vergleichsweise individuellen Situationen liegen derzeit keine veröffentlichten Aussagen vor. Zu Beginn der Studie kann daher lediglich auf die persönlichen Erfahrungen des Verfassers als Annahme zurückgegriffen werden. Erst die anschließende einzelne Befragung der Probanden wird darüber Aufschluss geben können, auf welche Weise diese die Situation erfahren haben.

3.2.2.3 Die Auswahl der Probanden

Die vorliegende Studie untersucht eine gemeinsame abendliche Mahlzeit unter Studierenden, die tendenziell den Charakter einer kleineren Party haben soll. Um eine möglichst hohe Bekanntheit der Studierenden untereinander zu gewährleisten, wurden die

Probanden nach einem Schneeballsystem eingeladen: Der Verfasser der Studie hat für jede Aufnahme jeweils einen Studierenden aus seinem Bekanntenkreis gebeten, selbst eine Gruppe der Personen einzuladen, mit denen er oder sie gewöhnlich zusammenkommt. Für zwanglose Zusammenkünfte von Gruppen ist paralleles Sprechen der Anwesenden charakteristisch, erschwert jedoch bei zu häufigem Aufkommen die Transkription und die Analyse in erheblichem Maße. Um den Charakter einer Party nicht zu zerstören und paralleles Sprechen dennoch in Grenzen zu halten, nehmen an jeder Aufnahme jeweils vier Studierende teil. Auf diese Weise ist zu erwarten, dass über längere Gesprächspassagen hinweg maximal zwei Personen zugleich sprechen. Um in der interkulturellen Kontaktsituation keine der beiden anwesenden Nationalitäten in eine Minderheitenrolle zu drängen, sollten an jeder Aufnahme jeweils zwei polnische und zwei deutsche Studierende teilnehmen.

3.2.3 Die Gewinnung der Sekundärdaten

3.2.3.1 Die Durchführung der Aufnahme

Der Verfasser der Studie hat die Aufnahmen in seiner eigenen studentischen Unterkunft in einer Wohngemeinschaft eines Frankfurter Studentenwohnheims durchgeführt. Die jeweils vier eingeladenen Studierenden nahmen an einer gedeckten Tafel Platz, die von einer deutlich sichtbar aufgestellten Videokamera beobachtet wurde. Der Verfasser selbst war während der Aufzeichnungen nicht im Raum anwesend. Um den Party-Charakter der Situation zu unterstreichen, war die Tafel bei jeder Aufzeichnung mit Salaten, Desserts sowie alkoholischen und non-alkoholischen Getränken gedeckt. Wie die Auswertung der Daten zeigen wird, diente die Verschiedenheit der Speisen den Probanden immer wieder zur Strukturierung ihres Gesprächsverlaufs. Nach der Zeitspanne der Aufzeichnung hat der Verfasser den Raum betreten, die Kamera ausgeschaltet, den Abend zusammen mit den Probanden zwanglos fortgeführt und teilweise Kommentare zum Gesprächsverlauf einholen können. Um mehrere Konstellationen unterschiedlicher Probanden gegenüberstellen zu können, wurden nacheinander vier Aufnahmen in Form abendlicher Mahlzeiten mit wechselnden Teilnehmern durchgeführt.

3.2.3.2 Die Konstruiertheit der Untersuchungssituation

3.2.3.2.1 Offenheit der Aufnahme

Diese Versuchsanordnung sucht innerhalb des Labovschen Beobachterparadoxons nach dem bestmöglichen Kompromiss. Bei der Datenanalyse darf die Konstruiertheit des Materials dennoch nicht aus dem Blickfeld geraten. Brinker und Sager unterscheiden Aufnahmesituationen nach dem Grad der Offensichtlichkeit der Beobachtung. Demgemäß ist das Material der vorliegenden Studie in einer sogenannten offenen Aufnahme entstanden (vgl. Brinker/Sager 1996: 32). Alle Probanden konnten sich theoretisch jederzeit der Beobachtung ihrer Situation bewusst sein. Bereits bei der Einladung wurde allen Probanden mitgeteilt, dass sie an einer Videoaufzeichnung zur Untersuchung interkultureller Kommunikation teilnehmen würden. Selbst der Gegenstand der Untersuchung wurde also nach dem Wissensbedarf der Probanden bekanntgegeben. Detailliertere Rückfragen wurden meist nicht gestellt. Auch während der Aufzeichnung war die Existenz der laufenden Kamera für die Kandidaten unübersehbar.

Brinker und Sager sprechen in diesem Zusammenhang von einer statischen Aufnahme: Sowohl die beobachteten Interaktionspartner als auch die Aufnahmeapparatur verbleiben über einen längeren Zeitraum in einer stationären Position. Gegenüber mobilen Aufnahmen, bei denen das Aufnahmegerät, die Interaktionspartner oder beide mobil sind und in wechselnden Situationen aufgenommen werden, erlauben statische Aufnahmen die Nachzeichnung umfangreicherer Modelle. Mobile Konstellationen können dagegen authentischere Daten liefern, da die Probanden nicht gezwungen sind, über einen längeren Zeitraum in einer Situation zu verharren (vgl. Brinker/Sager 1996: 37-37).

Anhand des Datenmaterials lässt sich jedoch leicht feststellen, inwiefern und zu welchem Zeitpunkt die Probanden die Aufnahme berücksichtigt haben. Direkte Blicke in die Kamera weisen mit Sicherheit auf die vollständige Bewusstheit der Kandidaten hin. Behandeln die Gesprächsteilnehmer jedoch gelegentlich vulgäre Themen oder Themen, die sie in Anwesenheit potentieller Leser der Studie wahrscheinlich nicht in dieser Form erwähnen würden, so deutet dies darauf hin, dass die Kandidaten die Aufnahmesituation in derartigen Momenten nicht berücksichtigt haben.

Brinker und Sager weisen schließlich darauf hin, dass die Form der offenen Aufnahme die in ethischer Hinsicht unbedenklichste Form der qualitativen Datenerhebung sei (vgl. Brinker/Sager 1996: 25-31). Pseudo-offene Aufnahmen, provisorisch verdeckte und verdeckte Aufnahmen dagegen verletzen in unterschiedlichem Maße das Recht der Probanden auf ihre Privatsphäre (vgl. Brinker/Sager 1996: 32-33).

3.2.3.2.2 Authentizität der Situation

Die Auswahl der Probanden kann nur eingeschränkte Repräsentativität für den Dialog zwischen polnischen und deutschen Studierenden beanspruchen. Um Probanden aus einem bestehenden, möglichst natürlichen sozialen Netzwerk zusammenzubringen, wurde jeweils ein Studierender gebeten, die Teilnehmer seiner Gesprächsrunde selbst auszuwählen und einzuladen. Dies geschieht jedoch auf Kosten der Rekonstruierbarkeit der bestehenden Beziehungen der Kandidaten untereinander. Ob die Kandidaten einander nur flüchtig kennen oder ob sie einen Großteil ihrer Freizeit gemeinsam verbringen, entzieht sich jeder objektiven Messbarkeit. Subjektive Aussagen dagegen können mit den durchgeführten qualitativen Interviews gewonnen werden.

Schließlich darf die Gruppe Studierender, die in ihrer Freizeit Kontakte zu Kommilitonen der jeweils anderen Kultur pflegt, lediglich als ein kleiner Teil einer insgesamt heterogenen Studierendenschaft angesehen werden. Ein hoher Prozentsatz der Studierenden beider an der Viadrina hauptsächlich vertretenen Nationalitäten verfügt dagegen über keine regelmäßigen interkulturellen Kontakte. Einstellungen und Umgangsformen der letzteren Gruppe gegenüber der anderen Kultur dürften sich von den Ergebnissen der vorliegenden Studie signifikant unterscheiden.

Die Vorgabe, stets zwei Studierende jeder Nationalität in einer Gesprächsrunde zusammenzubringen, stört zusätzlich die Authentizität der Situation. Derartige Konstellationen treten bei ungezwungenen Zusammenkünften sicherlich nur rein zufällig auf. Die Studierenden, die ihre Gruppen zusammenstellten, mussten dagegen auf diese Vorgabe gezwungenermaßen Rücksicht nehmen. Terminliche Unpässlichkeiten dürften die Authentizität der Situationen zusätzlich modifiziert haben.

Trotz der aufgeführten Einschränkungen erfordert die angewendete Datenerhebungsmethode vergleichsweise sehr geringe Zugeständnisse an die Authentizität des Materials und bietet zugleich vergleichsweise leicht zu verarbeitende audiovisuelle Daten. Der Gesprächsverlauf in allen vier Aufnahmen zeigt schließlich, dass die Studierenden das vorgefundene Umfeld problemlos als Einladung zu einer ungezwungenen Runde akzeptiert haben.

3.2.4 Die Ausarbeitung der Tertiärdaten

3.2.4.1 Standardisierte vs. individuelle Transkriptionsmethoden

Die Auswahl der angewendeten Transkriptionsmethode orientiert sich zunächst an zwei Zielkriterien:

Insbesondere innerhalb der qualitativen Sozialforschung wird immer wieder der Ruf nach standardisierten und allgemein anerkannten Transkriptions- und Analysemethoden laut. Teilweise wird unterstellt, bereits bestehende Standards würden mangels ihrer Kenntnis ignoriert (vgl. Flick et al. 1995: 27). Andere Autoren beklagen schlicht das Fehlen etablierter Standards (vgl. Selting et al. 1998: 91-92; Flick et al. 1995: 27). Allgemein akzeptierte Standards dagegen könnten die Vergleichbarkeit der einzelnen Studien untereinander wesentlich verbessern. Neben den Forschungsergebnissen ließe sich auf diese Weise auch die Qualität eines Datenkorpus einfacher beurteilen.

Brinker und Sager dagegen merken an, dass standardisierte Transkriptionsverfahren individuellen Forschungsvorhaben häufig unzuträglich sein können. Verlangen die Verfahren die Aufzeichnung von Daten, die für die eigene Untersuchung nicht benötigt werden, wird die Darstellungsform unnötig komplex und unübersichtlich (vgl. Brinker/Sager 1998: 53).

Innerhalb dieser beiden Prämissen soll im Folgenden ein für die vorliegende Untersuchung angemessenes Transkriptionsverfahren erarbeitet werden, das bestehende Standardisierungen weitestgehend berücksichtigt und dennoch eine optimale Darstellung des Datenmaterials ermöglicht. Im Rahmen der Studie liegt audiovisuelles Datenmaterial in Form von vier 90-minütigen Aufzeichnungen vor. Insbesondere galt die Aufzeichnung dieser langen Sequenzen jedoch der Gewinnung von Daten zu sprachlichen situativen Missverständnissen. Wenn auch letztlich Aufschlüsse über den Einfluss der Missverständnisse auf den gesamten Gesprächsverlauf gewonnen werden sollen, so kann dies doch weitestgehend durch eine Einzelanalyse der Missverständnisse und eine anschließende Gegenüberstellung bewerkstelligt werden. Eine vollständige Transkription aller vier Gesprächskorpora ist daher nicht erforderlich. Derart lange Transkriptionen würden statt dessen den Zugang zur Analyse punktueller Missverständnisse erschweren und behindern.

3.2.4.2 Das Orientierungsprotokoll zur Identifizierung aller Missverständnisse

In der vorliegenden Studie sollen folglich nur die Passagen ausführlich transkribiert werden, die für die Untersuchung relevante Missverständnisse enthalten. Im Hinblick auf die Bedenken Falkners und Tzannes hinsichtlich der relativen Seltenheit von Missverständnissen in Gesprächen soll aus den Aufzeichnungen nur das Gespräch im Detail analysiert werden, in dem die höchste Anzahl erkennbarer Missverständnisse aufgetreten ist. Die lediglich Identifikation von Missverständnissen muss daher im Rahmen dieser Studie allein anhand der Videoaufzeichnung und gemäß der in Abschnitt 3.2.5 aufgestellten Kriterien geleistet werden.

Um dennoch eine gewisse Nachvollziehbarkeit der Studie zu gewährleisten, bietet sich die Anfertigung eines sogenannten *Organisationsprotokolls* für alle vier Gespräche an. Brinker und Sager stellen dieses Protokoll als tabellarisch angeordnete Darstellung der groben Struktur eines Gespräches dar.

Im Rahmen dieser Studie ist eine derart detaillierte Darstellung aller vier aufgezeichneten Gespräche nicht erforderlich. Um eine grobe Orientierung und eine Verortung der aufgetretenen Missverständnisse zu gewährleisten, genügt die Verwendung der ersten, thematischen Spalte aus dem von Brinker und Sager vorgestellten Modell. Während die im Rahmen dieser Studie angefertigten Organisationsprotokolle in den ersten beiden Spalten nach einer präzisen Zeitangabe jeweils stichwortartige Angaben zum thematischen Verlauf enthalten, soll dem Protokoll eine dritte Spalte hinzugefügt werden, in der aufgetretene Missverständnisse eingetragen werden. Dabei erhalten die Missverständnisse eine in jedem Gespräch neu beginnende Nummerierung und eine jeweils in Klammern angefügte Spezifikation der beteiligten Probanden.

3.2.4.3 Das Ereigniskorpus zur präzisen Darstellung der Missverständnisse des untersuchten Gesprächs

Die vorliegende Studie hat sich zum Ziel gesetzt, die in einem Gespräch aufgetretenen Missverständnisse zu analysieren und anhand der Ergebnisse Rückschlüsse auf den gesamten Gesprächsverlauf herzuleiten. Ob diese Rückschlüsse tatsächlich zutreffen, kann letztlich wiederum nur anhand einer detaillierten Inhaltsanalyse bewiesen werden, die im Rahmen dieser Studie jedoch nicht geleistet werden kann. Statt dessen sollen im vorliegenden Fall lediglich die Passagen transkribiert werden, in denen ein Missverständnis aufgetreten ist. Bestätigende oder falsizifierende Aussagen über den gesamten Gesprächsverlauf sollen statt dessen aus den qualitativen Interviews mit den Probanden gewonnen werden. Brinker und Sager empfehlen in diesem Falle die Anfertigung eines sogenannten *Ereigniskorpus*, in dem jeweils nur für die Untersuchung relevante Passagen transkribiert werden (vgl. Brinker/Sager 1996: 40).

3.2.4.4 Textnotation vs. Partiturnotation

Meibauer erwähnt in knapper Form das *Gesprächsanalytische Transkriptionssystem (GAT)* sowie die *Halbinterpretative Arbeitstranskription (HIAT)* als standardisierte Transkriptionsverfahren, die sich innerhalb der deutschsprachigen Forschung am weitesten durchsetzen konnten (vgl. Meibauer 1999: 131). Während sich das GAT einer Textnotation bedient, arbeitet HIAT mit einer Partiturnotation. Beide Verfahren sollen in den folgenden Abschnitten kurz erläutert und diskutiert werden.

3.2.4.4.1 Das Gesprächsanalytische Transkriptionssystem (GAT)

Das Gesprächsanalytische Transkriptionssystem (GAT) wurde erst Ende der neunziger Jahre von einem Team namhafter deutschsprachiger Forscher um die Herausgeberin

Margret Selting entwickelt und versteht sich als Zusammenführung vieler, bereits weithin gebräuchlicher Transkriptionsmethoden zu einer minimalen Standardkonvention (vgl. Selting et al. 1998: 91-92). GAT stellt die aufgezeichnete Konversation in Form eines Textes dar, dessen Zeilen am linken Rand nummeriert sind, und bei dem die Sprecherwechsel durch die Nennung des Sprecherkürzels am Zeilenbeginn gekennzeichnet werden. Paralleles Sprechen kann durch Unterstreichen der parallelen Sequenzen dargestellt werden (vgl. Selting 1998: 95-96). Selting betont insbesondere die geringen Ansprüche der Methode im Bezug auf computergestützte Transkriptionsarbeit. Das Verfahren kommt ohne jegliche zusätzliche Formatierung aus, erfordert kaum Sonderzeichen und kann daher betriebssystemübergreifend mit beinahe jedem Texteditor erstellt werden. Auch eine Darstellung der Transkription im Internet wird problemlos möglich (vgl. Selting 1998: 92).

3.2.4.4.2 Die Halbinterpretative Arbeitstranskription (HIAT)

Das Verfahren der Halbinterpretativen Arbeitstranskription (HIAT) dagegen wurde bereits in den siebziger Jahren von Konrad Ehlich und Jochen Rehbein entwickelt (vgl. Ehlich/Rehbein 1976). Bei der Transkription der Aufnahme von Unterrichtsgesprächen aus Schulen sahen sie sich mit der Aufgabe konfrontiert, häufige Sprecherwechsel, häufiges paralleles Sprechen sowie die Beiträge einer vergleichsweise großen Anzahl von Sprechern dennoch übersichtlich darzustellen (vgl. Ehlich/Rehbein 1976: 21). Mit der Konzeption von HIAT führten sie daher die sogenannte Partiturnotation ein, in der die Redebeiträge in ein Zeilensystem eingefügt werden, das dem von Orchesterpartituren ähnelt. Jedem Sprecher kommt dabei eine Zeile zu, während alle parallel stattfindenden Redebeiträge durch eine Partiturklammer am linken und am rechten Zeilenrand zusammengefasst werden. Auf diese Weise lassen sich beinahe beliebig viele parallele Sprecher untereinander in einer Zeile darstellen. Auch häufige Sprecherwechsel sind durch die vertikale Anordnung problemlos erkennbar (vgl. Ehlich/Rehbein 1976: 21).

In den für die vorliegende Studie gesammelten Sekundärdaten der Gesprächsrunden deutscher und polnischer Studierender nehmen stets potentiell vier Personen an der Konversation teil. In der durch die Versuchsanordnung angestrebten, zwanglosen Situation sind häufige Sprecherwechsel und vielfaches paralleles Sprechen zu erwarten. Trotz der einfacheren Handhabbarkeit des GAT dürfte das Verfahren der HIAT in diesem Fall zu einer übersichtlicheren Darstellung der Daten verhelfen. Vor der Analyse der transkribierten Daten sollen im folgenden Abschnitt noch zusätzliche Details zur Handhabung der HIAT besprochen werden.

3.2.4.5 Handhabung der Transkription im Rahmen des HIAT-Verfahrens

Sowohl GAT als auch HIAT erlauben Transkriptionen mit unterschiedlichsten Detailliertheitsgraden. Brinker und Sager unterscheiden grob drei Realisierungsstufen. Die *phonetische Transkription* stellt die Tertiärdaten in phonetischer Umschrift dar und ist damit die präziseste Form der Wiedergabe. Dennoch eignet sich die phonetische Transkription aufgrund des mit ihr verbundenen hohen Arbeitsaufwands sowie aufgrund ihrer Unübersichtlichkeit innerhalb längerer Textpassagen nur zur Transkription kürzerer Abschnitte zwecks phonetischer Untersuchungen. Für die Erfordernisse der Konversationsanalyse geeigneter erscheint dagegen die *modifizierte orthographische Transkription*, die versucht, phonetische Besonderheiten mit den Mitteln der Standardorthographie darzustellen. Die *orthographisch korrigierte Transkription* fügt an den entsprechenden Stellen Korrekturen zur Standardsprache in Klammern ein (vgl. Brinker/Sager 1996: 46-47). Für die Zwecke der vorliegenden Studie scheint daher die modifizierte orthographische Transkription das am besten geeignete Darstellungsmittel zu sein.

3.2.5 Kriterien zur Identifizierung der Missverständnisse

Tzanne zufolge stellt die Identifizierung sprachlicher Missverständnisse ein der Methode inhärentes Problem dar. Da Missverständnisse nur dann für Interaktionspartner situativ relevant werden, wenn sie im Anschluss an ihr Auftreten im Gespräch in Form von Reparaturen thematisiert werden, gilt dies auch für die spätere Analyse anhand eines aufgezeichneten Datenkorpus. Tzanne nennt daher eine Reihe von Kriterien anhand derer vorgefallene Missverständnisse identifiziert werden können (vgl. Tzanne 2000: 20-21). Diese Kriterien decken sich größtenteils mit der Definition der möglichen Reparaturstrategien, anhand derer Missverständnisse erst rückwirkend manifest werden. Tzannes Kriterien werden jedoch auch für die vorliegende Studie hinzugezogen und sollen daher im Folgenden kurz erläutert werden.

Missverständnisse können Tzanne zufolge offenbar werden, wenn Sprecher ihre Absicht explizit thematisieren, indem sie ihre Reparatur mit Phrasen wie *Nein, ich meine...* einleiten. Darüber hinaus können Sprecher auf einer metalinguistischen Ebene über das vorgefallene Missverständnis sprechen und es auf diese Weise manifestieren. Ebenfalls auf der Metaebene können Sprecher auch Reparaturen im Sinne des *facework* durchführen, indem sie sich beispielsweise explizit für ein Missverständnis entschuldigen. Neben diesen Thematisierungen durch die Interaktionspartner weist Tzanne darauf hin, dass Diskrepanzen in der Bedeutung von Aussagen häufig auch noch während der nachträglichen Analyse erkannt werden können. Tzanne verweist auf Beispiele, in denen ein Hörer auf offensichtliche Weise unangemessen auf die Äußerung eines Sprechers reagiert. Fühlt sich ein Sprecher missverstanden, so kann sich dies Tzanne zufolge im Korpus durch seine mehrfache Wiederholung des Gesagten im Sinne einer Reparatur sichtbar werden (vgl. Tzanne 2000: 20). Die vorliegende Studie wird zeigen, dass die Beschreibung der einzelnen im Verlauf eines Missverständnisses zusätzlicher Spezifizierungen bedarf, um ihre Auswirkungen auf den gesamten Gesprächsverlauf angemessen beschreiben zu können. Rückblickend sei Tzannes Kriterien zur Identifizierung von Missverständnissen aus dieser Erfahrung ein weiterer Aspekt hinzugefügt: Das Material der vorliegenden Studie hat gezeigt, dass Missverständnisse häufig bereits durch kurze, sofortige Rückfragen von Hörern beispielsweise in Form eines parasprachlichen *hm?* manifest werden. Oft können dank der audiovisuellen Aufzeichnungen sogar noch subtilere, nonverbale Anzeichen auf das Vorliegen einen Missverständnisses hinweisen. Häufig verleihen Hörer ihrer Irritation beispielsweise in ihrer Mimik oder ihrer Körperhaltung Ausdruck, indem sie sich zurücklehnen und so symbolisch von der Situation distanzieren.

Die im Anhang auf den Seiten A 1 bis A 14 aufgeführten Organisationsprotokolle zeigen, dass die Anzahl der jeweils innerhalb eines Gesprächs identifizierten Missverständnisse erstaunlich divergiert. Während im ersten Gespräch (vgl. Abschnitt A.1.1) nur fünf Missverständnisse aufgetreten sind, konnten im zweiten Gespräch (vgl. Abschnitt A.1.2) insgesamt 27 Missverständnisse gezählt werden. Im Rahmen des dritten Gesprächs (vgl. Abschnitt A.1.3) wurden darüber hinaus elf Missverständnisse und im vierten Gespräch (vgl. Abschnitt A.1.4) 19 Missverständnisse gezählt.

Dieses stark divergierende Ergebnis weist sicherlich bereits auf interessante Unterschiede in den gesamten Gesprächsverläufen hin. Die Beschreibung dieser Unterschiede erforderte jedoch eine detaillierte Inhaltsanalyse jedes einzelnen Gesprächs, die im Rahmen dieser Studie nicht geleistet werden kann. Statt dessen soll lediglich das zweite aufgezeichnete Gespräch, das die meisten Missverständnisse enthält, einer genaueren Analyse unterzogen werden.

3.3 Qualitative Interviews mit den einzelnen Gesprächsteilnehmern

3.3.1 Die Erhebungsmethode der Primärdaten

3.3.1.1 Qualitative vs. quantitative Interviewführung

Bei der Wahl der für die Untersuchungsziele geeigneten Interviewmethode muss zunächst zwischen quantitativen und qualitativen Verfahren unterschieden werden (vgl. Lamnek 1993: 37).

3.3.1.1.1 Das quantitative Interview

Quantitative Interviewtechniken streben Auswertung möglichst vieler Interviewpartner an. Eine große Menge standardisierter Daten soll hier die Repräsentativität der Aussagen garantieren und die Grundlage für eine möglichst klare Typen- und Kategorienbildung schaffen. Um diesen Grad der Standardisierung zu erreichen, muss jeder Interviewpartner mit den gleichen Fragestellungen und Formulierungen konfrontiert werden. Erscheinen die Fragestellung oder die vorgegebenen Antwortoptionen dem Befragten unangemessen oder nicht treffend, bleibt ihm bei standardisierten Interviews keine Gelegenheit, seine wirkliche Einstellung in die Untersuchung einfließen zu lassen. Standardisierte quantitative Interviews sind daher erst dann sinnvoll, wenn schon vor Beginn der Befragung mögliche Antworten denkbar und mit hoher Wahrscheinlichkeit erwartbar sind (vgl. Lamnek 1993: 37ff).

3.3.1.1.2 Das qualitative Interview

Die meisten qualitativen Methoden zeichnen sich dagegen durch einen mehr oder weniger offenen Interviewstil aus. Fragestellungen orientieren sich meist an einer groben, vorgegebenen Struktur. Prinzipiell bleibt der Gesprächsverlauf jedoch meist offen, so dass der Interviewer spontan auf sich im Gespräch neu entwickelnde Fragestellungen eingehen und individuelle Angaben des Befragten durch weitere Fragen präzisieren kann. Wenngleich qualitative Verfahren präzisere - wenn auch subjektive - Aussagen über einzelne Individuen produzieren, so sind die Daten der Individuen untereinander im Gegensatz zu den Ergebnissen quantitativer Methoden nur schwer vergleichbar. Im Rahmen der vorliegenden Studie haben sechzehn Personen an den Gesprächsrunden teilgenommen, die somit für eine Befragung in Betracht kommen. Repräsentative Ergebnisse aufgrund hoher Teilnehmerzahlen nach quantitativen Verfahren können daher unter diesen Umständen nicht erreicht werden. Sollen die Befragten zu spezifischen Situationen aus ihrer eigenen Gesprächsrunde Stellung nehmen, so würde des weiteren für jede Gesprächsrunde ein eigener Fragenkatalog erforderlich. Schließlich haben alle Gesprächsteilnehmer in ihren Gesprächsrunden unterschiedliche Rollen und Perspektiven eingenommen. Befragt man einen Probanden nach seinem Eindruck im Bezug auf ein real geschehenes sprachliches Missverständnis, so muss bei der Fragestellung berücksichtigt werden, ob der Befragte eine Aussage nach eigenem Empfinden missverstanden hat oder missverstanden wurde. Vor dem Hintergrund dieser Überlegungen wird deutlich, dass eine Befragung der Kandidaten nach einem standardisierten Fragenkatalog in diesem Falle wenig zweckdienlich wäre.

Lamnek charakterisiert qualitative Interviews in Abgrenzung gegenüber quantitativen Befragungen darüber hinaus nach folgenden Gesichtspunkten (vgl. Lamnek 1993: 64):

Lamnek fordert zunächst das „Prinzip der Reflexivität von Gegenstand und Analyse“ (Lamnek 1993: 64) und trägt damit der Möglichkeit Rechnung, das Analyseverfahren individuell auf den sich in einem Interview spontan herauskristallisierenden thematischen Gegenstand hin anzupassen. Weiterhin fordert Lamnek den Interviewer auf, die Kommunikationsform eines Alltagsgesprächs zu wahren, um eine möglichst symmetrische - wenn auch nie ganz ausgeglichene - Kommunikationssituation herstellen zu können. Qualitative Interviews sollen dem Befragten die Möglichkeit geben, über eigene Erfahrungen nach eigenem qualitativen und quantitativen Ermessen zu berichten. Um ihm dies zu ermöglichen und um das Gespräch nicht suggestiv zu steuern, sollte sich der Interviewer weitestmöglich zurückhalten und höchstens bei Stockungen den Befragten zu weiteren Erzählungen ermuntern. Wie bereits erwähnt, sollten qualitative Interviews hinsichtlich ihres thematischen Verlaufs möglichst offen und flexibel ausgerichtet sein. Schließlich sollte der Interviewverlauf als produktiver Prozess betrachtet werden, in dem der Befragte selbst Deutungsmuster für seine Erfahrungen entwickelt und so eine Theorie zur Explikation der eigenen Aussagen liefert.

3.3.1.2 Formen qualitativer Interviews

Qualitative Interviews lassen sich insbesondere hinsichtlich des Grades ihrer Offenheit weiter differenzieren. Lamnek nimmt eine Unterscheidung von fünf Interviewtypen vor und strukturiert ihren Ablauf in aufeinanderfolgende Phasen (vgl. Lamnek 1993: 70-92):

3.3.1.2.1 Das narrative Interview

Narrative Interviews eignen sich zur Erhebung qualitativer Daten, die der Befragte in einer längeren zusammenhängenden Erzählung wiedergeben kann. Nach einer kurzen *Erklärungsphase*, in der der Interviewer das Konzept des später folgenden Erzählens erläutert, folgt Lamnek zufolge eine *Einleitung*, in der mögliche Aspekte und Dimensionen der Erzählung zusammen mit dem Befragten kurz ausgelotet werden können. Die Erzählphase schließlich bildet das Kernstück des narrativen Interviews. In ihr liefert der Befragte in Form einer längeren Erzählung zugleich auch eigene Interpretationen und Deutungsmuster. Die anschließende *Nachfragephase* gibt dem Interviewer Gelegenheit, Unklarheiten aus der Erzählung zu erfragen oder gegebenenfalls um Präzisierungen zu bitten, die der Befragte in der *Bilanzierungsphase* anfügen kann (vgl. Lamnek 1993: 70-74).

Hopf fügt an, dass narrative Interviews sich aufgrund ihrer sehr freien Struktur insbesondere in der Biographieforschung bewährt haben, da das ausführlichere Nacherzählen der eigenen Lebensgeschichte für die meisten Befragten vergleichsweise leicht zu bewältigen ist. Komplexere Fragestellungen können mit dieser Methode dagegen meist nicht zufriedenstellend ausgelotet werden (vgl. Hopf 1995: 179).

3.3.1.2.2 Das problemzentrierte Interview

Während der Interviewer zu Beginn des narrativen Interviews keinerlei theoretisches Konzept zugrunde legen sollte, dient die Theoriebildung durch den Befragten im problemzentrierten Interview lediglich der Modifikation bereits bestehender Theorien. Dennoch basiert auch das problemzentrierte Interview größtenteils auf narrativen Phasen. Aufgrund des bereits existierenden Modells kann der Interviewer in diesem Fall jedoch in einer ersten Phase den Problembereich des Interviews explizit benennen. In einer zweiten Phase der *allgemeinen Sondierung* kann der Interviewer den Befragten durch das Einstreuen eigener narrativer Phasen zum Fortführen dieser Themenbereiche stimulieren. In der Phase der *spezifischen Sondierung* soll der Befragte im Anschluss seine eigenen Interpretationstheorien liefern, zu denen er jedoch wiederum vom Interviewer angeleitet wird. Eine letzte Phase der *ad-hoc-Fragen* erlaubt es dem Interviewer schließlich, bis dato offen gebliebene Fragestellungen zu präzisieren (vgl. Lamnek 1993: 74-78).

3.3.1.2.3 Das Tiefen- oder Intensivinterview

Lamnek bezeichnet das Tiefeninterview als eine Sonderform der qualitativen Befragung, da der Befragte in diesem Fall keine eigenen Deutungsmuster liefern kann. Vielmehr soll das Tiefeninterview Bedeutungsstrukturierungen erforschen, die dem Befragten selbst nicht bewusst sind (vgl. Lamnek 1993: 81).

3.3.1.2.4 Das rezeptive Interview

Das rezeptive Interview versucht, als vergleichsweise neue Methode, die in Interviews stets vorhandene kommunikative Asymmetrie positiv zu berücksichtigen, indem es den Interviewer als Zuhörer begreift. Die Verlaufsstruktur des Interviews ist daher ähnlich der des narrativen Interviews extrem offen, dem Interviewer wird jedoch ein größerer Handlungsspielraum zur Herstellung einer möglichst alltagsähnlichen Gesprächssituation zugestanden, d.h. auch er kann unter Umständen längere Erzählphasen beisteuern (vgl. Lamnek 1993: 82-90).

3.3.1.2.5 Das fokussierte Interview

Fokussierte Interviews dienen Lamnek zufolge der Konsolidierung oder Falsifizierung bereits mit anderen Methoden untersuchter Problemfelder. Meist handelt es sich dabei um Tatbestände, die der Forscher zuvor in realen Feldsituationen an den Befragten beobachtet hat (vgl. Lamnek 1993: 79). Hopf erklärt, dass fokussierte Interviews erstmals zur Analyse von Reaktionen auf Propagandamaterial in der Kommunikationsforschung von Robert Merton und Patricia Kendall (vgl. Merton/Kendall 1946) eingesetzt wurden. Alle Befragten sowie der Forscher selbst hatten also zuvor Propagandabotschaften eines bestimmten Formats rezipiert. Die darauffolgenden Interviews wurden dabei meist in Form von Gruppeninterviews durchgeführt. Anhand der Ergebnisse der zuvor ausgeführten Feldforschung stellt der Interviewer einen Leitfaden auf, an dem er das Gespräch in groben Zügen orientieren kann, um alle Fragestellungen zu berücksichtigen. Lamnek rückt das fokussierte Interview in die Nähe quantitativer Methoden, da es bereits auf Hypothesen basiert, die lediglich binär bestätigt oder falsifiziert werden können. Dies wird jedoch durch eine qualitative Interviewstruktur erreicht, die es dem Befragten erlaubt, seine Erfahrungen im Hinblick auf die Problemstellung präzise und individuell darzustellen (vgl. Lamnek 1993: 79-80).

3.3.1.3 Die Fragestellungen im fokussierten Interview

Aufgrund seines Rekurses auf zuvor erhobene, von den Probanden bereits erlebte Situationen eignet sich das Verfahren des fokussierten Interviews in besonderem Maße zur Ergänzung und weiteren Ausleuchtung der in dieser Studie aufgezeichneten sprachlichen Missverständnisse. In den folgenden Abschnitten sollen daher konkrete Fragestellungen und deren sinnvolle Gliederung dargestellt werden, die den Leitfaden für die Interviews bilden sollen:

1. Einleitung: Interviewform, Aufnahmeform, Vertraulichkeitsversicherung, Thema des Interviews

2. Fragestellungen zur aufgezeichneten Gesprächsrunde

2.1 Allgemeine Fragen

2.1.1 Auf welche Weise waren die Teilnehmer untereinander bekannt?

2.1.2 Welche Teilnehmer sind gut/schlecht miteinander zurechtgekommen?

2.1.3 Mit welchen Teilnehmern bist du gut/schlecht zurechtgekommen?

2.1.4 Kannst du dich an einzelne Situationen erinnern, die diesen Eindruck hervorgerufen haben, und diese kurz wiedergeben?

2.2 Fragen zu einzelnen, in der Gesprächsrunde aufgetretenen Missverständnissen

2.2.1 Kannst du dich an Missverständnisse oder Situationen erinnern, in denen ihr euch nicht verstanden habt?

3 Fragestellungen zum Verhältnis des Probanden zu Studenten der jeweils anderen Kultur

3.1 Wie viele Kontakte hast du zu Studierenden aus der jeweils anderen Kultur? Wie intensiv und regelmäßig sind diese Kontakte?

3.2 Welche Faktoren sind für die Anzahl und für die Art deiner eigenen Kontakte verantwortlich?

3.3 Kannst Du Dich an Situationen erinnern, in denen du das Verhalten von Studierenden der anderen Kultur nicht verstanden hast oder in denen dich ihr Verhalten irritiert hat?

4 Allgemeine Fragestellungen zum persönlichen Hintergrund des Probanden

4.1 Bitte um die Angabe von Alter, Studiensemesterzahl, Studiengang

4.2 Welche Gründe haben dich dazu bewogen, an der Viadrina zu studieren?

4.3 Welche Kontakte hattest du bereits vor deinem Studium zur jeweils anderen Kultur?

Abb. 1: Grundstruktur eines Fragenkatalogs zur Durchführung der fokussierten Interviews

3.3.2 Die Gewinnung der Sekundärdaten

Sobald die Missverständnisse aller vier Gesprächsrunden identifiziert und ausgezählt und somit eine Entscheidung zur detaillierten Analyse eines bestimmten Gesprächs getroffen werden konnte, wurden mit den vier betroffenen Probanden Termine zur Durchführung der fokussierten Interviews vereinbart. Alle Interviews fanden aus diesem Grund in einem Zeitraum von maximal anderthalb Wochen nach der Aufzeichnung der Gesprächsrunde statt.

Im Gegensatz zu der Aufzeichnung der Gesprächsrunden, die einen möglichst hohen Detailliertheitsgrad in der Wiedergabe verbaler, paraverbaler und nonverbaler kommunikativer Äußerungen ermöglichen sollten, dient die Durchführung der fokussierten Interviews lediglich der Dokumentation subjektiver Eindrücke der Probanden, nicht aber ihres kommunikativen Verhaltens. Zu diesem Zweck reicht eine Tonbandaufzeichnung der Interviews mit Hilfe eines Diktiergerätes aus. Verglichen mit einer Videoaufzeichnung kann außerdem davon ausgegangen werden, dass die Probanden die Anwesenheit des eingeschalteten Diktiergerätes als weniger irritierend empfunden haben, so dass sich die anfängliche Gewöhnungsphase an die Situation verkürzen dürfte.

Alle Interviews fanden zu Zeitpunkten und an Orten statt, die die Probanden selbst bei der Terminabsprache gewählt hatten. Auf diese Weise konnten die Probanden die Umgebung des Interviews nach ihren eigenen Wünschen gestalten, so dass eine für sie möglichst vertraute Situation realisiert werden konnte. Zwei der Interviews wurden in den jeweiligen Studentenwohnungen der Probanden durchgeführt. Ein Gesprächsteilnehmer zog es vor, sich in der Wohnung des Interviewers befragen zu lassen. Eine Probandin schließlich schlug die Durchführung des Interviews in der Cafeteria der Universität vor.

3.3.3 Erarbeitung der Tertiärdaten

Unterschiedliche zur Verfügung stehende Transkriptionsmethoden wurden bereits im Rahmen der Methodendiskussion zur Generierung eines Gesprächskorpus in Abschnitt 3.2.4 erläutert. Da die fokussierten Interviews nicht dazu dienen sollen, alle kommunikativen Verhaltensweisen, sondern lediglich die Aussagen der Probanden zu dokumentieren, reicht in diesem Fall eine Transkription in Form einer Textnotation aus. Auch Phasen des Parallelsprechens können in diesem Falle vernachlässigt werden. Die vier durchgeführten Interviews erstrecken sich über eine zeitliche Länge zwischen 21 und 45 Minuten. Ihre vollständige Transkription kann im Anhang dieser Studie eingesehen werden.

4 Entstehung und Ursachen sprachlicher Missverständnisse

4.1 Frühere Arbeiten zur Erforschung der Ursachen für Missverständnisse

4.1.1 Das Zwiebelmodell von Dascal

Tzanne bezieht sich auf Dascal, der ihrzufolge im Jahre 1985 eine erste sprachwissenschaftliche Untersuchung zur Entstehung von Missverständnissen durchgeführt habe (vgl. Dascal 1985). Dascal unterscheidet in seinem Modell unterschiedliche Bedeutungsschichten (vgl. engl. *layers of significance*, Dascal 1985: 443) einer Aussage, die diese gleichsam wie die Schalen einer Zwiebel umgeben. Auf allen Bedeutungsebenen könne es dabei zu Fehlinterpretationen und somit zu Missverständnissen kommen. Dascal unterscheidet zunächst vier Schichten, deren Bedeutungsinhalte immer indirekter werden und sich immer mehr von der eigentlichen Wortbedeutung entfernen, je weiter außen sie in der Metapher des Zwiebelmodells gelagert sind. Dabei orientiert sich Dascal vor allem an Kategorien der Sprechakttheorie: Enthält die innerste Schicht den propositionalen Gehalt der Aussage, so wird dieser umhüllt von der Schichten der illokutionären Kraft. Eine vergleichsweise weit außen liegende Schicht beinhaltet dazu die Bedeutung möglicher Konversationsimplikaturen (vgl. Dascal 1985: 443). Im Gegensatz zu Tzanne begreift Dascal Missverständnisse jedoch als punktuelle Ereignisse in Gesprächen, so dass die Analyse einer prozesshaften, kontextgebundenen Entstehung nicht denkbar ist.

4.1.2 Die Studie von Falkner

Zwei weitere Studien jüngeren Datums liegen mit den Publikationen von Falkner (vgl. Falkner 1997) und Hinnenkamp (vgl. Hinnenkamp 1998) vor, die jedoch von Tzanne nicht rezipiert werden. Dennoch bietet sich eine kurze Erläuterung der beiden Arbeiten an, um Tzannes Kategorisierung mit konkurrierenden Modellen vergleichen zu können.

Ähnlich wie Tzanne bedient sich Wolfgang Falkner eines Datenkorpus, dessen Missverständnisse er aus unterschiedlichen Dramen gesammelt hat. Auch Falkner bedient sich der Grundlage der Sprechakttheorie zur Kategorisierung möglicher Ursachen für Missverständnisse (vgl. Falkner 1997: 122-150), führt jedoch noch weitere mögliche Ursachen an. So können Missverständnisse auch lautliche Ursachen haben (vgl. Falkner 1997:

100) oder durch den Einsatz unterschiedlicher dialektaler Varietäten einer Standardsprache hervorgerufen werden (vgl. Falkner 1997: 105).

Weiterhin erstellt Falkner Kategorien, in denen Missverständnisse aufgrund nonverbalen Verhaltens aufgeführt werden. Falkners Kategorisierung stellt insofern eine Erweiterung der von Tzanne angelegten Perspektive dar. Dagegen bleibt Falkner ähnlich wie Dascal einer punktuellen Auffassung von Missverständnissen verhaftet, die eine Analyse eines prozesshaften Umgangs der Interaktionspartner nicht erlaubt.

4.1.3 Die Studie von Hinnenkamp

Hinnenkamp führt erstmals eine Analyse sprachlicher Missverständnisse anhand eines Datenkorpus durch, das Textbeispiele natürlicher Gesprächssituationen enthält. Darüber hinaus gesteht er Missverständnissen einen prozesshaften Charakter aus konversationsanalytischer Perspektive zu. Allerdings geht es Hinnenkamp in seiner Beschreibung des untersuchten Phänomens nicht in erster Linie um die Unterscheidung möglicher Ursachen für Missverständnisse, die er durchweg aufgrund misslungener Kontextualisierungshinweise im Sinne Gumperz‘ erklärt (vgl. Hinnenkamp 1998: 73). Statt dessen unterscheidet Hinnenkamp sprachliche Missverständnisse nach dem Grad ihrer Manifestheit im Gespräch. Dementsprechend kann ein Missverständnis von den Interaktionspartnern klar und deutlich wahrgenommen werden oder aber nur vage empfunden werden (vgl. Hinnenkamp 120ff). Schließlich schlägt Hinnenkamp auch eine Brücke zu dem Reparaturen von Missverständnissen, die er mit Implikationen des Facework verknüpft. Aus der Perspektive Tzannes verwischt Hinnenkamp jedoch in diesem Fall die sequenzielle Trennung von Missverständnisursache und Reparatur, denn ob ein Missverständnis manifest wird oder nicht, hängt nicht zuletzt auch von den durch die Interaktionspartner hinzugezogenen Reparaturstrategien ab.

4.2 Missverständnisse als Prozesse

Tzanne baut ihre Untersuchung sprachlicher Missverständnisse auf der Grundlage eines konversationsanalytischen Modells auf. Demnach versteht sie Missverständnisse als dynamische Prozesse, die über einen bestimmten Gesprächsabschnitt hinweg verlaufen. Nach konversationsanalytischen Gesichtspunkten lässt sich ein solcher Gesprächsabschnitt wiederum in einzelne, aufeinanderfolgende Redebeiträge unterteilen. Diese einzelnen Redebeiträge, die in der deutschsprachigen Literatur meist mit dem Begriff der *Sequenz* bezeichnet werden, bezeichnet Tzanne als *turn*. Um eine unnötig große Begriffsvielfalt zu vermeiden, soll in der vorliegenden Arbeit Tzannes Terminologie des *turn* übernommen werden, da Tzanne auf dieser Basis eine weitere Reihe von Begrifflichkeiten aufbaut.

Um Missverständnisse identifizieren und klassifizieren zu können, ist es Tzanne zufolge erforderlich, den dialogischen Ablauf eines Missverständnisses in weitere analytische Bestandteile zu gliedern (vgl. Tzanne 2000: 5). Zu diesem Zweck bietet es sich an, die einzelnen aufeinanderfolgenden Redebeiträge der beteiligten Personen als der Konversationsstruktur inhärente Einheiten zu betrachten. Tzanne bedient sich hierzu des von Sacks, Schegloff und Jefferson eingeführten Begriffs des *turn* zur Bezeichnung eines einzelnen Redebeitrag (vgl. Sacks/Schegloff/Jefferson 1974: 696ff).

4.2.1 Trouble-source turns (TST)

Tzanne versucht in einem ersten Schritt, zunächst jeweils einen sogenannten *trouble-source turn (TST)* zu finden, und versteht darunter jeweils den spezifischen Redebeitrag innerhalb eines Missverständnisses, der von den Hörern in einer anderen Weise aufgefasst wird, als es der Sprecher intendiert hatte. Einen solchen Redebeitrag identifizert Tzanne als zentrale Quelle und Ursache eines Missverständnisses, wobei sie zugleich betont, dass die Interpretation eines *trouble-source turn (TST)* durch einen Hörer grundsätzlich vor dem Hintergrund des Kontextes erfolgt, in den dieser Beitrag eingebettet ist (vgl. Tzanne 2000: 48).

4.2.2 Misunderstanding revealing turns (MRT)

Als eine auf den *trouble-source turn* folgende, relevante Gesprächssequenz betrachtet Tzanne den sogenannten *misunderstanding revealing turn (MRT)* (vgl. Tzanne 2000: 136). Diese Sequenz kann vom Hörer oder auch von Dritten geleistet werden und signalisiert dem Sprecher erstmals, dass sich offensichtlich ein Missverständnis ereignet hat, und dass ein bestimmter vorangegangener *turn* als *trouble-source turn* angesehen werden muss.

4.2.3 Repair attempts (RA)

Wurde das Vorliegen eines Missverständnisses von den Interaktionspartnern als solches erkannt, so steht es ihnen frei, Handlungen einzuleiten, die es ermöglichen, das Missverständnis aufzuklären. Wiederum kann auch dieser sogenannte *repair attempt (RA)* von Sprechern mit unterschiedlichen Diskursrollen beigesteuert werden.

4.2.4 Repair outcome indications (ROI)

Wurden die notwendigen Schritte zur Aufklärung eines Missverständnisses von den Interaktionspartnern erfolgreich vollzogen, so kann Tzanne das Resultat anhand der sogenannten *repair outcome indication (ROI)* beurteilen. Tzanne versteht darunter einen Redebeitrag der Person aus der anfänglichen Hörerrolle, der signalisiert, dass auch diese Person schließlich sowohl das Missverständnis als auch die vom Sprecher ursprünglich intendierte Aussage erkannt hat. Tzanne kennzeichnet ein solches positives Ergebnis als *ROI+*. Ebenso sind jedoch Indikatoren denkbar, die zeigen, dass der Hörer das Missverständnis noch immer nicht erkannt hat und/oder die intendierte Bedeutung der Aussage nicht begriffen hat. Tzanne kennzeichnet diese Indikatoren für einen gescheiterten Reparaturversuch als *ROI-* (vgl. Tzanne 2000: 142).

Grundsätzlich lassen sich diese erläuterten *turns* in dieser Reihenfolge in Gesprächen identifizieren. Tzanne hebt jedoch hervor, dass nicht zwingend alle *turns* innerhalb des Prozesses eines Missverständnisses durchlaufen werden müssen. So werden Missverständnisse durchaus häufig von den Interaktionspartnern gar nicht erst als solche erkannt, es erfolgt also kein *misunderstanding revealing turn*. In diesem Fall können keine *repair attempts* folgen. Positive *repair outcome indications (ROI+)*, in denen Interaktionspartner einander signalisieren, dass ein Missverständnis mehr oder weniger erfolgreich aufgeklärt worden ist, können dann nicht folgen. Weiterhin denkbar sind Gesprächsverläufe, in denen sich die Interaktionspartner trotz erfolgreicher Identifikation eines Missverständnisses durch einen *misunderstanding revealing turn* aus den verschiedensten Gründen dafür entscheiden, dieses nicht mittels eines *repair attempts* aufzuklären. In all diesen Fällen können nur negative *repair outcome indications (ROI-)* folgen. Für die erfolgreiche Aufklärung eines Missverständnisses müssen demnach auf einen *trouble-source turn* zumindest ein *misunderstanding revealing turn* sowie ein *repair attempt* folgen. (vgl. Tzanne 2000: 146-149). Tzanne räumt jedoch ein, dass die Abstände zwischen den einzelnen relevanten *turns* innerhalb eines Gesprächsablaufs stark variieren können, so dass *trouble-source turns* erst nach einiger Zeit als solche erkannt werden und Aufklärungsversuche unternommen werden. Als minimale Kombination postuliert Tzanne jedoch die direkte Folge eines *misunderstanding revealing turn*, der zugleich bereits einen *repair attempt* beinhalten kann, auf einen *trouble-source turn* (vgl. Tzanne 2000: 146).

4.3 trouble-source turns als Ursachen für Missverständnisse

Tzanne benennt *trouble-source turns* als Redebeiträge, die von Hörern einer Interpretation unterzogen werden, die vom Sprecher nicht intendiert war, bzw. deren vom Sprecher intendierte Interpretation von den Hörern nicht vollzogen wird. Eine derartige, divergente Interpretation einer Aussage durch Sprecher und Hörer kann durch unterschiedliche Faktoren beeinflusst sein. Tzanne zufolge entstehen Missverständnisse entweder aufgrund linguistischer Faktoren, also aufgrund von Fehlinterpretationen, die sich innerhalb einer sprachlichen Äußerung ereignen, oder aufgrund situativer Faktoren, nämlich durch Fehlinterpretationen, die von außersprachlichen, in der Situation gegebenen Umständen verursacht werden (vgl. Tzanne 2000: 47). Die folgenden Abschnitte sollen die einzelnen Möglichkeiten für Fehlinterpretationen näher erläutern.

Tzanne postuliert mit ihrer analytischen Bestimmung der Ursachen für Missverständnisse, dass auch in interkulturellen Kontaktsituationen Missverständnisse aufgrund der unterschiedlichsten sprachlichen und situativen Umstände auftreten können. Nur für einen verschwindend geringen Teil der Missverständnisse spiele der kulturelle Aspekt, kulturelles Spezialwissen oder eine unterschiedliche kulturelle Sozialisation der Sprecher eine Rolle. Demgegenüber ließe sich behaupten, dass alle sprachlichen und situativen Kategorien, die Tzanne aufgestellt hat, aufgrund unterschiedlicher kultureller Sozialisation auch unterschiedlich interpretiert werden können. Aus dieser Perspektive schließen sprachliche und situative Ursachen gegenüber kulturellen Ursachen einander nicht aus, sondern fungieren lediglich auf unterschiedlichen Ebenen. Textbeispiele aus der für die vorliegende Studie angefertigten Studie sollen dieses Zusammenspiel erläutern.

4.4 Die Unterschiedliche Interpretation des linguistischen Kontextes

Innerhalb des linguistischen Kontextes erläutert Tzanne drei unterschiedliche Ebenen, auf denen sich potentiell Missverständnisse ereignen können. Zunächst können Sprecher die Bedeutung einzelner Äußerungen unterschiedlich interpretieren (vgl. Abschnitt 4.4.1). Auf einer allgemeineren Ebene können sie unterschiedliche Auffassungen vom thematischen Verlauf ihrer Konversation haben und auf diese Weise Missverständnissen zum Opfer fallen (vgl. Abschnitt 4.4.2). Schließlich unterliegt auch die strukturelle Sequenzierung des Gesprächsverlaufs der subjektiven Interpretation der Beteiligten, so dass es hier zu unterschiedlichen Auffassungen kommen kann (vgl. Abschnitt 4.4.3).

4.4.1 Die pragmalinguistische Dimension

Bei ihrer Kategorisierung sprachlicher Bedeutungsebenen richtet sich Tzanne nach den klassischen pragmatischen Unterteilungen und trifft dabei für sich eine Vorauswahl. Bereits Paul Grice unterschied 1957 zwischen der „natürlichen Bedeutung" und der „nicht natürlichen Bedeutung oder Bedeutung-nn" (Levinson 1994: 16) einer Äußerung und zielt damit auf die jeder Aussage inhärente Interpretation durch Sprecher und Hörer ab. Linke et al. unterscheiden in diesem Zusammenhang zwischen dem *Gesagten* und dem *Mitgeteilten* einer Aussage (vgl. Linke/Nussbaumer/Portmann 1991: 178). Mit ihrem Dialogbeispiel:

> „Wo bist du gestern abend gewesen?"
> „Na, hier"
>
> *(Linke/Nussbaumer/Portmann 1991: 178)*

zeigen sie, dass gewöhnliche Aussagen schon aufgrund der in ihr enthaltenen Proformen durch Sprecher und Hörer einer Interpretation vor dem Hintergrund ihres Kontextes bedürfen. Diese *nicht natürliche Bedeutung* im Sinne von Grice hat daher im Grunde weitaus größere Relevanz für die Deutung einer Aussage als ihre *natürliche Bedeutung*. Die *nicht natürliche Bedeutung*, im Sinne von Linke et al. das *Mitgeteilte*, betrachtet Tzanne unter dem Begriff der *speaker meaning* als Ausgangspunkt ihrer Analyse (vgl. Tzanne 2000: 59). Aus der Negation der in dieser Terminologie komplementären, objektiven *Satzbedeutung* oder *sentence meaning* (vgl. Levinson 1994: 17) ergibt sich die der Arbeit Tzannes zugrunde liegende Auffassung von Missverständnissen: Da Bedeutungen nicht objektiv bestimmbar sind, sondern nur durch Interpretationen von Aussagen subjektiv bestimmt werden können, müssen Sprecherabsicht und Auffassung des Hörers als gleichwertige Interpretationen einer Aussage betrachtet werden, die im Falle von Missverständnissen voneinander divergieren (vgl. Tzanne 2000: 59).

Innerhalb der *speaker meaning* oder des *Mitgeteilten* lassen sich wiederum zwei Bedeutungsdimensionen voneinander unterscheiden: die Bedeutung einer Äußerung (vgl. engl. "utterance meaning", Tzanne 2000: 62) lässt sich durch die Interpretation des Kontextes erschließen. Neben der Bedeutung enthält jede Äußerung jedoch auch eine sogenannte *Kraft*, durch die die weitere Interaktion determiniert oder zumindest beeinflusst wird. Linke et al. unterscheiden in diesem Zusammenhang das *Gemeinte* vom *Mitgeteilten* (vgl. Linke/Nussbaumer/Portmann 1991: 179-180). In der Äußerung *Es zieht.* (Linke/ Nussbaumer/Portmann 1991: 180) ist beispielsweise neben dem propositionalen Gehalt des *Mitgeteilten* auch noch eine implizite Aufforderung des Gegenübers enthalten. In diesem Falle wird der Gesprächspartner durch das *Gemeinte* dazu aufgefordert, den Missstand der Zugluft zu beheben. Was Tzanne in diesem Zusammenhang als *force* bezeichnet (vgl. Tzanne 2000: 67), wird in Levinsons Übersetzung äquivalent mit der Bezeichnung *Kraft* wiedergegeben (vgl. Levinson 1994: 19).

4.4.1.1 Die Dimension der Bedeutung einer Äußerung

4.4.1.1.1 Die Dimension der semantischen Bedeutung

Als Schülerin von Jenny Thomas orientiert sich Tzanne an deren Neuordnung der Bedeutungsebenen (vgl. 1995: 5-8). Wäre die von Grice als *natürliche Bedeutung* bezeichnete Ebene dem Bereich der Semantik zuzuschreiben gewesen, so trägt Thomas bereits der Annahme Rechnung, dass eine objektive, von menschlicher Interpretation losgelöste Bedeutung in der Realität nicht existiert. Thomas ordnet daher klassische semantische Kategorien ihrem Begriff der *speaker meaning*, also dem *Mitgeteilten*, unter und bezeichnet diese als *sense* (vgl. Thomas 1995: 5-8). Die semantische Bedeutung, der *sense* einer Äußerung, läßt sich anhand semantischer Relationen beschreiben, die Tzanne jedoch nicht weiter spezifiziert. Denkbar ist die Anwendung der von Linke et al. vorgeschlagenen semantischen Relationen wie der der *Polysemie* und der *Homonymie* (vgl. Linke/Nussbaumer/Portmann 1991: 141). Als Polyseme bezeichnen Linke et al. Morpheme, deren Bedeutung sich im Laufe der Geschichte aufgespalten haben (vgl. *Schloss* für „Schließvorrichtung" oder „Gebäude": Linke/Nussbaumer/Portmann 1991: 141). Homonyme Wörter dagegen resultieren aus der Angleichung ehemals ungleicher Morpheme wie beispielsweise in der Bedeutung von *Kiefer*, die sich auf ein Körperteil oder eine Baumart beziehen kann (vgl. Linke/Nussbaumer/Portmann 1991: 141).

Interpretieren zwei oder mehrere Interaktionspartner den *sense* einer Äußerung auf unterschiedliche Weise, so folgert Tzanne, dass hieraus situative Missverständnisse erwachsen können. Missverständnis Nr. 4 („Schriftarten und Ästhetik") der untersuchten Gesprächs-runde wird durch eine derartige unterschiedliche Interpretation des *sense* verursacht:

MARKUS: Hast du die selben Hocker eigentlich auch bei euch? Weil ich die schon mal da drüben gesehen hab **[TST]**

ANKE: Hm. Aber die sind auch unterschiedlich von Block zu Block eigentlich

JAREK: Also mit den Fa, mit den Farben meinst du jetzt, oder?

ANKE: die, ähm, Stühle (*betrachtet den Stuhl, auf dem sie sitzt*) so

(vgl. Missverständnis Nr. 7: „Farbe der Stühle" [0:29:21])

Markus verwendet im *trouble-source turn* die Bezeichnung *Hocker*, Anke dagegen präzisiert ihre Interpretation, indem sie den Begriff *Stühle* einführt und den Stuhl, auf dem sie selbst sitzt, in Augenschein nimmt. Zur Erklärung des Kontextes sei erwähnt, dass zur Standardmöblierung der Studentenwohnungen, in denen Anke und Markus leben, sowohl Stühle mit Rückenlehnen als auch runde Hocker ohne Lehnen gehören. *Hocker* ließe sich als Hyponym dem Oberbegriff *Stuhl* unterordnen. *Hocker* wären demnach *Stühle ohne Rückenlehne*. Andererseits könnte man *Stühle* und *Hocker* jedoch auch als bedeutungsähnliche Hyponyme einem Oberbegriff wie etwa *Sitzgelegenheiten* unterordnen. Während Markus offensichtlich erstere Interpretationsmöglichkeit hinzuzieht und damit *Hocker* als hinreichend präzise Bezeichnung ansieht, interpretiert Anke die semantische Relation nach der letzteren Option: für sie stehen *Hocker* und *Stühle* auf der gleichen Generalisierungsebene unter dem Hyperonym *Sitzgelegenheiten im Studentenwohnheim*.

Weniger eindeutig kann die Zuschreibung der Ursache für einen *trouble-source turn* jedoch bereits im Falle von Missverständnis Nr. 13 („Markt in Polen") vorgenommen werden:

GOSIA: Aber in Polen ist auch der Markt, noch der Feta ganz frisch! Auf dem Markt, also schon Käse, aber ist auch gut.

MARKUS: Hmhm. Du meinst auf dem Polenmarkt jetzt? Echt?

(vgl. Missverständnis Nr. 13: „Markt in Polen" [0:35:39])

Im Vorfeld haben sich die Gesprächsteilnehmer darüber unterhalten, dass Fetakäse, der ursprünglich aus Ziegenmilch hergestellt worden sei, in Deutschland aus Kuhmilch produziert werde, worunter die Geschmacksintensität des Käses leide. Gosia wirft in diesem Zusammenhang ein, dass man auf polnischen Märkten frischen Fetakäse kaufen könne. Markus versucht, Gosias Bezeichnung für den Markt in seiner Rückfrage zu präzisieren, indem er mit dem Begriff *Polenmarkt* ein Hyponym zu *Markt* bildet. Während sich Gosia also allgemein auf Märkte in Polen, möglicherweise Lebensmittelmärkte im Besonderen, bezieht, drängt sich für Markus die Assoziation mit dem sogenannten *Polenmarkt* offenbar in den Vordergrund, obwohl mit diesem Terminus nicht der Verkauf von Lebensmitteln, sondern eher der Verkauf von Waren im Kleinen Grenzverkehr in der Region um Frankfurt (Oder) konnotiert wird.

Mit dem zusätzlichen Verweis auf die unterschiedliche Nationalität von Markus und Gosia wird die kulturell bedingte Ursache des durch unterschiedliche Interpretation des *sense* hervorgerufenen Missverständnisses offenkundig. Markus orientiert sich an einem stereotypen Polenimage, das in Deutschland kursiert, und modifiziert somit seine Präferenzen bei der Zuschreibung einer Bedeutung zu dem Begriff *Markt*, sobald er im Zusammenhang mit Polen erwähnt wird. Gosia dagegen war diese situativ bedingte Doppeldeutigkeit offensichtlich nicht bewusst. *Trouble-source turns* aufgrund eines mehrdeutigen *sense* einer Äußerung können auch im Falle der Missverständnisse Nr. 18 („Nehrungen an der Ostseeküste") und 20 („Waschmaschine I") vorgefunden werden.

4.4.1.1.2 Die Dimension der Referenz einer Äußerung

Im Gegensatz zur Kategorie des *sense*, die ursprünglich der Semantik entstammt und nur aufgrund des Postulats der Omnipräsenz individueller Interpretation von Thomas neu in die Pragmatik eingeordnet wurde (vgl. Thomas 1995: 5), wird die Bedeutungsdimension der *Referenz* (vgl. engl. *reference*: Thomas 1995: 8; Tzanne 2000: 64) erst aus pragmatischer Perspektive sichtbar. Definiert sich die Bedeutung innerhalb des *sense* mittels Bezugnahme auf ähnliche sprachliche Ausdrücke, so erbringt die Referenz eines Ausdrucks ihre Bedeutung mittels eines Verweises auf die außersprachliche Realität. Mit unterschiedlichen Arten dieser Verweise befasst sich die pragmalinguistische Disziplin der Deixis (vgl. Linke/Nussbaumer/Portmann 1991: 167). Als geläufige Beispiele für deiktische Verwendungen nennt Levinson „Demonstrativa, Personalpronomen der ersten und zweiten Person, Tempora" sowie „spezifische Adverbien der Zeit und des Ortes wie *jetzt* und *hier*" (Levinson 1994: 55). Dementsprechend unterscheidet Levinson zwischen *Personendeixis* (vgl. ebd.: 70ff.), *Zeitdeixis* (vgl. ebd.: 74ff.), *Raumdeixis* (vgl. ebd.: 81ff.), *Diskursdeixis* (vgl. ebd.: 87ff.) und *Sozialdeixis* (vgl. ebd.: 91ff.).

Tzanne konzentriert sich in ihrer Studie lediglich auf die unterschiedliche deiktische Interpretation von Pronominalformen. Missverständnisse aufgrund der interpretativen Zuordnung unterschiedlicher Einheiten der außersprachlichen Realität durch die Sprecher ereignen sich Tzanne zufolge tendenziell häufiger bei übermäßigem Gebrauch von Proformen. Der Interpretationsspielraum werde in diesem Falle insbesondere durch den endophorischen (vgl. engl. "interpreted endophorically": Tzanne 2000: 64) gegenüber dem exophorischen (vgl. engl. "interpreted exophorically": Tzanne 2000: 64) Gebrauch vergrößert. Endophorische Pronomina verweisen dabei auf Objekte oder Personen, die bereits im Gesprächsverlauf erwähnt worden sind, exophorische Pronomina dagegen verweisen auf Objekte und Personen außerhalb des Gesprächsrahmens.

In Missverständnis Nr. 1 („Essen vor der Kamera") erklärt Markus den anderen Gesprächsteilnehmern, dass er in seiner Rolle als Mitbewohner der Wohnung, in der die Videoaufzeichnungen durchgeführt wurden, an jedem der vier Gesprächsabende jeweils im Anschluss an die Aufzeichnung die bis dahin nicht verzehrten Salate aufessen durfte:

MARKUS:	Wir waren dann gestern, war auch so ne Gruppe da, und ich bin dann, als die hinterher, als die Kamera aus war, ja, mich hier reingestellt noch und mich ein bissel über den Salat hergemacht, hahaha **[TST]**
ANKE:	hast die Reste gegessen
GOSIA:	Vor der Kamera, da traut man sich nicht
MARKUS:	hm?
GOSIA:	Vor der Kamera, da traut man sich nicht
MARKUS:	Ja, heute ist es halt so der Fall, dass ich
ANKE:	machste mal ne Ausnahme, gä?
MARKUS:	genau, hahahaha
GOSIA:	und morgen machst du auch mit, ja? **[MRT]**

(vgl. Missverständnis Nr. 1: „Essen vor der Kamera" [0:06:58])

Erst im achten *turn* nach der Verursachung des Missverständnisses zeigt Gosia mit ihrer Rückfrage *und morgen machst du auch mit, ja?*, dass sie davon ausgeht, dass Markus auch an der Aufzeichnung am Vortag als Proband teilgenommen habe. Ausgelöst wurde das Missverständnis durch Markus' *wir* im *trouble-source turn*. Markus vollendet den so begonnenen Satz nicht, sondern führt statt dessen berichtigend eine deiktische Unterscheidung zwischen der Gruppe der Probanden und sich selbst ein. Dennoch hält Gosia an dem einmal eingeführten *wir* fest und interpretiert daraus, Markus sei auch Teilnehmer der Vortagsgruppe gewesen. Zum Zeitpunkt der Äußerung des *wir* hatte Markus den Bezugspunkt, nämlich die Gruppe und sich, nicht erwähnt. Er führt also kurzfristig vorher nicht erwähnte Personen in den Diskurs ein. Diese exophorische Referenz löst schließlich das Missverständnis aus.

Wie schon im Falle der Missverständnisse aufgrund der Interpretation des *sense* finden sich im Gesprächskorpus jedoch auch Missverständnisse aufgrund unklarer Referenz, in denen der Aspekt der Interkulturalität offenbar eine zusätzliche Rolle spielt. Im Anschluss an das bereits erwähnte Missverständnis, das den Verkauf von Fetakäse auf dem polnischen Markt zum Inhalt hatte, diskutieren die vier Studierenden über die geringere Verwendung von Konservierungsstoffen in polnischen Lebensmitteln im Vergleich zu deutschen Produkten. Markus gibt dabei zu bedenken, dass auch in Polen im Zuge des EU-Beitritts eine Vorschrift zur Beimischung dieser Stoffe eingeführt werden könne:

MARKUS:	Bin mal gespannt, ob sich das dann hält, wenn sie jetzt dann, die Vorschriften, ob sie dann da gezwungen werden, das auch so zu machen. **[TST]**
JAREK:	Also normaler Käse hat vor, sagen wir mal dreißig, vierzig Jahren auch gehalten, ohne Konservierungsstoffe **[MRT]**
MARKUS:	Naja, aber ich mein', diese ganzen Regelungen, weil doch die, weil Polen doch jetzt beitritt oder so.

(vgl. Missverständnis Nr. 14: „EU-Regelungen" [0:36:23])

Wie auch im vorangegangenen Beispiel wird dieses Missverständnis durch eine deiktische Referenz ausgelöst. Mit der temporalen Adverbiale *dann* verweist Markus exophorisch auf den bis dahin noch nicht erwähnten EU-Beitritt Polens. Jarek erkennt diesen Verweis nicht, schreibt ihm jedoch auch keine andere spezifische Bedeutung zu. Ob er das Missverständnis sofort als solches erkennt, wird auch aus der Videoaufzeichnung nicht ersichtlich. Denkbar ist jedoch zumindest eine allgemeine Interpretation des *dann* im Sinne von *in Zukunft*. Im zweiten, dem *misunderstanding revealing turn*, zeigt Jarek schließlich, dass die Inferenz auf den EU-Beitritt seinerseits nicht geglückt ist. In diesem Beispiel jedoch spielt neben der uneindeutigen Referenz sicherlich auch der Aspekt einer unterschiedlichen kulturellen Perspektive eine Rolle bei der Präferenz unterschiedlicher Interpretationsmöglichkeiten. Während dieses Beispiel einerseits den Aspekt der Interkulturalität aktiviert, rückt es außerdem das vermeintliche Machtgefälle zwischen den beiden Staaten in den Vordergrund. Markus gehörte aus dieser Perspektive dem machtvolleren, weil zur EU gehörenden Staat an, während Jarek dem Staat angehört, der sich vor dem Beitritt in einer Bittposition befindet. Auch die Interpretation sprachlicher Referenz bei situativen Missverständnissen kann also durch kulturell unterschiedliche Perspektiven beeinflusst werden.

4.4.1.1.3 Unterschiedliche Interpretation der Syntax einer Äußerung

Bereits Thomas fügt an, dass mehrdeutige Interpretationen auch aufgrund der syntaktischen Satzstruktur verursacht werden können (vgl. Thomas 1995: 12). Tzanne orientiert sich an dieser Reihenfolge und führt ein Dialogbeispiel an, bei dem die Interaktionspartner die syntaktische Struktur einer Äußerung unterschiedlich auffassen. Da das dieser

Studie zugrundeliegende Korpus kein Missverständnis dieser Kategorie enthält, soll an dieser Stelle auf Tzannes Beispiel zurückgegriffen werden:

> COCKLEBURY-SMYTHE: Probably she was passing him the money under the table, or vice versa. **[TST]**
>
> MCTEAZLE: The table under the money -
>
> COCKLEBURY-SMYTHE: him passing *her* the money under the table - probably a financially embarrassed lobbyist for sexual equality taking an M.P. to a working dinner.
>
> *(Tzanne 2000: 65, zit. nach Stoppard, Tom (1976): Dirty Linen - New Found Land. London: Faber and Faber: 31.)*

In Tzannes Beispiel bezieht der Sprecher Cocklebury-Smythe das Adverb *vice versa* offensichtlich auf das Gefüge von Subjekt und Objekt um das Prädikat des Satzes, also auf *she was passing him.* Der Hörer McTeazle dagegen bezieht *vice versa* auf das Verhältnis zwischen Objekt und Adverbialbestimmung, also auf *passing [...] the money under the table.* Tzanne merkt an, dass die in ihrer Studie untersuchten Interaktionspartner zumeist dazu tendierten, mehrdeutig interpretierbare Äußerungselemente nach der Interpretationsmöglichkeit hin auszulegen, die dem unmittelbar vor der Äußerung aktivierten Kontext entspreche. In diesem Fall bezieht der Hörer McTeazle das *vice versa* daher auf die Relation des zuletzt genannten Paares *money* und *table* zueinander.

Das in der vorliegenden Studie untersuchte Korpus weist kein Missverständnis auf, dessen Entstehung sich auf eine mehrdeutige Syntax zurückführen ließe. Auch Tzanne wählt in diesem Zusammenhang kein selbst erlebtes Beispiel, sondern zieht eine Dramenszene hinzu, deren Komik auf einem solchen Missverständnis beruht. Das Fehlen eines Beispiels in der vorliegenden Studie beweist nicht, dass sich derartige Missverständnisse nicht ereignen, jedoch macht auch Tzanne den Realitätscharakter dieser Version mit ihrem Beispiel nicht gerade plausibel.

4.4.1.1.4 Unterschiedliche Interpretation aufgrund von Unvollständigkeit einer Äußerung

Mit ihrer Kategorie der *incomplete trouble-source turns* versucht Tzanne, das Phänomen der Ellipse weiter zu fassen. Sie argumentiert dabei, der Terminus *Ellipse* bezöge sich lediglich auf syntaktische Auslassungen, die mittels Inferenzhandlungen erschlossen werden können. Mit den *incomplete trouble-source turns* möchte Tzanne dagegen auch zweideutige Strukturen erfassen, deren intendierte Bedeutung sich aus dem weiteren inhaltlichen Kontext erschließen lasse. Linke et al. dagegen stellen einen umfassenderen Ellipsenbegriff vor, der diese Fälle bereits enthält (vgl. Linke/Nussbaumer/Portmann: 222). Linke et al. stellen dabei heraus, dass sich Ellipsen einer ähnlichen Technik bedienen, nach der auch die Verweisstrukturen von Referenzen auf der Ebene einzelner Wortbedeutungen funktionieren. Enthalten Äußerungen syntaktische Auslassungen in Form von Ellipsen, so schließen Hörer auch in diesem Fall auf den zuletzt genannten Kontext und gehen davon aus, dass sich dieser nicht verändert habe, wodurch eine erneute Erwähnung des Begriffs an Stelle der Ellipse obsolet wird. Tzanne hat dazu folgendes Dialogbeispiel nach der *diary*-Methode aufgezeichnet:

MARY:	Umbrella? **[TST]**
ANGELIKI:	(*pointing to an umbrella on the floor*) There.
MARY:	No, it wasn't this kind of question. Shall I take [one]?

(Tzanne 2000: 66)

In diesem Beispiel konnte die Hörerin die Intention der Äußerung der Sprecherin offenbar nicht erschließen. Zurückgreifend auf den anschließenden Gesprächsverlauf erklärt Tzanne, die unterschiedliche Interpretation habe sich aufgrund unterschiedlicher Rollenzuschreibungen in der Situation ergeben: Mary wendet sich an Angeliki als eine Wetterexpertin, Angeliki dagegen schätzt Mary als Person ein, die stets einen Regenschirm bei sich tragen möchte. Mit dieser Begründung liefert Tzanne inexplizit selbst eine Erklärung dafür, dass das Textbeispiel angemessener anhand der Zuschreibung sozialer Rollen begründet werden könnte (vgl. Abschnitt 4.5.1).

In dem Beispiel misst Angeliki Marys Äußerung mit ihrer divergenten Interpretation außerdem eine andere illokutionäre Kraft bei. Während Mary eine Frage äußern wollte, versteht Angeliki die Äußerung als Aufforderung, ihr einen Regenschirm zu reichen. Aus dieser Perspektive ließe sich das Missverständnis nach Tzannes Kategorie der unterschiedlichen Interpretation der *force* einer Äußerung deuten (vgl. Abschnitt 4.4.1.2).

Grundsätzlich bieten sich im Falle von Ellipsen also mehrere andere Interpretationskategorien an. Zusätzlich ist anzumerken, dass Ellipsen in mehr oder weniger ausgeprägter Form insbesondere in der Alltagssprache allgegenwärtig sind. Ein unveränderter Kontext wird auch in der Schriftsprache gewöhnlich nicht wiederholt, um Redundanzen zu vermeiden. Lediglich juristische Fachtexte versuchen, alle Kontextelemente in jedem Satz zu wiederholen, um auch mutwillige Mehrdeutigkeiten auszuschließen. Insofern erscheint die Kategorie unvollständiger *trouble-source turns* nach Tzannes Verständnis obsolet.

Die Beispiele aus der in der vorliegenden Studie untersuchten Konversation zeigen jedoch, dass unvollständige *trouble-source turns* außerdem auf eine andere Weise Relevanz für die Entstehung von Missverständnissen gewinnen. Insbesondere in zwanglosen Gesprächen, in denen kein oder nur ein geringes Machtgefälle zwischen den Personen besteht, schrecken die Interaktionspartner nicht davor zurück, einander häufig ins Wort zu fallen und einander zu unterbrechen. Auf diese Weise entstehen ungewollt unvollständige *trouble-source turns*, bei deren Interpretation folglich auch nicht auf eine Struktur zurückgegriffen werden kann, die bereits der Sprecher für hinreichend für ein eindeutiges Verständnis erachtet hätte. Die Auswirkungen solcher Unterbrechungen veranschaulicht Missverständnis Nr. 27 („Berliner Bibliotheken"):

MARKUS:	ich war vier mal in der Staatsbibliothek und bin, hab' nie was gekriegt
JAREK:	also ich war nicht in der Bibliothek, son-, also die Staatsbibliothek muß du irgendwie so 'n Beitrag bezahlen und so weiter und dann gibt es **[TST]**
ANKE:	ja? muss man zahlen?
MARKUS:	jaja, also für, für die Karte
ANKE:	Und wie läuft des?
JAREK:	so wie in Frankfurt (Oder), aber dort ist, es, also die Bibo, also in Berlin ist wirklich riesig

(Missverständnis Nr. 27: „Berliner Bibliotheken" [1:28:18])

Jarek möchte in diesem Gesprächsausschnitt offenbar erzählen, dass er neben der Staatsbibliothek, deren Benutzung die Entrichtung einer Gebühr erfordert, noch eine weitere Berliner Bibliothek besucht und nutzt. Anke unterbricht ihn jedoch in seinen Schilderungen und erkundigt sich erstaunt über die Tatsache der erhobenen Benutzungsgebühr. Nachdem Markus und Jarek ihr eine entsprechende Erklärung abgegeben haben, kehrt Jarek nicht mehr zu seinen Ausführungen bezüglich weiterer Berliner Bibliotheken zurück. In den folgenden *turns* entspinnt sich daraufhin der Versuch, aufzuklären, auf welche Bibliothek Jarek sich im weiteren Verlauf bezogen hat, oder ob er möglicherweise doch die Staatsbibliothek gemeint habe.

Ähnliche Konstellationen, in denen sich Missverständnisse aufgrund unvollendeter, weil unterbrochener *trouble-source turns* ereignen, finden sich auch in den Missverständnissen Nr. 2 („Assistent"), 10 („Jugendmesse") und 21 („Buslinien zum Supermarkt"). Bei Tzanne wird diese mögliche Ursache für ein Missverständnis jedoch nicht erwähnt, was auf Mängel in der Authentizität ihres Korpus schließen läßt. Offensichtlich konnte Tzanne derartige Missverständnisse in ihren Dramen nicht finden, beziehungsweise im Falle selbst erlebter Situationen diese nicht als solche erkennen. Die Ergebnisse der vorliegenden Studie zeigen jedoch, dass Unterbrechungen in zwanglosen Gesprächen vergleichsweise häufig zu Missverständnissen führen.

4.4.1.2 Die Dimension der Kraft einer Äußerung

Neben der Bedeutung einer Äußerung, die Linke et al. mit der Bezeichnung des *Mitgeteilten* belegen, und die Tzanne als *utterance meaning* begreift, enthält jede Äußerung auch eine sogenannte *Kraft*, mit der sie sich auf den weiteren Gesprächsverlauf und möglicherweise auf das außersprachliche Handeln auswirken kann. Linke et al. bezeichnen diesen Bedeutungsbestandteil als das *Gemeinte*. In Anlehnung an den in der englischsprachigen Literatur geprägten Begriff der *force* soll in dieser Studie die in der Übersetzung Levinsons vorgeschlagene deutschsprachige *Kraft* verwendet werden. In der Entwicklung der Sprechakttheorie hat diese *Kraft* insbesondere durch das Postulat der Illokution und der in ihr enthaltenen illokutionären Kraft einer Äußerung weitreichende Beachtung erfahren. Tzanne benennt zusätzlich die Möglichkeit einer diskursiven sowie einer interpersonalen Kraft einer Äußerung (vgl. engl. *interpersonal force*, Tzanne 2000: 69; *discoursal force*, Tzanne 2000: 70). Missverständnisse können Tzanne zufolge auf dieser Ebene dadurch entstehen, dass Sprecher die in einer individuellen Äußerung vorherrschende Kraft unterschiedlich interpretieren oder aber die von einem Sprecher intendierte Kraft nicht erkennen (vgl. Tzanne 2000: 67).

4.4.1.2.1 Die Dimension der illokutionären Kraft

Missverständnis Nr. 26 („Diplomarbeitsthema“) verdeutlicht exemplarisch eine unterschiedliche Interpretation der illokutionären Kraft einer Aussage durch Sprecher und Hörer:

JAREK:	Macht er das für die Diplomarbeit bei, bei Kuwi oder was?
MARKUS:	Ja, jaja, jaja
JAREK:	Ja, irgendwie will ich kein Kuwi sein, *(grinst in die Runde)*
MARKUS:	hahaha
JAREK:	damit ich, damit ich solche Diplomarbeit nicht schreiben muss.
ANKE:	Aber du kannst es dir ja auch aussuchen, was du machen willst
JAREK:	Ja, ich weiß es, also das war nur, ein böser Scherz *(zu Anke, entnervt ironisch)* nicht böse sein!

(Missverständnis Nr. 26: „Diplomarbeitsthema“ [1:23:35])

Jarek spricht in diesem Gesprächsausschnitt die Methode zur Datengewinnung für die vorliegende Studie an. Da er den damit verbundenen Arbeitsaufwand relativ hoch einschätzt und er selbst nicht Kulturwissenschaften, sondern Betriebswirtschaftslehre studiert, sieht sich Jarek in einer angenehmeren Position, in der ihm derartige Arbeiten erspart bleiben. Anke versteht Jareks Äußerung gemäß ihrer direkten Proposition: Im Studienfach Kulturwissenschaften müssen alle Studenten im Rahmen ihrer Diplomarbeit aufwändige empirische Studien durchführen, Studenten der Betriebswirtschaftslehre dagegen brauchen dies nicht zu tun. Jarek studiert Betriebswirtschaftslehre, also muss auch er keine derartige Arbeit verfassen. Jarek bleibt daher ein gewisser Arbeitsaufwand erspart, worüber er sich freuen kann. Als Kulturwissenschaftlerin besseren Wissens berichtigt Anke ihn daraufhin, nicht alle Diplomarbeitsthemen im Fach Kulturwissenschaften erforderten eine empirische Studie. Statt dessen seien die zu bearbeitenden Themen frei wählbar.

Jareks sofortige Antwort zeigt, dass er sich dieser Tatsache sehr wohl bewusst war und er seine Aussage ironisch intendiert hatte. Nach seiner Auffassung enthielt seine Aussage etwa folgenden illokutionären Gehalt: Die Forschungsfelder und -methoden des Studienfachs Kulturwissenschaften sagen mir nicht zu. Während Anke also glaubte, eine vorherrschende repräsentative Illokution über die Beschaffenheit ihres Studienganges zu erkennen, wollte Jarek eigentlich die expressive Illokution seiner Aussage, nämlich seine persönliche Einstellung zu den Studieninhalten, hervorheben (vgl. Linke/Nussbaumer/Portmann 1996: 194).

Doch auch bei unterschiedlichen Interpretationen der illokutionären Kraft können kulturelle Unterschiede gelegentlich als Auslöser verantwortlich gemacht werden. In folgendem Beispiel erklärt Jarek, wie er das Problem materialschwacher Stühle gehandhabt hat:

JAREK:	Also den Stuhl, da hab ich gleich am Anfang irgendwie gemerkt, dass der auseinanderfällt, nach zwei Tagen war der also wirklich schon auseinander. Da hab ich mir ein andern Stuhl wie dieser hier gekauft, der ist wirklich auch auseinandergefallen, dann hab ich mir wirklich wie hier *(zeigt auf den Stuhl, auf dem er sitzt)* sowas zum Beispiel gekauft, und das, das funktioniert seit einiger Zeit ohne Probleme, ja aber den Stuhl *(zeigt auf den Schreibtischstuhl)* also der Stuhl steht bei mir im Schrank. Den hab ich wirklich aus
ANKE:	Ja, aber da kannst du doch zu ihm (zum Hausmeister, *Anm. d. Verf.*) hingehen
JAREK:	Ich brauch gar keinen Stuhl.
ANKE:	ach so *(hebt die Achseln)* ja, gut.

(Missverständnis Nr. 23: „Jareks defekter Stuhl" [1:07:20])

Anke erkennt in Jareks Aussage die illokutionäre Kraft einer verzweifelten Klage und zeigt ihm daraufhin eine mögliche Lösung seines Problems auf. Jarek dagegen klärt Anke kurz und bündig auf, dass er gar kein Problem beschreiben wollte. Aus seiner Perspektive hatte er bereits für sich selbst eine Lösung des Problems gefunden und wollte diese nun - vielleicht mit Stolz - darstellen. Beide Interaktionspartner erkennen hier eine expressive Illokution, Anke jedoch in Form einer Klage, Jarek in Form einer Überlegenheitsbezeugung. In diesem Falle wären eine ganze Reihe kulturell bedingter Ansichten und Einstellungen denkbar, die Anke zu einer solchen Sicht veranlasst haben könnten: Gemäß der von Koole und ten Thije aufgestellten Positionen (vgl. Koole/ten Thije 1994), die Interaktionspartner in interkulturellen Diskursen einnehmen können, begibt sich Anke in diesem Beispiel in die Position einer institutionellen Spezialisitin für das örtliche Studentenwohnheim. Jarek dagegen schiebt sie implizit die Rolle eines fremdländischen Gastes zu, dem sie dieses Institutionenwissen abspricht. Jarek jedoch gesteht ihr diese Rolle nicht zu und lehnt Ankes Hilfe mit der Reparatur *Ich brauch' gar keinen Stuhl.* ab.

4.4.1.2.2 Die Dimension der interpersonalen Kraft

Neben der potentiell unterschiedlichen Interpretation der illokutionären Kraft einer Äußerung schenkt Tzanne der Rolle der interpersonalen Kraft besondere Beachtung. Unter Äußerungen, deren interpersonale Kraft in den Fokus gerückt wird, versteht Tzanne Hinweise auf die Definition der zwischenmenschlichen Beziehungen der Interaktionspartner zueinander. Derartige Hinweise sind sicherlich in jeglicher Äußerung inhärent enthalten; Tzanne präzisiert ihre Vorstellung jedoch auf Äußerungen, die bereits seitens des Sprechers ausschließlich zur Definition des interpersonalen Verhältnisses intendiert waren, und zählt darunter beispielsweise Witze sowie Neckereien und Sticheleien. Vorgreifend auf die Rolle des Facework der Interaktionspartner (vgl. Abschnitt 5.1.1) erläutert Tzanne, dass ironische Bemerkungen abhängig von ihrem Inhalt entweder gesichtsbedrohend oder gesichtsbekräftigend auf den Hörer wirken können. Im folgenden Beispiel erkennt Anke Jareks ironische Intention nicht und empfindet seine Äußerung daher als starke Gesichtsbedrohung, aus der sie sich zu retten versucht:

MARKUS:	und dann, dann muss dann jemand gesehen haben, das du wohl deinen Geldbeutel einsteckst, du hast dann wahrscheinlich irgendwas, dein, dein Zeu, Zeug eingepackt und dann *(winkt)* weg.
JAREK:	*(nickt mit dem Kopf, essend)* ja, genau
MARKUS:	Geil!
ANKE:	hmhm, haha *(lacht)* **[TST 1]**

JAREK:	(*blickt vom Teller auf zu Anke, beginnt zu grinsen*) ist nicht komisch **[TST 2]**
ANKE:	nee, weil ich meinte, weil er, weil er meinte „geil", äh, hehe, hahahaha
ALLE:	(*allgemeines verlegenes Schweigen*)

(Missverständnis Nr. 15: „Jareks Geldbeutel" [0:40:14])

Jarek hatte im Vorfeld dieser Passage erwähnt, dass ihm in einem Warschauer Supermarkt vor einiger Zeit sein Geldbeutel aus der Tasche gestohlen worden sei. Markus ist erstaunt über die Dreistigkeit der Diebe, malt sich den Vorgang selbst detailliert aus und lässt sich von Jarek die Richtigkeit seiner Annahme bestätigen. Schließlich verleiht er seinem Erstaunen mit der Äußerung *Geil!* Ausdruck. Anke wiederum lacht über Markus' umgangssprachliche Ausdrucksweise, was Jarek zunächst offensichtlich missverstehend auf den Vorgang des Diebstahls bezieht (vgl. TST 1). Jarek kommentiert Ankes Lachen daher mit seiner Bemerkung *ist nicht komisch*, die er im Hinblick auf sein gleichzeitiges Grinsen offenbar ironisch intendiert hatte (vgl. TST 2). Anke erkennt diese Ironie in einem zweiten Missverständnis jedoch nicht und versucht der Gesichtsbedrohung zu entkommen, indem sie das erste Missverständnis vehement aufklärt.

4.4.1.2.3 Die Dimension der diskursiven Kraft einer Äußerung

Unter der diskursiven Kraft einer Äußerung versteht Tzanne den Einfluss, den Äußerungen auf den unmittelbar folgenden Gesprächsverlauf haben können. Als Beispiel führt sie eine rhetorische Frage an, die vom Hörer als direkte Frage verstanden wird (vgl. Tzanne 2000: 70). Ein ähnliches Beispiel findet sich auch in Missverständnis Nr. 18 („Nehrungen an der Ostseeküste") dieser Studie. Jarek versucht, den anderen Gesprächsteilnehmern das geographische Phänomen der baltischen Nehrungen an der Ostseeküste zu erklären. Er selbst kennt den deutschen Begriff nicht, Anke dagegen kennt die spezifische längliche Halbinselform nicht:

JAREK:	Also es ist, es ist, es ist Ostsee, irgendwie vier- oder fünfhundert Meter Land und dann kommt noch ein See
MARKUS:	ach so, ich weiß schon, Nehrung oder so irgendwie,
JAREK:	ja, sowas in der Richtung
MARKUS:	wie das, gell, das hat so n ganz komischen Namen, gell? *(zu Anke)* Nehrung, oder wie? hahahaha **[TST]**
ANKE:	(schüttelt ahnungslos den Kopf)

(Missverständnis Nr. 18: „Nehrungen an der Ostseeküste" [0:45:35])

Markus erkennt nach Jareks Erklärungen sowohl das Phänomen als auch den deutschsprachigen Begriff der Nehrung. Markus verspürt dabei, dass sein zusätzliches Wissen für Anke, die weiterhin Nichtverstehen signalisiert, sowie für ihn selbst eine Gesichtsbedrohung darstellen könnte. Markus findet sich unerwartet in der Rolle des Lehrers wieder, dessen Wissen Anke in der Rolle einer Schülerin akzeptieren müsste. Daher relativiert Markus die Absolutheit seines Wissens und stellt es rhetorisch mit der Phrase *Nehrung, oder wie?* in Frage. Damit bietet er Anke an, den Begriff gleichsam zusammen mit ihm neu zu erlernen. Anke erkennt das durch die rhetorische Frage präsentierte Angebot jedoch nicht und signalisiert, dass sie den Begriff der Nehrung auf seine Rückfrage hin nicht bestätigen könne.

Missverständnis Nr. 18 ist sicherlich insofern auf interkulturelle Differenzen zurückzuführen, als der Begriff der Nehrungen für Menschen, die in Deutschland leben, von geringerer alltagsweltlicher Relevanz ist als für Menschen in Polen, zu dessen Staatsgebiet sogar eine der Nehrungen selbst zählt. Eine kulturell bedingte, unterschiedliche Perspektive liegt noch deutlicher Missverständnis Nr. 19 („Polnische Hilfsarbeiter in Deutschland") zugrunde:

MARKUS:	Das ist genauso n Mythos wie eben, dass dann zum Beispiel die Deutschen da jetzt nach Polen einf, einfallen, haha, und dann da eben alles aufkaufen.
JAREK:	Aber so ist es mit den Arbeitsplätzen, also hast du *(zu Markus)* gesehen, was die Polen in Deutschland machen? **[TST]**
MARKUS:	Was, wie, wo.
JAREK:	*(Lehnt sich zurück)* Also das, was normalerweise die Polen in Deutschland machen, das ist irgendwie Haussäuberung und sowas, oder Hausmädchen
MARKUS:	ach so, ja, solche Hilfsjobs, ja.

(Missverständnis Nr. 19: „Polnische Hilfsarbeiter in Deutschland" [0:50:56])

In diesem Falle interpretieren sowohl Jarek als auch Markus den *trouble-source turn* als rhetorische Frage. Markus' überraschte Reaktion in Form eines *Was, wie, wo?* deutet aber an, dass er die Frage nicht etwa als schlichte Ankündigung einer Hinzufügung zum bisherigen Gespräch auffasst, sondern die Konfrontation mit einer Tatsache erwartet, auf die mit Empörung zu reagieren sei. Beide Interaktionspartner betrachten die Situation dabei jeweils aus der Perspektive ihrer eigenen Kultur. Jarek kündigt ein Faktum an, über das er tatsächlich empört ist: polnische Arbeitskräfte verrichten in Deutschland häufig nur Hilfstätigkeiten. Markus dagegen erwartet einen Aspekt, über den aus stereotyper, deutscher Perspektive Empörung geboten sei. Mit der diskursiven Kraft seiner rhetorischen Frage will Jarek also auf eine Information vorbereiten, über die er selbst empört ist, und zu der er von seinen Hörern eine ebenbürtige Reaktion erwartet. Aufgrund unterschiedlicher Perspektiven wird Jareks Suggestion jedoch unterschiedlich ausgelegt.

Alle drei von Tzanne postulierten Ebenen der Kraft einer Äußerung lassen sich folglich im Korpus dieser Studie wiederfinden. Dennoch wird die Unterscheidung weiterer Kräfte neben der illokutionären Kraft nicht präzise genug dargestellt. Die Analyse hat gezeigt, dass sich alle drei Beispiele aus dieser Studie auch problemlos einzelnen Aspekten der illokutionären Kraft einer Äußerung im Sinne der Sprechakttheorie zuordnen ließen.

Weiterhin hat die Diskussion der Beispiele gezeigt, dass sich in den meisten Fällen auch mögliche kulturelle Einflüsse für die Entstehung der formalen sprachlichen Missverständnisse identifizieren ließen. Das Ergebnis spricht daher dafür, kulturellen Einflüssen in einer zusätzlichen, parallelen Ebene neben weiteren Ursachen situativer Missverständnisse eine permanente Rolle einzuräumen. Situative Umstände werden dadurch keinesfalls negiert, sondern lediglich durch den kulturellen Einfluss ergänzt oder modifiziert.

4.4.2 Die diskursanalytische Dimension: Missverständnisse auf der Ebene des Themenverlaufs

Über die bisherige Betrachtung hinaus können sprachliche Missverständnisse Tzanne zufolge nicht nur auf der Ebene einzelner Äußerungen entstehen, sondern auch durch den gesamten Verlauf längerer Gesprächssequenzen verursacht werden können. Um längere Passagen nach sprachwissenschaftlichen Kriterien gliedern zu können, wird Tzanne im Bereich der Diskursanalyse von Brown und Yule (vgl. Brown/Yule 1983) fündig. Tzanne zitiert Brown und Yule, die in ihrem grundlegenden Lehrwerk den Begriff des *topic* zur Beschreibung und Gliederung längerer Textpassagen hinzuziehen. Demnach halten Brown und Yule eine Strukturierung entlang thematisch abgeschlossener Einheiten für sinnvoll, da ein mehr oder weniger kontinuierlicher Themenverlauf erforderlich ist, um sinnstiftende Kohärenz herzustellen. Tzanne zufolge können auf dieser Ebene Missverständnisse verursacht werden, wenn Sprecher das Thema wechseln, ohne dass ihre Hörer dies bemerken. Gehen Sprecher weiter davon aus, dass ihre Hörer ihnen über den Themenwechsel hinweg folgen konnten, werden sie weiterhin unverändert viele pragmatische Referenzen bemühen, die es den Hörern zusätzlich erschweren, den Themenwechsel zu erkennen. Ähnlich der Tendenz von Hörern, sich im Falle pragmalinguistischer Missverständnisse zur Interpretation auf den unmittelbar vorangegangenen Kontext zu beziehen, bemerkt Tzanne, dass Hörer auch auf der weiter gefassten Ebene diskursiver Thematik dazu tendieren, zur Interpretation im Zweifelsfall von einer Fortführung eines einmal begonnenen Gesprächsthemas auszugehen (vgl. Tzanne 2000: 77-78).

Missverständnis Nr. 3 („Polnische Schriftarten“) des analysierten Korpus veranschaulicht diese Entwicklung aufgrund unterschiedlicher thematischer Vorstellungen der Interaktionspartner über einen längeren Zeitraum. Aufgrund der Länge der ausschlaggebenden Textpassage wird an dieser Stelle auf die vereinfachte Wiedergabe des Beispiels verzichtet und statt dessen auf die ausführliche Transkription im Anhang dieser Studie verwiesen (vgl. Missverständnis Nr. 3: „Polnische Schriftarten”). Jarek erläutert innerhalb dieser Passage Markus gegenüber ausführlich die Aktivitäten eines Kommilitonen in seiner Eigenschaft als Schriftartendesigner für Computerschriftarten mit polnischen Sonderzeichen. Anke hört dem Gespräch zwischen Jarek und Markus über längere Zeit hinweg zu, bis sie in Form ihres *misunderstanding revealing turn* auch zugleich eine positive *repair outcome indication* signalisiert:

ANKE: Ach so, der, der setzt das dann in den Computer um, also die, die polnische Schrift zum Beispiel, oder was macht der? **[MRT]**

(Missverständnis Nr. 3: „Polnische Schriftarten” [0:15:40])

Entwickeln sich Missverständnisse über längere Gesprächspassagen hinweg, so wird die Gewichtigkeit ihres Einflusses auf die Entwicklung des gesamten Gesprächs umso deutlicher. Anke hat sich in diesem Fall offenbar bewusst während längerer Zeit im Zustand des Nichtverstehens befunden. Während dieser Zeit war sie gleichsam von einer aktiven Teilnahme am Gespräch ausgeschlossen. Die Gesichtsbedrohung, die für sie als Hörerin vom öffentlichen Eingeständnis ihres Nichtverstehens ausginge, hielt sie offensichtlich davon ab, zu einem früheren Zeitpunkt um Aufklärung zu bitten. Erst als sie selbst sicher war, das Thema des Gesprächs exakt erfasst zu haben, tut sie dies erleichtert kund.

Missverständnisse, zu deren Interpretation in diesem Zusammenhang der interkulturelle Aspekt der Situation hinzugezogen werden könnte, konnten im untersuchten Korpus nicht identifiziert werden. Tzanne zufolge tendieren Hörer bei Missverständnissen auf thematischer Ebene dazu, von einer Weiterführung des bisherigen Themas auszugehen. Kulturelle Einflüsse wären jedoch denkbar, wenn aufgrund unterschiedlicher kultureller Sozialisation und Erfahrungswissens ein bestimmter Themenwechsel für die Interaktionspartner unterschiedlich naheliegt. Missverständnis Nr. 14 („EU-Regelungen”), das bereits an anderer Stelle als Beispiel für eine missverständliche Referenz zitiert wurde (vgl. Abschnitt 4.4.1.1.2), kann zu einem gewissen Maße auch aufgrund des von Markus relativ abrupt vollzogenen Themenwechsels erklärt werden: Während sich die Gesprächsteilnehmer im Vorfeld über die Frische von Lebensmitteln auf polnischen Märkten ausgetauscht hatten, leitet Markus unangekündigt zur Einführung von EU-Bestimmungen in Polen über. Die bereits besprochenen, mehrdeutigen Referenzen suggerieren den Hörern in diesem Fall zusätzlich, dass höchstwahrscheinlich kein expliziter Themenwechsel vorliegt. Aus Markus' - möglicherweise kulturell beeinflusster - Perspektive jedoch ist das Thema des EU-Beitritts offensichtlich eng genug mit derzeitigen polnischen Handhabungen verbunden, so dass er einen expliziten Hinweis auf einen Themenwechsel nicht für notwendig erachtet.

4.4.3 Die konversationsanalytische Dimension: Missverständnisse auf der Ebene der Gesprächssequenzierung

Forscher aus dem Bereich der Konversationsanalyse argumentieren gegenüber Verfechtern der Diskursanalyse, dass sinn- und bedeutungsstiftende Prozesse in Gesprächen mit Methoden der Textlinguistik, der die Diskursanalyse nahesteht, nicht erfassbar sind. Bedeutungen sind demnach nie in der Struktur eines Textes enthalten, sondern werden stets von den Gesprächsteilnehmern individuell und für den Moment in den Text hineinprojiziert und so permanent aktualisiert (vgl. Kallmeyer 1988: 1097). Bedeutung entsteht demnach durch eine bestimmte, kontextabhängige Aneinanderkettung einzelner *turns* innerhalb einer Konversation. Ein *turn* stützt sich dabei auf den Kontext, den der vorangegangene *turn* vorgibt. Er selbst wiederum bildet einen neuen, modifizierten Kontext, auf dem der darauffolgende *turn* aufbauen kann. Sacks und Schegloff, die wesentlich an der Begründung der Konversationsanalyse beteiligt waren, haben insbesondere die Rolle sogenannter *Nachbarschaftspaare* (vgl. engl. *adjacency pairs,* Schegloff/Sacks 1973: 289). hervorgehoben. Unter Nachbarschaftspaaren verstehen sie genau zwei direkt aufeinanderfolgende *turns*, die so oder in ähnlicher Form wie standardisierte Skripts für den reibungslosen Ablauf eines Gesprächs sehr häufig vorkommen (vgl. Schegloff/Sacks 1973: 289ff). So wird auf einen *turn*, in dem eine Frage gestellt wurde, mit hoher Wahrscheinlichkeit ein *turn* folgen, der eine Antwort auf diese Frage enthält. Denkbar sind weiterhin Paare wie *Gruß-Gruß* oder *Anbieten einer Entschuldigung-Annehmen/Ablehnen einer Entschuldigung* (vgl. Tzanne 2000: 80).

Tzanne folgert, dass Missverständnisse auf dieser Ebene auftreten können, wenn Hörer den von einem Sprecher geleisteten ersten Teil eines solchen Nachbarschaftspaares nicht erkennen und somit nicht auf ihn eingehen. Das im Rahmen dieser Studie untersuchte

Korpus weist kein auf diese Weise verursachtes Missverständnis auf. Auch Tzanne verweist in diesem Fall nur auf Auszüge aus Dramen, von denen zur Veranschaulichung eines auszugsweise zitiert werden soll:

> SOPHIE: But I am - blind as a bat, I'm afraid.
>
> BEAUCHAMP: Oh. I'm sorry.
>
> SOPHIE: Please, don't mention it. **[TST]**
>
> BEAUCHAMP: I will not, of course.
>
> SOPHIE: Oh, mention it as much as you like. And please don't worry about saying "you see" all the time. People do, and I don't mind a bit.
>
> *(Tzanne 2000: 80, zit. nach Stoppard, Tom (1973): "Artist Descending a Staircase." In: Stoppard, Tom:* Artist Descending a Staircase and Where are They Now? Two Plays for Radio. *London: Faber and Faber: 35.)*

In diesem Fall intendiert die Sprecherin des *trouble-source turn* ihre Aufforderung als obligatorische Erwiderung auf die im vorangegangenen *turn* vorgebrachte Entschuldigung und leistet damit die Vervollständigung des durch die Entschuldigung initiierten Nachbarschaftspaares. Beauchamp befindet sich ihr gegenüber in einer gesichtsbedrohenden Situation höchster Verlegenheit und wählt seine Erwiderung nur noch nach dem Kriterium größtmöglicher Höflichkeit, so dass er das Nachbarschaftspaar nicht erkennt. Interkulturelle Einflüsse sind auf dieser Ebene nur schwerlich vorstellbar – und aufgrund mangelnder Korpusbeispiele auch nicht nachweisbar. Denkbar wären jedoch Situationen, in denen ein kultureller Aspekt, ähnlich des Verlegenheitsaspektes in Tzannes zitiertem Beispiel, die Situation aus der Perspektive eines Sprechers derart dominiert, dass er dadurch die Einordnung einer Äußerung in ein Nachbarschaftspaar nicht erkennt.

4.5 Die Unterschiedliche Interpretation der Situation

In ihrer Untersuchung sprachlicher Ursachen für das Entstehen von Missverständnissen hat Tzanne bereits hervorgehoben, dass Hörer potentiell mehrdeutige Äußerungen von Sprechern meist vor dem Hintergrund des unmittelbaren sprachlichen Kontextes interpretieren. In einem zusätzlichen Abschnitt ihrer Studie verfolgt sie diese Linie weiter und untersucht die Rolle des nichtsprachlichen situativen Kontextes für die Entstehung von Missverständnissen (vgl. Tzanne 2000: 85-125). Zu diesem Ziel bedient sich Tzanne eines soziologischen und anthropologischen Instrumentariums. Duranti stellt die methodologischen Argumentationen der Konversationsanalyse einerseits und der Anthropologie andererseits präzise gegenüber. So zitiert Duranti den Anthropologen Dell Hymes, der Konversationsanalysten wie Harvey Sacks und Emanuel Schegloff vorwirft, mit ihrer Konzentration auf Nachbarschaftspaare und den unmittelbaren sprachlichen Kontext den Einfluss eines weitreichenderen sozialen Kontextes aus dem Blick zu verlieren. Mit der Beschreibung des Kontextes anhand von Nachbarschaftspaaren verfielen Sacks und Schegloff dem Irrtum, ein universell anwendbares Modell für die Erklärung des Kontextes erstellen zu können. Die Berücksichtigung allgemeinerer sozialer Umstände wie beispielsweise sozialer Rollen der Interaktionspartner sowie eine Berücksichtigung der zeitlichen und der räumlichen Dimension dagegen seien zu einer vollständigen Beschreibung des Kontextes unerlässlich (vgl. Duranti 1997: 264-268). Ähnliche Forderungen formuliert Kotthoff in ihrem Plädoyer für eine Öffnung der strikten konversationsanalytischen Methodik (vgl. Kotthoff 1994). Tzanne gewinnt der Position der Konversationsanalysten dennoch ein schlüssiges Kriterium zur Auswahl sozialer, also anthropologisch konstituierter Faktoren im Rahmen ihrer Studie ab. So plädiere Schegloff für eine ausschließliche Berücksichtigung der Faktoren, die Sprecher in einer gegebenen Situation für relevant halten (vgl. Tzanne 2000: 89). Tzanne gelangt daher zu einer Perspektive, in der sie konversationsanalytische und anthropologische Kriterien miteinander kombiniert: Aus dem Instrumentarium der Konversationsanalyse entleiht sie das Postulat der rein situativen und daher dynamisch durch die Interaktionspartner veränderbaren Relevanz kontextueller Faktoren. Dabei berücksichtigt Tzanne zusätzlich, dass auch die von Anthropologen verfochtenen, übergeordneten Aspekte der sozialen Rolle und des sozialen Umfelds in der von den Sprechern vorangetriebenen situativen Dynamik zur Definition des Kontextes aktiviert werden können. Ein brauchbares Modell findet Tzanne in Erving Goffmans Beschreibung sozialer Rollen und sozialen Framings. In Anlehnung an Tzanne sollen in den folgenden Abschnitten zunächst die Funktion diskursiver, also auf das aktuelle Gespräch bezogener Rollen, sowie die Funktion allgemeiner sozialer Rollen und sozialen Framings diskutiert werden. Auf dieser Ebene lässt sich der in dieser Studie untersuchte interkulturelle Aspekt problemlos in Tzannes Modell einordnen. Die folgende Diskussion wird daher einmal mehr zeigen, dass Tzannes Konzept der Situationsgebundenheit von Missverständnissen und die Vorstellung eines omnipräsenten kulturellen Einflusses einander nicht ausschließen, sondern lediglich auf unterschiedlichen Ebenen fungieren und einander ergänzen.

4.5.1 Die Dimension der Rollenverteilung im Gespräch

Bezogen auf eine aktuelle Gesprächssituation können die Interaktionspartner Tzanne zufolge unterschiedliche Gesprächsrollen (vgl. engl. *discourse roles*, Tzanne 2000: 94) einnehmen, die den Grad ihrer Legitimation zur Teilnahme an der Konversation definieren.

Tzanne bezieht sich an dieser Stelle ausschließlich auf eine Kategorisierung, die Jennifer A. Thomas, die Betreuerin ihrer Dissertation, in ihrer eigenen unveröffentlichten Dissertation aufgestellt hat (vgl. Thomas 1986). Tzanne konzentriert sich in diesem Rahmen auf die unterschiedlichen Legitimationen, die einem Hörer im Bezug auf eine Äußerung zuteil werden können. Einen einzelnen Hörer, an den sich ein Sprecher direkt wendet, bezeichnet Tzanne nach Thomas als *Adressaten* einer Äußerung (vgl. engl. *addressee*, Tzanne 2000: 94). Darüber hinaus diskutiert Tzanne drei weitere Abstufungen, deren englischsprachige Bezeichnungen an dieser Stelle mangels exakter äquivalenter Bezeichnungen im Deutschen direkt in diese Studie übernommen werden sollen. Tzanne bezeichnet Hörer als *auditors*, wenn diese zwar an einer Gesprächsrunde teilnehmen und ein den aktuellen Sprechern ebenbürtiges Rederecht haben, sich derzeit aber trotzdem nicht aktiv an der Konversation beteiligen. Hörer aus der Position einer *audience*, also gleichsam eines Publikums, haben dagegen kein oder nur ein minimales Rederecht. Darüber hinaus versteht Tzanne unter Hörern in der Rolle eines *bystander* Individuen, die sich zwar in Hörweite befinden, der Konversation jedoch nicht so aufmerksam wie die Hörer als *audience* verfolgen, und ebenso wie diese kein Rederecht haben (vgl. Tzanne 2000: 94-95).

Tzanne führt im Anschluss mehrere Beispiele aus ihrem Untersuchungskorpus an, in denen Individuen, die sich in einer anderen Gesprächsrolle als der des direkten Adressaten befinden, in Missverständnisse verwickelt werden. Diese Missverständnisse resultieren bei Tzanne grundsätzlich daraus, dass diese Hörer aufgrund ihrer geringeren Involviertheit bestimmte Zusammenhänge, Referenzen oder Themenverläufe nicht rezipiert haben und so zu einer divergenten Interpretation einer Äußerung gelangen. Im Grunde resultiert daraus jedoch keine neue Kategorie zur Begründung von *trouble-source turns*. Unterschiedliche Involviertheit in Gesprächen kann lediglich die Wahrscheinlichkeit auftretender Missverständnisse zusätzlich erhöhen. Linke et al. fügen ergänzend an, dass aktuelle Gesprächsrollen ohnehin meist aus allgemeineren sozialen Rollen resultieren (vgl. Linke/Nussbaumer/Portmann 1991: 290). So illustriert Tzanne die Gefahr von Missverständnissen für Hörer aus der Position der *audience* anhand eines Beispiels, in dem ein reales Theaterpublikum einem auf der Bühne absichtlich inszenierten Missverständnis unterliegt (vgl. Tzanne 2000: 98). Wie in den folgenden Abschnitten deutlich werden wird, sind die Akteure, die das Missverständnis verursachen, auch über die Situation hinaus ihrer sozialen Rolle als Akteure verhaftet, während der größte Teil der Individuen im Publikum stets die Rolle eines Laien im Bezug auf Theaterinszenierungen bleiben wird.

Auch Erving Goffmans Theorie der sozialen Rollen und des Framings geht auf die Rollenverteilung unter Individuen in Gesprächen ein. Er betont dabei, dass spontane Wechsel der Gesprächsrollen von Individuen deutlich und gemäß konventionalisierter Regeln zuvor kundgetan werden müssen, sofern sie den reibungslosen Gesprächsablauf nicht beeinträchtigen sollen (vgl. Goffman 1994: 41). Mischen sich Personen aus einer Rolle mit eingeschränktem Rederecht, also sogenannte *auditors* in ein Gespräch ein, so werden sie dazu möglicherweise einleitende Phrasen wie beispielsweise *also dazu möchte ich sagen...* vor ihren eigentlichen Beitrag schalten. Andernfalls können sie sich nicht sofort der Aufmerksamkeit der anderen Gesprächsteilnehmer sicher sein. Resultierende Missverständnisse können anhand von Beispielen aus dem Korpus dieser Studie angeführt werden. Missverständnis Nr. 1 („Essen vor der Kamera"), im Verlauf dessen die Gesprächsteilnehmer Markus' Rolle als „Mitesser" während der weiteren Aufzeichnungsabende besprechen, wurde in dieser Studie bereits zur Illustration mehrdeutiger Referenzen in Abschnitt 4.4.1.1.2 zitiert. In diesem Falle bildet eine andere Äußerung den *trouble-source turn*. Darüber hinaus erscheint aufgrund des Einflusses mehrmaligen Parallelsprechens eine Zitation der ausführlichen Transkription erforderlich:

0:06:58		
1	Markus:	Wir waren dann gestern, war auch so ne Gruppe da, und ich bin dann, als die hinterher, als die
0:07:03		
2	Markus:	Kamera aus war, ja, mich hier reingestellt noch und mich ein bissel über den Salat hergemacht,
0:07:09		
3	Markus:	hahaha hm? **[MRT]**
4	Gosia:	Hmm Vor der Kamera, da traut man sich nicht **[TST]** vor der Kamera, da
5	Anke:	hast die Reste gegessen
0:07:15		
6	Markus:	Ja, heute ist es halt so der Fall, dass ich
7	Gosia:	traut man sich nicht hmhmhm
8	Anke:	machste mal ne

(vgl. Missverständnis Nr. 1: „Essen vor der Kamera" [0:06:58])

Markus hat Gosias *trouble-source turn* in Form ihrer Frage *Vor der Kamera da traut man sich nicht* offenbar nicht richtig verstanden und bittet sie mit einem fragenden *hm?* um Wiederholung. Aufgrund des kurzzeitigen Parallelsprechens mit Anke ließe sich in diesem Fall einwenden, Markus habe Gosias Frage rein akustisch nicht wahrnehmen können. Die Videoaufzeichnung zeigt jedoch, dass Gosia mit deutlich lauterer Stimme als Anke spricht und selbst in der Aufzeichnung deutlich verstehbar ist. Im Falle des *trouble-source turns* lässt sich daher vermuten, dass Gosias Frage trotz kurzzeitigen Parallelsprechens mit Anke für Markus akustisch verstehbar gewesen wäre. Markus reagiert auf Gosias Wiederholung außerdem bereits, bevor Gosia diese Reparatur vollendet hat, was darauf schließen lässt, dass Markus den Wortlaut von Gosias *trouble-source turn* zwar wahrgenommen hatte, ihn jedoch inhaltlich nicht einordnen konnte. Im Hinblick auf Tzannes

Kategorisierung unterschiedlicher Gesprächsrollen nimmt Gosia hier die Rolle eines *auditors* ein: Sie ist zwar in die Gesprächsrunde eingebunden und besitzt volles Rederecht, beteiligt sich jedoch momentan nicht aktiv an der Konversation. Markus zieht sie als möglichen direkten Gegenüber daher momentan nicht in Betracht und wird daher von ihrem unangekündigten Einwand überrascht. Möglicherweise kurzzeitig irritiert, stellt Markus daher seine Verständnisfrage. Gosia erachtet ihre Gesprächsrolle dagegen als ausreichend für einen sofortigen Einstieg in die Konversation, so dass sie einleitende Formeln nicht für erforderlich hält.

Interkulturelle Einflüsse sind in der hier gegebenen Situation schwerlich denkbar: situative Rollen im Gespräch lassen sich kaum mit kulturellen, langfristigeren Rollen oder Sozialisationsaspekten in Verbindung bringen.

Da darüber hinaus alle vier Gesprächsteilnehmer vornehmlich in ihrer Rolle als Studenten in ihrer Freizeit auftreten, ergibt sich auch hieraus keinerlei unterschiedlich Legitimation zur Teilnahme am Gespräch.

4.5.2 Die Dimension sozialer Rollen und des *Framing* von Gesprächssituationen

Über die Rollen der Interaktionspartner im Bezug auf das Gespräch hinaus definiert Tzanne soziale Rollen als "roles they [the participants] play in everyday interactions as society members" (Tzanne 2000: 99). Eine soziologische Verortung ihres Rollenverständnisses leistet Tzanne darüber hinaus nicht. Wiederholt stützt sie einen kompletten Abschnitt ihrer Studie auf eine unveröffentlichte Dissertation der Lancaster University, in der Noriko Tanaka eine Kategorisierung möglicher sozialer Rollen vornimmt, aus der schließlich auch ein Rollenverständnis hervorgeht (vgl. Tanaka 1993). Um Uneindeutigkeiten aufgrund gezwungenermaßen inadäquater Übersetzungen zu vermeiden, soll auch in diesem Fall die englischsprachige Terminologie Tzannes für diese Studie übernommen werden. Tzanne zufolge unterscheidet Tanaka zunächst drei Rollentypen: Sogenannte *societal roles* charakterisieren die allgemeine Rolle eines Individuums in der Gesellschaft. Tzanne versteht darunter beispielsweise die nationale, kulturelle oder ethnische Zugehörigkeit eines Individuums zu einer bestimmten gesellschaftlichen Gruppe. *Societal roles* können in diesem Zusammenhang unabhängig von zwischenmenschlichen Beziehungen gedacht werden. *Personal roles* dagegen beschreiben das persönliche Beziehungsverhältnis eines Individuums zu relevanten Mitmenschen. Tzanne führt hier als Beispiel Verwandtschaftsbeziehungen an. Zusätzlich übernimmt Tzanne von Tanaka die Kategorie der *activity roles*, die die Identität eines Individuums gemäß von ihm ausgeführter Tätigkeiten spezifiziert. Tzanne räumt ein, dass ihre weiteren Unterscheidungen nur über eine geringe Trennschärfe verfügen, so dass Tätigkeiten meist in mehrere Kategorien eingeordnet werden können. Um dennoch die Linie der Literatur, auf die sie sich mit Tanaka stützt, fortzuführen, unterscheidet Tzanne zunächst *professional roles*, unter die die Berufsbezeichnungen der Individuen fallen. Zugleich können Berufe jedoch auch in den meisten Fällen in Form von Aktivitäten beschrieben werden, nach denen eine *activity role* benannt werden kann. Beispielsweise ist die Aktivität eines Arztes während einer Untersuchung selbstverständlich durch seinen Beruf vordefiniert. Tzanne schreibt jedoch auch dem Patienten in einer solchen Situation eine *activity role* zu, die in diesem Fall nicht auf dem Beruf der Person beruht (vgl. Tzanne 99-101).

Bezug nehmend auf Goffman fügt Tzanne an, dass Interaktionspartner dennoch in der Ausführung einer bestimmten Rolle nicht fest an die jeweilige Situation gebunden sind. Zunächst ist offensichtlich, dass Individuen grundsätzlich mehrere der beschriebenen Rollentypen ausführen. So nimmt jeder Interaktionspartner mehrere *societal roles* wahr, definiert das Verhältnis zu seinen Verwandten in Form von *personal roles*, übt möglicherweise einen Beruf, also eine *professional role* aus, in der er eine bestimmte Aktivität, nämlich eine *professional activity*, ausführt. Nichts hält ihn dabei davon ab, zusätzlich nichtberufliche Aktivitäten, *activities* sensu Tzanne, auszuführen. Für die Interpretation einer bestimmten Interaktionssituation ist Tzanne zufolge jedoch meist nur eine einzige Rolle relevant. Tzanne stützt sich dabei auf die Terminologie Goffmans, der zwischen *dormant roles* und *enacted roles* unterscheidet. Im Beispiel der medizinischen Untersuchung übt der Arzt als *enacted role* lediglich seine berufliche Rolle aus. Seine *personal roles*, also sein Verhältnis zu verwandten Personen ist in der Situation irrelevant und ruht daher als sogenannte *dormant role* (vgl. Tzanne 2000: 101-102).

Missverständnisse können Tzanne zufolge in dieser Dimension auftreten, wenn die *enacted role* eines oder mehrerer Interaktionspartner nicht eindeutig definiert ist und von den Beteiligten unterschiedlich interpretiert wird (vgl. Tzanne 2000: 103-105). Wechselt einer der Interaktionspartner im Verlauf der Konversation die bisher eingehaltene aktivierte Rolle, ohne dies explizit anzukündigen, so kann dies von den Interaktionspartnern unbemerkt bleiben. Diese interpretieren das Verhalten ihres Gegenübers in dem Fall weiter nach dessen ursprünglich ausgeführter Rolle, so dass Missverständnisse auftreten können. Tzanne bezeichnet diesen Vorgang als *role breaks* (vgl. Tzanne 2000: 108). Missverständnis Nr. 6 („Markus' Räuspern") aus dem bearbeiteten Korpus könnte auf eine unterschiedliche Zuweisung von Rollen durch die Interaktionspartner verursacht worden sein:

MARKUS: *(hustet)* gespannt, wie er das transkribiert, hahaha, „Markus hustet"

ANKE: „Räuspern"

MARKUS: (*hustet wieder*)

ANKE: *(affektiert ironisch)* hat Markus zu schnell gegessen? **[TST]**

MARKUS: hm? **[MRT]**

ANKE: Hat Markus zu schnell gegessen?

MARKUS: hmmm!

(Missverständnis Nr. 6: „Markus' Räuspern" [0:24:29])

In diesem Gesprächsausschnitt malt sich Markus belustigt aus, wie sein verschlucktes Husten wohl im Rahmen der vorliegenden Studie transkribiert werden möge, und zitiert sogleich eine für ihn denkbare Lesart in Form von *„Markus hustet."* Markus wechselt also hier kurzzeitig seine Rolle, indem er die Rolle einer anderen Person nachspielt. Diese Möglichkeit diskutiert Goffman ausführlich im Hinblick auf seine Rahmenanalyse (vgl. Goffman 1993: 539-542). Anke steigt in dieses Spiel mit ein und zitiert mit *„Räuspern"* ebenfalls eine denkbare Transkriptionsweise. Anschließend behält Anke ihre Rolle innerhalb des Nachspielens bei und kommentiert Markus' erneutes Husten aus der Perspektive der Person, die die Gesprächsaufzeichnung als Dritter beobachtet und transkribiert: *Hat Markus zu schnell gegessen?* Markus erkennt offenbar nicht sofort, dass Anke ihre Rolle weiterspielt, und stellt eine Verständnisfrage.

Ein Einfluss kultureller Aspekte ist innerhalb dieser Dimension besonders leicht vorstellbar, da diese sich in die Kategorie der *societal roles* perfekt einfügen. Denkbar wäre daher, dass Interaktionspartner in interkulturellen Kontaktsituationen verstärkt dazu tendieren, diese interkulturelle *societal role* für das Entstehen von Missverständnissen verantwortlich zu machen. Diese Annahme würde mit der Beobachtung Kooles und ten Thijes (vgl. Koole/ten Thije 1994) korrelieren: Gemäß Tzannes Terminologie setzen die von Koole und ten Thije identifizierten *Positionen*, die Sprecher in interkulturellen Gesprächen einnehmen können, *societal roles* in *discourse roles* um. Auch aus der Perspektive von Koole und ten Thije dominiert für die Interaktionspartner der interkulturelle Aspekt der Situation über andere mögliche Rollen. Das untersuchte Korpus weist hierzu kein direktes Beispiel auf. Subtiler und dennoch in Tzannes Schema kategorisierbar wird der kulturelle Einfluss jedoch im Zusammenhang mit der Interpretation des situativen *Framings*, das im folgenden Abschnitt diskutiert werden soll.

4.5.3 Die Unterschiedliche Interpretation des sozialen Rahmens

Die Analyse der Handhabung von *dormant* und *enacted* roles wirft einen Fokus auf die an einem Gesprächsablauf beteiligten Personen. Wie bereits die Diskussion der *activity roles* gezeigt hat, sind die ausgeführten Rollen der Personen in einem Gespräch untrennbar mit dem Vollzug sozialer Handlungen verknüpft. Goffman bietet mit seinem Konzept sozialer Rahmen ein schlüssiges Modell zur Identifizierung und zur Beschreibung solcher sozialen Handlungen. Unter sogenannten *primären Rahmen* versteht Goffman zunächst Handlungsabläufe, denen Individuen eine sinnstiftende Letztbegründung zuschreiben und die sie nicht weiter hinterfragen (vgl. Goffman 1993: 31). Darüber hinaus unterscheidet Goffman zwischen natürlichen und sozialen Rahmen. Natürliche Rahmen seien meist physikalisch gegeben und nicht veränderbar. Die Beschaffenheit natürlicher Rahmen werde somit auch von den Naturwissenschaften erforscht und beschrieben. Soziale Rahmen dagegen fassen soziales Handeln in auf vergleichbare Weise festgefügte Formen. Zwar können Individuen den jeweils aktuellen Rahmen meist problemlos wechseln oder ihn übertreten. Allein die mögliche Existenz eines sozial etablierten Rahmens lässt sich dadurch jedoch nicht leugnen (vgl. Goffman 1993: 32). Am Beispiel eines Restaurantbesuchs lässt sich ein entsprechender Rahmen illustrieren: Aufgrund ihrer Sozialisation vollziehen Individuen als Gäste während ihres Aufenthaltes in einem Restaurant eine festgefügte Abfolge von Handlungen, die etwa die Auswahl eines Menüs, die Bestellung, das eigentliche Speisen sowie abschließend das Begleichen der Rechnung beinhaltet. Aufgrund des Wissens um den vorgegebenen Rahmen müssen Individuen den Sinn ihrer Handlungen nicht mehr jederzeit reflektieren und überprüfen, sie folgen einfach einer Art Skript. Das Beispiel des Restaurantbesuchs zeigt zusätzlich, wie sehr *enacted roles* von Individuen mit dem aktuellen sozialen Rahmen verknüpft sind bzw. nicht voneinander getrennt werden können.

Auch auf der Ebene sozialer Rahmen können Missverständnisse auftreten, da die Definition des jeweils aktuellen Rahmens von allen Interaktionspartnern individuell vollzogen werden muss. Kann eine Situation schlüssig im Lichte zweier oder mehrerer Rahmen interpretiert werden, so besteht Tzanne zufolge die Gefahr auftretender Missverständnisse (vgl. Tzanne 2000: 105). Auch plötzliche, von einem Sprecher vollzogene Rahmenwechsel, die von den Hörern nicht bemerkt werden, können in der Folge zu Missverständnissen führen. Missverständnis Nr. 25 („Waschmaschine III") gibt ein Beispiel für die Auswirkungen unterschiedlicher Interpretation des sozialen Rahmens:

ANKE:	Aber es klappt trotzdem gut, wenn du dir mal überlegst: zwei Waschmaschinen so langen für fünfhundert Leute, weiß ich nicht **[TST]**
JAREK:	Ja, aber die sind dazu gebaut, also um irgendwie *(sieht Markus fragend an)* den öffentlichen Dienst zu machen.
ANKE:	Nee, aber ich mein auch so vom Platz her, ich mein, also ich hab nie länger als ne Woche gebraucht, zum Waschen
MARKUS:	Ach sooo, hmhm, gut, du hast, weißt, wann ich dann wasch? Nachts um eins hab ich jetzt gewaschen

(Missverständnis Nr. 25: „Waschmaschine III" [1:13:55])

In diesem Kontext sind die Gesprächspartner mit einem Sachverhalt konfrontiert, den sie als Bewohner des selben Studentenwohnheims alle kennen: für die ungefähr 500 Bewohner des Wohnheimkomplexes stehen nur zwei öffentliche Waschmaschinen zur Verfügung. Anke stellt fest, dass sie mit diesem Zustand relativ problemlos zurechtkommt, worüber sie zugleich ihr Erstaunen ausdrückt. Zu einem Missverständnis kommt es zwischen Anke und Jarek, weil letzterer die Situation in einem anderen sozialen Rahmen betrachtet: Jarek spricht über die Waschmaschinen demnach unter einem Rahmen, dessen inhaltliche Perspektive sich mit dem Begriff der technischen Belastbarkeit von Waschmaschinen fassen ließe. Anke dagegen legt einen Rahmen zugrunde, in dessen Mittelpunkt die Studierenden stehen, die sich mit dem Mangel an Waschmaschinen erfolgreich arrangieren.

Ein ähnliches Beispiel liegt in Missverständnis Nr. 4 („Schriftarten und Ästhetik") vor. Aufgrund seiner langen Entwicklung über eine Vielzahl von *turns* hinweg, wird dieses Missverständnis an dieser Stelle nicht zitiert und statt dessen auf seine Zitation im Anhang dieser Studie verwiesen (vgl. Abschnitt A.2.4). Nachdem Jarek ausführlich die Problematik des Kreierens polnischer Sonderzeichen für Computerprogramme erläutert hat, deckt Gosia in Zeile 21 mit einem *misunderstanding revealing turn* die unterschiedliche Interpretation auf: „Aber ist das nicht, ist das nicht, das ist doch egal, ne?" (Missverständnis Nr. 4, Zeile 21 [0:17:41]) und argumentiert damit, es sei gleichgültig, in welcher Größenrelation in einem gedruckten Text nun polnische Akzente zu den durch sie modifizierten Buchstaben stünden. Nachdem sich Jarek gegen diesen Einwand zur Wehr gesetzt hat, liefert Gosia ihm in Zeile 32 mit ihrem Einwurf: „in der Sprache" (Missverständnis Nr. 4, Zeile 32 [0:18:09]) einen ersten Hinweis auf den sozialen Rahmen, den sie der Situation zugrunde gelegt hat. Jarek geht zwar im Anschluss auf diesen Einwand ein, doch für Gosia wird das Missverständnis noch nicht ausreichend präzisiert. Daher schiebt sie einen Reparaturversuch nach, in dem sie Jareks sozialen Rahmen metakommunikativ formuliert: „Ist klar, aber das ist ja, das muss, hier geht's ja nur um Aussehen"

(Missverständnis Nr. 4, Zeile 37 [0:18:24]). Jarek stimmt dieser Präzisierung zu, so dass es zu einer positiven *repair outcome indication* kommen kann.

4.5.4 Die Manifestation von Interkulturalität in sozialen Rollen und sozialen Rahmen

Das Zusammenspiel sozialer Rollen und sozialer Rahmen ist für die Untersuchung der Funktion kultureller Faktoren in interkulturellen Kontaktsituationen und damit für die vorliegende Studie von besonderer Relevanz. Die Ebene sozialer Rollen und Rahmen ermöglicht es, kulturelle Faktoren im bisher skizzierten Schema Tzannes zu verorten und somit operationalisierbar zu machen. Interaktionspartner können demnach bei der Interpretation der derzeit aktivierten *enacted role* die *societal role* ihres Gegenübers für unmittelbar relevant halten. In interkulturellen Kontaktsituationen würden die *societal roles* der Interaktionspartner per definitionem die unterschiedliche Kulturzugehörigkeit der beteiligten Personen thematisieren.

Hält mindestens ein Sprecher diese Kulturzugehörigkeit für aktuell relevant, so eröffnet sich die Situation für ihn automatisch auch in einem entsprechenden sozialen Rahmen, den man eben treffend als „interkulturelle Kontaktsituation" betiteln könnte.

Lässt eine Situation aus der Perspektive eines Interaktionspartners eine mehrdeutige Interpretation sozialer Rollen und sozialer Rahmen zu, so kristallisiert Tzanne aus dem von ihr untersuchten Korpus bestimmte Interpretationspräferenzen heraus, die sich kongruent zu auf anderen Ebenen angewendeten Taktiken vollziehen. So tendieren Hörer auch auf dieser Ebene bei Mehrdeutigkeiten dazu, der aktuellen Situation die zuletzt aktivierten Rollen und Rahmen zu unterlegen. Zusätzlich erkennt Tzanne, dass Individuen auffallend häufig dazu tendieren, zweifelhafte Situationen entsprechend der dem Gegenüber im Allgemeinen zugeschriebenen *professional role* zu interpretieren. Tzanne folgert daraus, dass die Personen, deren Äußerungen sie in ihr Analysekorpus aufgenommen hat, der *professional role* generell eine gewichtigere Bedeutung beigemessen haben als beispielsweise der *personal role* oder der *activity role*. Darüber hinaus haben Sprecher in Einzelfällen sogar die Annahme eines Rahmenwechsels in Kauf genommen, um zu einer schlüssigen Interpretation gemäß der *professional role* ihres Gegenübers zu gelangen (vgl. Tzanne 2000: 115).

Das im zweiten Kapitel dieser Studie nachgezeichnete rege Forschungsinteresse an der Beschaffenheit interkultureller Missverständnisse wurde durch die Annahme begründet, dass sich in interkulturellen Kontaktsituationen häufiger Missverständnisse ereigneten als in intrakulturellen Situationen und dass diese Missverständnisse meist von schwerwiegenderer Natur seien. Die Diskussion möglicher *trouble-source turns* in Anlehnung an das Schema von Angeliki Tzanne hat gezeigt, dass aus den unterschiedlichsten disziplinären Perspektiven Ursachen für die Entstehung von Missverständnissen herausgearbeitet werden können, die sich aus dem Kontext der Situation heraus erklären lassen. In den meisten Fällen musste hier jedoch mit Berufung auf die Missverständnisse, die sich im Korpus dieser Studie ereignet haben, eingewendet werden, dass sich in den meisten Fällen auch Begründungen auf der Basis unterschiedlichen kulturellen Wissens oder kultureller Perspektiven heranziehen lassen. Tzanne zufolge ließen sich kulturelle Einflüsse dagegen allein in die Kategorie der sozialen Rollen und der sozialen Rahmen einordnen.

Da jedoch auch die klassische Literatur zur interkulturellen Kommunikation die Omnipräsenz der Interkulturalität immer wieder heraufbeschwört, lässt sich begründet annehmen, dass sich auch die Interaktionspartner in interkulturellen Kontaktsituationen aufgrund der unterschiedlichsten Ursachen der Interkulturalität ihrer Situation durchaus bewusst sind. Nach dem Modell Tzannes bedeutete dies, dass Interaktionspartner in interkulturellen Kontaktsituationen dazu tendieren, ihre Gegenüber in der *enacted role* des Fremdländers zu betrachten oder die gesamte Situation im sozialen Rahmen der Interkulturalität wahrzunehmen. Da sich dennoch gleichzeitig auch auf allen anderen diskutierten Ebenen Missverständnisse ereignen können, muss vermutet werden, dass Sprecher in diesen Situationen dazu tendieren, die wirklichen, situativen Ursachen für diese Missverständnisse zugunsten von kulturellen Aspekten zu ignorieren. Sprecher in interkulturellen Situationen tendierten folglich dazu, die Ursachen für Missverständnisse stets in der Interkulturalität der Situation zu suchen, auch wenn diese eigentlich auf anderen Ebenen zu finden wären. Auf diese Weise ließe sich schließlich die offenkundig erhöhte Häufigkeit interkultureller Missverständnisse aus einer neuen Perspektive erklären.

Die Entstehung von drei Missverständnissen aus dem Korpus lässt sich in diesem Zusammenhang aufgrund der Aktivierung eines interkulturellen Rahmens durch mindestens einen der Interaktionspartner schlüssig erklären. Während der folgenden Analyse soll dabei jeweils erläutert werden, ob die Aktivierung des Interkulturalitätsrahmens in der Situation zur angemessenen Interpretation erforderlich gewesen wäre, oder ob es Beispiele gibt, in denen die Interaktionspartner diesen Rahmen aufgrund seiner allgemeinen Gewichtigkeit aktivieren.

Die Entstehung von Missverständnis Nr. 13 („Markt in Polen"), das bereits in Abschnitt 4.4.1.1.1 zur Illustration der Auswirkungen eines mehrdeutigen *sense* von Begriffen bemüht wurde, kann erst aufgrund unterschiedlicher Rahmen vollständig erklärt werden:

GOSIA:	Aber in Polen ist auch der Markt, noch der Feta ganz frisch! Auf dem Markt, also schon Käse, aber ist auch gut.
MARKUS:	Hmhm. Du meinst auf dem Polenmarkt jetzt? Echt?

(vgl. Missverständnis Nr. 13: „Markt in Polen" [0:35:39])

Für Markus liegt nur deshalb eine zusätzliche Bedeutung des von Gosia verwendeten Begriffs *Markt* nahe, weil er der Situation den Rahmen der Interkulturalität auferlegt. Darin nimmt er die *societal role* eines deutschen Studenten, Gosia dagegen die *societal role* einer polnischen Studentin ein. Mit Berücksichtigung der Tatsache, dass Gosia sich auf Märkte in Polen bezieht, wird es für Markus erforderlich, den Begriff des Marktes hin zu einem pejorativen *Polenmarkt* zu modifizieren. Gosia behandelt die Situation dagegen im Rahmen grundsätzlicher Lebensmittelfrische auf Märkten. Markus fühlt sich durch die aus seiner Rahmenperspektive mehrdeutige Bezeichnung des Marktes irritiert und versucht, den Begriff auch für seinen Rahmen schlüssig zu belegen. Gosia hat in diesem Fall durch ihren ausdrücklichen Verweis auf Polen sicherlich dazu beigetragen, den Rahmen der Interkulturalität für Markus zu aktivieren, für sie selbst scheint der interkulturelle Aspekt in dieser Situation jedoch nicht von primärer Gewichtung zu sein.

Missverständnis Nr. 14 („EU-Regelungen"), in dem Markus mittels einer uneindeutigen Referenz auf den EU-Beitritt Polens hinweist, ist ebenfalls nur vollständig erklärbar, wenn man berücksichtigt, dass Markus den Interkulturalitätsrahmen aktiviert hat, um die Situation zu interpretieren. Sprachen die Probanden bisher lediglich über die Frische der Lebensmittel in Polen, so führt Markus mit seinem *trouble-source turn* eine übergeordnete Perspektive des interkulturellen Vergleichs ein: „Bin mal gespannt, ob sich das dann hält, wenn sie jetzt dann, die Vorschriften, ob sie dann da gezwungen werden, das auch so zu machen." (Missverständnis Nr. 14, Zeile 1 [0:36:23]). Jarek und Gosia können diesen Rahmenwechsel zunächst nicht nachvollziehen, weshalb Jarek verständnislos einwendet: „Also normaler Käse hat vor, sagen wir mal dreißig, vierzig Jahren auch gehalten ohne Konservierungsstoffe." (Missverständnis Nr. 14, Zeile 6 [0:36:37]). Im Falle dieses Missverständnisses wäre die Aktivierung des Interkulturalitätsrahmens zum Verständnis nicht erforderlich gewesen. Markus schneidet statt dessen erst durch den Rahmenwechsel das neue Thema des EU-Beitritts an. Im Rahmen der Interkulturalität der Situation liegt dieser Themenwechsel für Markus jedoch näher als für Jarek und Gosia, die die Situation im Rahmen der Lebensmittelfrische betrachten. Markus hält daher aus seiner Perspektive eine explizitere Ankündigung seines Themas nicht für erforderlich und provoziert somit das Missverständnis.

In Missverständnis Nr. 19 („Polnische Hilfsarbeiter in Deutschland") interpretiert Markus die diskursive Kraft einer Äußerung Jareks auf nicht intendierte Weise. Jarek verweist auf die Tätigkeiten polnischer Arbeitskräfte in Deutschland: „Aber so ist es mit den Arbeitsplätzen, also hast du (*zu Markus*) gesehen, was die Polen in Deutschland machen?" (Missverständnis Nr. 19, Zeile 6 [0:50:11]). Markus reagiert mit einer erschrockenen Rückfrage: „Was, wie, wo?" (Missverständnis Nr. 19, Zeile 7 [0:50:20]). Jarek erklärt Markus daraufhin, dass polnische Arbeitskräfte in Deutschland meist nur Hilfstätigkeiten ausführen. Markus' Art und Weise der Rückfrage dagegen suggeriert eher, dass er gar die Aufdeckung eines geradezu unverschämten Verbrechens erwarte. Sowohl Jarek als auch Markus betrachten diese Situation durch den sozialen Rahmen der Interkulturalität. Darin nehmen sie jedoch zwei unterschiedliche *societal roles* ein: Jarek die des Polen, Markus die des Deutschen. Beide berücksichtigen nicht die jeweils andere Rolle ihres Gegenübers, sondern legen ihre eigene Perspektive zugrunde. Markus erwartet im Rahmen der Interkulturalität eine Ungeheuerlichkeit, die der stereotypen Perspektive der Deutschen gerecht wird. Jarek erzählt jedoch von einer Tatsache, unter der vor allem die polnischen Arbeiter zu leiden haben, worin für ihn die in der Situation gewichtigste Ungeheuerlichkeit liegt.

Diese drei Beispiele haben zugleich gezeigt, dass die Aktivierung des Rahmens der Interkulturalität auf unterschiedliche Weise zu Missverständnissen in Gesprächen führen kann. Missverständnis Nr. 13 („Markt in Polen") hat gezeigt, dass die Aktivierung des Interkulturalitätsrahmens in gewissen Situationen naheliegt, die Relevanz von den Interaktionspartnern jedoch unterschiedlich eingeschätzt werden kann. Missverständnis Nr. 14 („EU-Regelungen") gibt daraufhin ein Beispiel dafür, dass der Interkulturalitätsrahmen aktiviert werden kann, wenngleich er zum Verständnis der Situation nicht erforderlich gewesen wäre. Dies kann beispielsweise durch die Einführung eines neuen Themas geschehen. Auch hier kann der Rahmen der Interkulturalität für die Interaktionspartner unterschiedlich naheliegen. Missverständnis Nr. 19 („Polnische Hilfsarbeiter in Deutschland") zeigt schließlich, dass auch Missverständnisse auftreten können, wenn alle beteiligten Interaktionspartner den Interkulturalitätsrahmen für sich aktiviert haben, jedoch nicht beachten, dass sie selbst darin unterschiedliche, interkulturelle *societal roles* einnehmen.

Tzannes Hypothese zur Interkulturalität von Missverständnissen kann daher zunächst bestätigt und darüber hinaus ergänzt werden. In der Tat ließen sich die Ursachen aller in der vorliegenden Studie aufgetretenen Missverständnisse aufgrund situativer Variablen erklären. Darüber hinaus bleibt jedoch anzumerken, dass der in interkulturellen Kontaktsituationen grundsätzlich mögliche soziale Rahmen der Interkulturalität für die Gesprächspartner offenbar eine ungleich höhere Relevanz für die Interpretation der Situation beansprucht, als andere Variablen. Insbesondere in Fällen, in denen eine Berücksichtigung der Interkulturalität zur Beurteilung der Situation eigentlich nicht erforderlich wäre, lassen sich Gesprächspartner durch diesen potentiell möglichen Rahmen irritieren. Neben den in früheren Arbeiten vertretenen Theorien zur Begründung interkultureller Missverständnisse aufgrund unterschiedlichen kulturellen Hintergrundwissens der Beteiligten (vgl. Abschnitt 2.4), kann der soeben skizzierte Ansatz eine zusätzliche Erklärungsmöglichkeit darstellen. Frühere Ansätze müssen damit nicht negiert werden. Statt dessen werden diese Ansätze lediglich von der Last befreit, eine universelle Erklärungskraft für das Phänomen interkultureller Missverständnisse beanspruchen zu müssen.

Untersucht man die eventuell unterschiedlich ausgeprägte interkulturelle Kompetenz der Probanden, ohne diese Kompetenz vorher zu definieren, so fällt auf, dass alle drei *trouble-source turns* der in diesem Zusammenhang vorgestellten Missverständnisse von Markus verursacht worden sind. Diese Anzahl weist sicherlich keine Signifikanz auf und kann durch reinen Zufall verursacht worden sein. Dennoch soll diese Bemerkung in den folgenden Abschnitten, in denen das Verhalten der einzelnen Probanden im Gesprächsverlauf untersucht werden soll, Berücksichtigung finden.

5 Missverständnisse und *face-threatening acts*

Angeliki Tzannes Modell zur Erklärung von sprachlichen Missverständnissen basiert auf der Annahme, dass im Verlauf eines Missverständnisses Phasen identifizert werden können, die sich zwingend stets in der gleichen Abfolge ereignen, wenngleich jedoch einzelne Phasen ausgelassen werden können. Ebenfalls müssen diese Phasen Tzanne zufolge nicht direkt aufeinander folgen. Statt dessen kann der Verlauf des Missverständnisses auch später im weiteren Gesprächsablauf fortgesetzt werden. Schließlich ist leicht vorstellbar, dass ein Missverständnis erst einige Zeit, nachdem es durch einen *trouble-source turn* verursacht worden ist, aufgeklärt wird (vgl. Tzanne 2000: 187). Die Abfolge dieser einzelnen Phasen, bestehend aus *trouble-source turn*, *misunderstanding revealing turn*, *repair attempt* und *repair outcome indication*, wurde bereits zum vorläufigen Verständnis der verwendeten Terminologie in Abschnitt 4.2 erläutert. Untersucht man die Rolle von Missverständnissen in interkulturellen Kontaktsituationen, so sind neben ihren Ursachen natürlich ihre Auswirkungen von Interesse. Redebeiträge, mit denen Interaktionspartner versuchen, vorliegende Missverständnisse aufzuklären, werden in der Konversationsanalyse als Reparaturen bezeichnet. Indem Tzanne eine Kategorisierung möglicher Reparaturstrategien für Missverständnisse erstellt, eröffnet sie zugleich einen Überblick über die Bandbreite aller prinzipiell anwendbaren Strategien. Das so entstandene Instrumentarium kann anschließend auf seine Auswirkungen auf den weiteren Gesprächsverlauf hin untersucht werden. Unterstellt man Sprechern mit voller sprachlicher Kompetenz ein grundsätzliches Wissen über diese Auswirkungen der von ihnen verwendeten Reparaturstrategien, so kann daraus gefolgert werden, dass Sprecher den weiteren Gesprächsverlauf mittels der Wahl ihrer Reparaturstrategien bewusst steuern können.

Tzanne führt den Beweis für ihre Hypothese, indem sie jeweils die Phase der *repair attempts* der von ihr untersuchten Missverständnisse einander gegenüberstellt. Um die Determinierung der Auswirkungen der Missverständnisse allein in der Phase des *repair attempts* verorten zu können, muss Tzanne zuvor einige Modifikationen an dem von Schegloff, Jefferson und Sacks übernommenen, konversationsanalytischen Modell vornehmen.

Im Hinblick auf die von Tzanne betonten Auswirkungen der *turns* auf das *Facework* der beteiligten Personen greift eine solche Sichtweise jedoch zu kurz. Das konversationsanalytische Modell bietet lediglich eine Möglichkeit, reale Gesprächsabläufe systematisch erfassbar und für anstehende Untersuchungen operationalisierbar zu machen. Konversationsanalytische Modelle schreiben einzelnen *turns* meist unterschiedliche Funktionen im Hinblick auf die Organisation eines Gesprächs zu. Diese Funktionszuschreibungen unterliegen einer gewissen modelltheoretischen Willkür, da sie von Autoren so gewählt werden können, dass die von ihnen verfolgte Argumentation am deutlichsten sichtbar wird. Unumstößlich erscheint dagegen lediglich die Tatsache, dass interpersonale Gespräche auch von den Sprechern selbst in Form einzelner *turns* aufgefasst und strukturiert werden.

Um den Nutzen von Tzannes Modell für die Erklärung der Rolle des *Facework* beurteilen zu können, soll in der vorliegenden Studie eine gegenüber Tzanne umgekehrte Herangehensweise gewählt werden. In Abschnitt 5.1 soll zunächst der Zusammenhang zwischen dem Gesprächsverhalten und der soziologisch begründeten Idee des *Facework* erläutert werden. Auf der Basis dieses Überblicks können anschließend in Abschnitt 5.2 eine Definition und die Festlegung einer Terminologie der *turns* hergeleitet werden, die für das *Facework* und somit für den weiteren Gesprächsverlauf wirklich relevant sind. Eine Diskussion von Tzannes Kategorisierung wird dabei zeigen, dass ihr Modell zwar dazu geeignet ist, relevante *turns* in Form von *repair attempts* für ihre Untersuchung optimal greifbar zu machen, dass es jedoch andere, ebenfalls für das *Facework* relevante *turns* außer Acht lässt. Vor diesem Hintergrund muss in Abschnitt 5.3 überlegt werden, ob die von ihr gewählte Kategorisierung zur Einschätzung des *face* der beteiligten Personen noch schlüssig ist, und ob sich möglicherweise eine geeignetere Terminologie anbietet.

5.1 Facework in interpersonalen Gesprächen

5.1.1 Die Idee des *facework* bei Goffman

Die von Erving Goffman 1967 erstmals vorgestellte Theorie subsumiert dieser unter dem englischsprachigen Begriff des *facework* (vgl. Goffman 1999: 306). In der 1971 erstmals erschienen deutschsprachigen Übersetzung seiner Studie wird dieser zentrale Begriff dagegen mit dem Terminus der *Imagepflege* wiedergegeben (vgl. Goffman 1994: 10). Beide Begriffe beinhalten zwei unterschiedliche Blickweisen auf die durch sie bezeichnete Theorie, deren zusammengenommenes Verständnis bereits die wichtigsten Aussagen Goffmans enthält. Nach dem englischen Ausdruck des *facework* hat jedes Individuum das permanente soziale Bedürfnis, gleichsam sein Gesicht zu wahren. Goffman versteht darunter eine Gesamtheit positiver sozialer Werte, die jedes Individuum sich selbst zuschreiben und für sich beanspruchen möchte (vgl. Goffman 1999: 306). Die Metapher des Gesichts entstammt Tzanne zufolge ursprünglich aus der chinesischen Mythologie, nach der eine Person ihren Mitmenschen gegenüber aus Scham ihr Gesicht nicht mehr zeigen, also keinen direkten Blickkontakt mehr mit ihnen aufnehmen kann, sobald diese positiven Werte nicht mehr für sie gelten. Lassen sich diese bestimmten Werte mit einer Person nicht mehr verbinden, so ist ihr Gesicht, bildlich gesprochen, beschädigt (vgl. Tzanne 2000: 189).

Ob die positiven Werte mit einer Person weiterhin assoziiert werden oder nicht, wird jedoch nicht nur vom Individuum selbst, sondern auch von seinen Mitmenschen beurteilt. Wichtiger als die eigene Beurteilung ist für den sozialen Umgang des Individuums daher insbesondere die Interpretation seines *face* durch seine Mitmenschen. Unabhängig davon, wie ein Individuum selbst die Einhaltung positiver Werte für sich beurteilt, kommt es also insbesondere darauf an, dass deren Einhaltung auf ihrem imaginären *face* gegenüber den Mitmenschen überzeugend dargestellt und notfalls vorgetäuscht wird. Aus der Sicht der Mitmenschen ergibt sich aus den nach außen präsentierten Werten des Individuums ein alles umfassender Gesamteindruck, den der in der deutschen Ausgabe Goffmans verwendete Begriff des *Image* treffend wiedergibt (vgl. Goffman 1994: 10). In gewissem Maße können Individuen mit Hilfe unterschiedlicher Strategien den Erhalt eines rundum schlüssigen Gesamteindrucks, also eines möglichst positiven Images gegenüber ihrem Mitmenschen, steuern. Was Goffman selbst in diesem Zusammenhang als *facework* (vgl. Goffman 1999: 306) bezeichnet, wird in der deutschen Übersetzung mit *Techniken der Imagepflege* wiedergegeben (vgl. Goffman 1994: 10).

5.1.2 Positives und negatives *face* bei Brown und Levinson

Gemäß den von Interaktionspartnern hinzugezogenen sozialen Handlungsstrategien zur Wahrung ihres *face* präzisieren Brown und Levinson dessen unterschiedliche Bestandteile, indem sie zwischen den Aspekten des *positive face* und des *negative face* unterscheiden (vgl. Brown/Levinson 1987: 61). Unter dem Begriff des *negative face* subsumieren Brown und Levinson das Bestreben jedes Individuums, innerhalb eines bestimmten persönlichen Territoriums und im Hinblick auf intime persönliche Belange von seinen Mitmenschen unbehelligt bleiben zu können (vgl. Brown/Levinson 1987: 61). Demzufolge versuchen Individuen stets, eine gewisse soziale Mindestdistanz gegenüber ihren Mitmenschen zu wahren. Gleichzeitig wollen Individuen jedoch auch Bedürfnisse ihres *positive face* befriedigt sehen, die denen des *negative face* zuwiderlaufen. Demnach streben Individuen danach, von ihren Mitmenschen anerkannt und geschätzt zu werden. Derartige Anerkennungs-bekundungen beinhalten gleichzeitig das Bedürfnis nach sozialer Nähe zu anderen Individuen (vgl. Brown/Levinson 1987: 61).

5.1.3 *Face-threatening acts* bei Brown und Levinson

Formulieren Brown und Levinson einerseits das permanente Bedürfnis von Individuen, sowohl ihr *positive face* als auch ihr *negative face* zu wahren, so beinhaltet diese Hypothese zugleich, dass sich diese beiden Aspekte nicht von allein einstellen oder erhalten, sondern statt dessen im Verlauf menschlicher Interaktion permanent in ihrem Erhalt bedroht sind. Brown und Levinson bezeichnen Äußerungen, die das *face* der eigenen oder einer fremden Person in irgendeiner Weise bedrohen, als *face-threatening acts* (vgl. Brown/Levinson 1987: 65). Verfolgt Tzanne eigentlich einen konversationsanalytischen Ansatz, so verweist sie an dieser Stelle (vgl. Tzanne 2000: 191) darauf, dass Brown und Levinson sich der Terminologie der Sprechakttheorie Searles bedienen, nach der einzelne sprachliche Aussagen zugleich auch ein soziales Handlungspotential beinhalten (vgl. Searle 1992: 30).

5.1.4 Missverständnisse als face-threatening situations

Tzanne zufolge beinhaltet das Auftreten eines Missverständnisses grundsätzlich eine Gesichtsbedrohung für alle beteiligten Interaktionspartner:

Bemerkt ein Sprecher, dass die Interpretation einer seiner Aussagen durch anwesende Hörer nicht der von ihm implizierten Intention entspricht, so kann er dies als Bedrohung für sein *negative face* empfinden. In diesem Fall ist ein Hörer einem Sprecher zu nahe getreten, da er sich gleichsam unberechtigerweise anmaßt, die Intention des Sprechers, die zugleich dessen Identität entscheidend definiert, zu modifizieren.

Nimmt ein Hörer diese Fehlinterpretation zur Grundlage, um das Image des Sprechers auf schädigende Weise zu interpretieren, so ist schließlich auch das *positive face* des Sprechers, also sein Bedürfnis nach Anerkennung, bedroht (vgl. Tzanne 2000: 194).

Erkennt ein Hörer, dass er die Intention eines Sprechers auf eine von diesem nicht intendierte Weise interpretiert hat, so stellt sich auch für ihn eine Bedrohung seines *positive face* ein. Gegenseitiges Einvernehmen und Verständnis wird häufig als Ausgangspunkt gegenseitiger Wertschätzung und Anerkennung genommen. Schlägt diese erwartete Verständigung dagegen fehl, so muss der Hörer auch um seine weitere Wertschätzung durch den Sprecher fürchten (vgl. Tzanne 2000: 194).

Im Falle von sprachlichen Missverständnissen können daher aus dem Sachverhalt mehrere, unterschiedlich motivierte Gesichtsbedrohungen für alle Beteiligten erwachsen. Tzanne rückt in diesem Rahmen von der Bezeichnung eines *face-threatening act* ab und deklariert Missverständnisse zu sogenannten *face-threatening situations*, da die Gesichtsbedrohung nicht mehr mit einem bestimmten isolierten Sprechakt allein in Verbindung gebracht werden kann. Statt dessen verursache gleichsam die gesamte Situation eine Gesichtsbedrohung für die Beteiligten (vgl. Tzanne 2000: 192-193).

Tzanne zufolge sind sich Individuen im Normalfall dieser Gesichtsbedrohungen im Zusammenhang mit Missverständnissen bewusst. Wird ein Missverständnis zwar erkannt, jedoch nicht aufgeklärt, so kann dadurch die Gesichtsbedrohung für beide Interaktionspartner zumindest gemildert werden. Gemäß Tzanne stehen Interaktionspartner daher in diesem Fall grundsätzlich vor der Wahl, ein Missverständnis aufzuklären und damit – eventuell auf Kosten der Gesichtswahrung – eine bestmögliche Verständigung zu gewährleisten, oder aber größeren Wert auf die Gesichtswahrung zu legen und ein Missverständnis daher nicht aufzuklären. Entscheiden sich die Interaktionspartner dazu, ein Missverständnis aufzuklären, so bleibt ihnen weiterhin die Wahl zwischen Strategien, die in unterschiedlichem Ausmaß Rücksicht auf die Gesichtswahrung der Beteiligten legen. Wird das Gesicht eines Interaktionspartners im Rahmen eines Missverständnisses durch den Aufklärungsversuch seines Gegenübers bedroht, so kann dieser wiederum unterschiedliche Strategien hinzuziehen, um diese Bedrohung von sich abzuwenden oder zu reparieren. Aus dieser Perspektive entwickelt sich in den auf ein Missverständnis folgenden *turns* gleichsam eine gegenseitige Aushandlung der Gesichts-wahrung aller Beteiligten. Vor dem Hintergrund dieser Aspekte soll im folgenden Abschnitt die Kategorisierung unterschiedlicher Reparaturschritte untersucht und diskutiert werden, um der Analyse der Missverständnisse aus der vorliegenden Studie ein für das Kriterium des Facework optimiertes Modell zugrunde legen zu können.

5.2 Konversationsanalytische Kategorisierung der Reparaturschritte

5.2.1 Initiierung und Durchführung von Reparaturen nach Schegloff et al.

Tzannes bereits in Abschnitt 4.2 kurz erläuterte Gliederung des Verlaufs von Missverständnissen in Gesprächen stellt eine Modifikation des konversationsanalytischen Modells von Schegloff, Sacks und Jefferson (vgl. Schegloff/Jefferson/Sacks 1977) dar. Meibauer sieht in der Strukturanalyse von Reparaturstrategien die bedeutendste Leistung des konversationsanalytischen Ansatzes gegenüber früheren, formalistischen Ansätzen zur Sprachbeschreibung, in denen Reparaturen lediglich als Indiz für einen sprachlichen Defekt angesehen wurden (vgl. Meibauer 1999: 140). Schegloff et al. unterscheiden zwischen der Initiierung einer Reparatur und der eigentlichen Durchführung der Reparatur als zwei grundlegende aufeinanderfolgende Phasen zur Klärung einer als nicht oder falsch verstanden erachteten Aussage (vgl. Schegloff/Jefferson/Sacks 1977: 362-365). Darüber hinaus können sowohl der *turn* der Initiierung als auch der *turn* der Durchführung einer Reparatur entweder vom Sprecher, dessen Aussage Mehrdeutigkeiten enthalten hat, als auch vom Hörer, der eine nicht intendierte Bedeutung interpretiert hat, vollzogen werden. Daraus resultieren vier, in der Realität tatsächlich identifizierbare Kombinationsmöglicheiten: Selbstreparaturen können sowohl *selbstinitiiert* als auch *fremdinitiiert* sein. Gleiches gilt für *Fremdreparaturen*: Auch sie können *selbstinitiiert* oder *fremdinitiiert* sein (vgl. Schegloff/Jefferson/Sacks 1977: 365-370).

Tzanne zufolge versuchen Schegloff et al., mehrere unterschiedliche Sachverhalte, in denen kommunikative Unklarheiten auftreten können, mit ihrem Modell möglicher Reparaturen zu erklären. Tzannes eigener Auffassung von Missverständnissen liegt jedoch die Bedingung zugrunde, dass zunächst zwei Interaktionspartner zu unterschiedlichen Interpretationen der selben Aussage gelangen. Demnach ist der Fall der *selbstinitiierten Selbstreparatur* für Tzannes Modell nicht relevant, da er kein Missverstehen durch einen Hörer voraussetzt.

5.2.2 Ungenauigkeiten in der Kategorie der Initiierung bei Schegloff et al.

Tzanne argumentiert, die von Schegloff et al. vorgenommene Gliederung eines Missverständnisses in Initiierung und Durchführung einer Reparatur weise Ungenauigkeiten auf: In den Dialogbeispielen, an denen Schegloff et al. die unterschiedlichen Arten der Initiierung erörtern, enthalten einige Initiierungen lediglich eine Äußerung, die dem Sprecher verdeutlicht, dass eine gewisse Unklarheit hinsichtlich der Interpretation vorliegt. Tzanne erläutert dies, indem sie das folgende Beispiel aus Schegloff et al. zitiert:

B: He had dis uh Mistuh W - whatever k- I can't think of his first name, Watts on, the one thet wrote that piece,

A: Dan Watts.

(Tzanne 2000: 140, zit. nach Schegloff et al. 1977: 364)

Nach dem Modell von Schegloff et al. läge in diesem Beispiel eine selbstinitiierte Fremdreparatur vor. Die von Sprecher B geleistete Initiierung enthält keine direkte Aufforderung an den Hörer, eine Korrektur zu leisten. Einen gegenteiligen Fall findet Tzanne jedoch im folgenden Beispiel, das Schegloff et al. ebenfalls zur Erläuterung der Kategorien von Initiierung und Durchführung einer Reparatur bemühen:

A: Hey the first time they stopped me from sellin cigarettes was this morning.

B: From selling cigarettes?

A: From buying cigarettes. They said, uh

C: Uh huh

(Tzanne 2000: 140, zit. nach Schegloff et al. 1977: 370)

Die Fremdinitiierung durch Sprecher B im zweiten *turn* beinhaltet dabei zugleich eine Aufforderung an Sprecher A, eine Selbstreparatur zu leisten. Tzanne folgert daraus, dass Initiierungen, die eine explizite Aufforderung zur Reparatur enthalten, bereits Reparaturversuche an sich sind (vgl. Tzanne 2000: 140). Dennoch gibt es zweifellos Initiierungen, die lediglich erkennen lassen, dass ein Missverständnis vorliegt, jedoch noch keine Reparatur beinhalten.

5.2.3 Tzannes Kategorie des *misunderstanding revealing turn* zur Erfassung nicht intendierter Hinweise auf ein Missverständnis

Aufgrund dieser Ungenauigkeiten in der Terminologie von Schegloff et al. ordnet Tzanne wie bereits erwähnt einen Teil der Initiierungen ihrer Kategorie der *repair attempts* zu und führt zusätzlich die Kategorie des *misunderstanding revealing turn* ein. Unter einem solchen *turn* versteht Tzanne den ersten Redebeitrag eines Hörers, aus dem der Sprecher erkennen kann, dass ein von ihm zuvor geleisteter *turn* von diesem Hörer auf eine von ihm nicht intendierte Weise interpretiert wurde (vgl. Tzanne 2000: 141). Dennoch scheint Tzanne nicht zu bemerken, dass ihre neu geschaffene Kategorie nicht weniger heterogen ist als das ältere Modell von Schegloff et al. Wiederum enthält die Kategorie sowohl vom Hörer intendierte als auch nicht intendierte Hinweise an den Sprecher, dass eine Reparatur erforderlich sei. Anhand der von Tzanne unterschiedenen Arten von *mi-*

sunderstanding revealing turns soll erläutert werden, inwiefern diese Kategorie weiterhin heterogen ist.

5.2.3.1 *misunderstanding revealing turns* in Form von Rückfragen zum Verständnis

Anhand des folgenden Beispiels aus Schegloff et al. argumentiert Tzanne, dass *misunderstanding revealing turns* von Hörern geäußert werden können, ohne zugleich als Aufforderung zur Reparatur intendiert zu sein:

JIM:	Some imagination **[TST]**
ROGER:	Whose, mine? **[MRT]**
JIM:	No, his. **[RA]**

([Hinzufügung der Kategorienkürzel vom Verfasser, D. B.], Tzanne 2000: 136, zit. nach Schegloff et al. 1977: 379)

Schegloff et al. bezeichnen den Beitrag *Whose, mine?* als Fremdkorrektur (vgl. Schegloff/Jefferson/Sacks 1977: 379). Tzanne dagegen wendet ein, die Rückfrage Rogers könne auch lediglich als "check for understanding" (Tzanne 2000: 136) aufgefasst werden. Demnach müsse in diesem Fall nicht zwingend angenommen werden, Roger glaube an das Vorliegen eines Missverständnisses. Statt dessen könne Roger sehr wohl der Ansicht sein, Jims Aussage wie intendiert verstanden zu haben. Roger würde nach dieser Sichtweise lediglich noch einmal eine Bestätigung einfordern. Für Jim jedoch enthüllt Rogers Rückfrage das Vorliegen zweier unterschiedlicher Interpretationen, so dass er das Missverständnis mit einem *repair attempt* im nächsten *turn* aufklärt. Für Tzanne ist die Rückfrage daher ein *misunderstanding revealing turn*, da Roger nur aufgrund dieses *turns* die Notwendigkeit einer Reparatur erkennen kann. Zugleich behauptet Tzanne jedoch, dass Rogers Rückfrage nicht als Aufforderung zur Reparatur intendiert gewesen sein muss (vgl. Tzanne 2000: 140).

5.2.3.2 *misunderstanding revealing turns* in Form von Neckereien (teases)

Hörer können Tzanne zufolge außerdem in Form von Neckereien (vgl. engl. *teases*, Tzanne 2000: 152) kundtun, dass Sprecher und Hörer offensichtlich zu divergenten Interpretationen gelangt sind. Tzanne zitiert dazu ein Beispiel aus ihren eigenen Aufzeichnungen:

TINA:	(*to Lena*) What is the size of your shoe?
LENA:	38 normally, but when I'm on a diet it becomes 37 and half. **[TST]**

SAKIS: (*teasingly*) Your shoe? **[MRT]**

LENA: (*awkwardly smile*) No, my foot. **[RA]** (acknowledge tease)

(Tzanne 2000: 152)

Auch in diesem Fall stellt der Hörer eine Rückfrage an den Sprecher. Tzanne weist jedoch darauf hin, dass der Inhalt der Rückfrage in diesem Fall ironisch intendiert sei (vgl. Tzanne 153). Gegenüber dem vorangegangenen Beispiel hat der Hörer in diesem Fall das Vorliegen eines Missverständnisses unbestreitbar erkannt. Seine Rückfrage, die Tzanne als *misunderstanding revealing turn* kennzeichnet, stellt eine direkte Aufforderung an Tina dar, einen Reparaturversuch zu unternehmen. Hat Tzanne das oben bereits zitierte Beispiel Schegloffs (vgl. Tzanne 2000: 140; Schegloff/Jefferson/Sacks 1977: 370) als *repair attempt* eingestuft, so müsste sie auch diese Rückfrage bereits als *repair attempt* betrachten.

5.2.4 Zufällige Hinweise auf Missverständnisse (accidental prompting)

Nach Tzannes Modell und ihrer Auffassung vom Umgang mit Missverständnissen in Gesprächen kann per definitionem lediglich der Sprecher des *trouble-source turn* auch dessen Reparatur leisten. Diese Annahme verleitet sie selbst zur Verwendung einer widersprüchlichen Terminologie: Im Rahmen einer allgemeinen Definition sprachlicher Missverständnisse stimmt Tzanne mit Schegloff überein, der fordert, nur solche Passagen als Missverständnisse zu analysieren, die die Interaktionspartner auch als solche behandeln (vgl. Tzanne 2000: 18). Divergente Interpretationen von Aussagen durch die Interaktionspartner, deren Divergenz zu keiner Zeit von wenigstens einem Beteiligten als solche erkannt wird, kann demnach nicht als Missverständnis sensu Tzanne gelten. Mit anderen Worten: Unerkannte Missverständnisse gibt es nicht. Unterschiedliche Interpretationen einer Aussage können jedoch nachträglich während der wissenschaftlichen Analyse eines Gesprächskorpus aufgedeckt werden.

In Abschnitt fünf des fünften Kapitels ihres Buches ändert Tzanne jedoch ihre Meinung. Offensichtlich ist sich auch Tzanne der Heterogenität ihrer Kategorie des *misunderstanding revealing turn* bewusst, innerhalb der Äußerungen unterschieden werden können, in denen der Hörer lediglich sein Nichtverstehen signalisiert, oder in denen der Hörer den Sprecher gezielt dazu auffordert, einen Reparaturversuch zu leisten. Tzanne führt daher die Kategorie der *non-realised misunderstandings* ein (vgl. Tzanne 2000: 172-177), die im Hinblick auf ihre Definition von Missverständnissen ein Paradoxon verkörpert. Tzanne versteht darunter Missverständnisse, die nicht durch Reparaturversuche, sondern durch zufällige Hinweise (vgl. engl. *accidental prompting*, Tzanne 2000: 172) innerhalb des Gesprächsverlaufs ähnlich wie in folgendem Beispiel dennoch erfolgreich aufgeklärt werden:

> *(Context: Moon and Birdboot are two theatre critics attending a performance in which Cynthia is one of the characters. In the conversation they had previously to the exchange presented here, Birdboot had been talking at length about the actress who appears as Felicity in the same play.)*
>
> BIRDBOOT: The fact is I genuinely believe her performance to be one of the summits in the range of contemporary theatre. **[TST]**
>
> MOON: Trim-buttocked, that's the word for her.
>
> BIRDBOOT: - the radiance, the inner sadness -
>
> MOON: Does she actually come across with it?
>
> BIRDBOOT: The part as written is a mere cypher but she manages to make Cynthia a real person - **[Accidental Prompting]**
>
> MOON: Cynthia? **[ROI+]**
>
> BIRDBOOT: And should she, as a result, care to meet me over a drink, simply by way of er - thanking me, as it were -
>
> MOON: Well, you fickle old bastard! **[ROI+]**
>
> *(Tzanne 2000: 173, zit. nach: Stoppard, Tom (1968): The Real Inspector Hound. London: Faber and Faber: 26)*

Tzannes Beschränkung möglicher *repair attempts* auf die Position des Sprechers zwingt sie zu der Einführung dieser zusätzlichen Kategorie des *accidental prompting*. Gesteht man auch Hörern die Möglichkeit der Durchführung von Reparaturversuchen zu, so ließe sich der *turn* des *accidental prompting*, in diesem Beispiel der Beitrag *The part as written is a mere cypher but she manages to make Cynthia a real person*, als *misunderstanding revealing turn* bezeichnen, den der Sprecher selbst tätigt. Daraufhin wäre die Rückfrage Moons als Reparaturversuch und gleichzeitig als positive *repair outcome indication* zu werten.

Die Diskussion der Kategorien Tzannes hat gezeigt, dass die von ihr vorgenommene Unterteilung teilweise Heterogenitäten und sogar Widersprüchlichkeiten aufweist. Im Rahmen der Diskussion der Rolle des Facework wird sich zeigen, dass sich auch aus dieser Perspektive eine Auflösung der starren Festlegung von Sprecher- und Hörerrollen empfiehlt.

5.2.5 Facework in misunderstanding revealing turns und in repair attempts

Dank ihrer Unterscheidung zwischen *misunderstanding revealing turns* und *repair attempts* erhält Tzanne gegenüber Schegloff et al. ein auf den ersten Blick regelmäßigeres konversationsanalytisches Abfolgemodell der *turns* im Verlauf eines Missverständnisses. Werden Rückfragen und Neckereien von Seiten der Hörer grundsätzlich als *misunderstanding revea-*

ling turns eingestuft, so können *repair attempts* ebenso grundsätzlich nur noch vom Sprecher selbst unternommen werden, der zuvor den *trouble-source turn* geäußert hatte. Im Sinne von Schegloff et al. kommen daher für Tzanne nur noch *Selbstreparaturen* in Frage. Im Gegensatz zu Schegloff et al. betrachtet Tzanne Missverständnisse jedoch aus der Perspektive des Hörers: In Form der Rückfrage des Hörers, durch die die Existenz eines Missverständnisses in einer bestimmten Situation für die Beteiligten erst sichtbar wird, wird dem Sprecher des *trouble-source turn* eine alternative Interpretation seiner Aussage angeboten. Ihm obliegt es, nach eigenem Ermessen zu entscheiden, ob beide Interpretationen sich in ausreichendem Maße überschneiden (vgl. Tzanne 2000: 136). Aus Tzannes Perspektive werden daher die zunächst ähnlichen Terminologien vertauscht: Bezeichnen Schegloff et al. den Interaktionspartner im Sinne von Selbstinitiierung und Selbstreparatur als *self*, der mit einem *trouble-source turn* das Missverständnis verursacht hat, so bezieht Tzanne die Perspektive des *self* auf die in ihrem Modell zentralere Rolle des Hörers. Eine Selbstreparatur läge nach Tzannes Terminologie folglich vor, wenn ein Hörer ein Missverständnis erkennt und sogleich einen Reparaturversuch leistet. Da nach Tzannes Modell Hörern in den meisten Fällen jedoch zunächst nur die Äußerung eines *misunderstanding revealing turn* zugestanden wird, schließt Tzanne daraus, dass die meisten Missverständnisse von Sprechern, die aus Tzannes Hörerperspektive als *other* bezeichnet werden können, repariert werden (vgl. Tzanne 2000: 146).

Sobald diese Feinheiten in Tzannes Terminologie erkannt und benannt sind, können sicherlich alle Aspekte im Verlauf eines Missverständnisses eingeordnet werden. Möchte man Missverständnisse jedoch optimal gliedern, um anschließend die Auswirkungen der einzelnen Schritte auf das *facework* der Interaktionspartner zu analysieren, geraten nach Tzannes Modell entscheidende Aspekte, nämlich die intentionaler *misunderstanding revealing turns* aus dem Blick. Rückfragen in Form von Neckereien und Witzen sowie die Verwendung von Ironie oder die jeweilige Prosodie der Äußerung können bereits Auswirkungen auf das *face* der Interaktionspartner mit sich bringen. Tzanne stellt ohnehin fest, dass viele Missverständnisse erst nach mehreren *repair attempts* aufgeklärt werden. Um *misunderstanding revealing turns* in ähnlicher Weise zu behandeln, muss lediglich eingestanden werden, dass die Initiativentscheidung zur Aufklärung eines Missverständnisses und damit die Entscheidung über den Verlauf möglicher *face-threatening acts* nicht allein beim Sprecher selbst, sondern auch beim Hörer liegen kann. Die Analyse des Facework der Interaktionspartner im Korpus dieser Studie soll diesem Aspekt Rechnung tragen und Tzannes Modell entsprechend erweitern.

5.3 Tzannes Zusammenführung von Reparaturstrategien und face-work

Tzanne geht davon aus, dass das Zustandekommen von Missverständnissen grundsätzlich eine Gesichtsbedrohung für den Sprecher des *trouble-source turn* darstellt. Nachdem ein Hörer nach Tzannes Modell einen *misunderstanding revealing turn* geleistet hat, kann der Sprecher sich für oder gegen die Reparatur des Missverständnisses entscheiden. Weist er zugunsten der Rettung seines eigenen *negative face* und zur Durchsetzung schnellstmöglicher Verständigung den Hörer in expliziter Weise auf das Missverständnis und auf die eigentlich intendierte Aussage hin, so riskiert er, den Hörer mit einem *face-threatening act* zu konfrontieren. Möchte er letzteres vermeiden, kann ein Sprecher beschließen, auf eine Reparatur zu verzichten oder diese auf höfliche Weise, und damit schonungsvoll im Hinblick auf das *face* des Hörers, durchzuführen. Eine umfassende Analyse des Umgangs mit *face-threatening acts* aus pragmatischer Perspektive haben bereits Brown und Levinson geleistet, indem sie mögliche pragmatische Strategien in Form von Imperativen formuliert haben (vgl. Brown/Levinson 1987). Aus fünf übergeordneten Strategien (vgl. Brown/Levinson 1987: 60) leiten sie weitere, präziser formulierte Strategien ab. Tzanne orientiert sich an dieser groben Gliederung und leitet daraus elf denkbare Reparaturstrategien als Sonderfälle eines *face-threatening act* ab, die sie zusätzlich in ihrem Untersuchungskorpus identifizieren konnte. Abbildung 2 ergänzt das von Brown und Levinson erstellte Schema (vgl. Brown/Levinson 1987: 60) um eine Zuordnung der Reparaturstrategien Tzannes (vgl. Tzanne 2000: 200). Aus dem Schema werden die Strukturen von Reparaturstrategien ersichtlich, die das Ausmaß des übermittelten *face-threatening act* bestimmen:

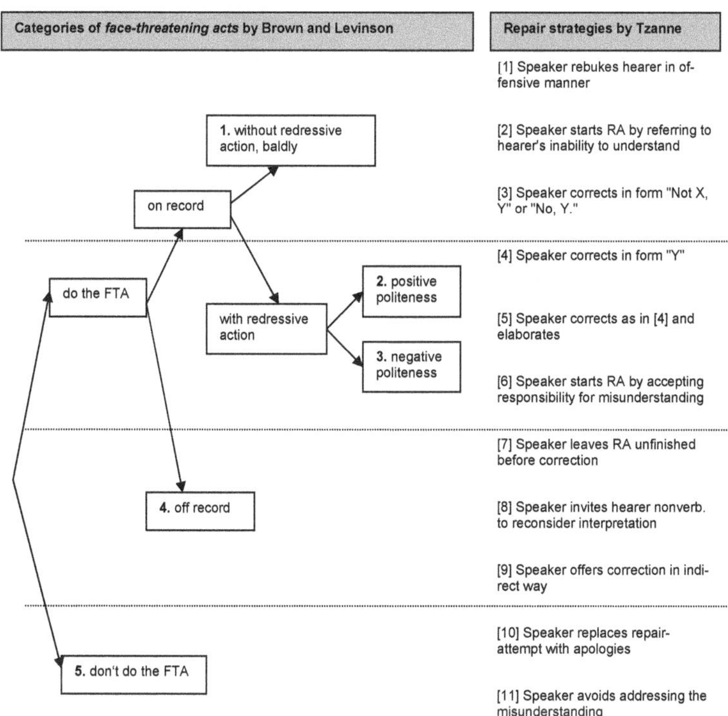

Abb. 2: Gegenüberstellung möglicher Ausführungen von face-threatening acts nach Brown und Levinson (Brown/Levinson 1987: 60) und möglicher Reparaturstrategien nach Tzanne (Tzanne 2000: 200)

Gemäß der ersten Kategorie von Brown und Levinson können Sprecher sich zunächst entscheiden, einen *face-threatening act* offiziell (vgl. engl. *on record*, Brown/Levinson 1987: 61) und unverhüllt, ohne Hinzufügung einer Ausgleichshandlung (vgl. engl. *without redressive action, baldly*, Brown/Levinson 1987: 60) zu begehen. Äußerungen dieser Kategorie vermitteln das volle Ausmaß der in einer Situation gegebenen Gesichtsbedrohung an den Hörer weiter. Tzanne ordnet dieser ersten Kategorie Levinsons drei unterschiedliche Formulierungen von Reparaturversuchen zu, deren enthaltene Gesichtsbedrohungen sich noch einmal graduell zueinander abstufen lassen. Die ersten beiden Reparaturstrategien verstärken die in der Situation vorliegende Gesichtsbedrohung zusätzlich, indem sie das Missverständnis explizit auf eine defizitäre kommunikative Kompetenz des Hörers zurückführen (vgl. Tzanne 2000: 201).

Nach der zweiten und dritten Kategorie Levinsons können sich Sprecher statt dessen dafür entscheiden, den *face-threatening act* zwar offiziell zu begehen, seine Gewichtigkeit gegenüber dem Hörer jedoch durch Ausgleichshandlungen in Form positiver oder negativer Höflichkeit mehr oder weniger abmildern (vgl. engl.: *with redressive action*, Brown/Levinson 1987: 60). Tzanne spezifiziert in dieser Kategorie drei weitere mögliche Reparaturstrategien. Demnach können Sprecher den *face-threatening act* abmildern, indem sie die divergente Interpretation des Hörers sprachlich ignorieren und statt dessen zur Korrektur lediglich die von ihnen intendierte Interpretation noch einmal wiederholen (vgl. Strategie [4], Tzanne 2000: 200). Zusätzliche begründende Erläuterungen (vgl. Strategie [5], Tzanne 2000: 200) sowie die Übernahme der Verantwortung für das Missverständnis (vgl. Strategie [6], Tzanne 2000: 200) können den *face-threatening act* weiter reduzieren.

Anstatt einen *face-threatening act* offiziell zu begehen, bleiben dem Sprecher jedoch auch Möglichkeiten, diesen gewissermaßen inoffiziell oder verdeckt (vgl. engl. *off record*, Brown/Levinson 1987: 60) zu begehen. Tzanne zufolge können Reparaturstrategien in dieser Kategorie bereits durch indirekte Hinweise auf das Vorliegen eines Missverständnisses vollzogen werden (vgl. engl. *repair by hinting*, Tzanne 2000: 200). Entsprechend kann ein Sprecher einen unvollendeten Reparaturversuch durchführen, dessen Inhalt ähnlich einer Ellipse mittels Inferenzhandlungen erschlossen werden kann (vgl. Strategie [7], Tzanne 2000: 200). Auch nonverbale sowie jegliche Arten indirekter reparierender Hinweise (vgl. Strategie [8] und [9], Tzanne 2000: 200) können helfen, den eigentlichen *face-threatening act* zu verdecken.

Schließlich können Sprecher die Gesichtsbedrohung gegenüber Hörern minimieren, indem sie den Vollzug von Reparaturen vollständig zu verhindern suchen. Nach dem Schema Brown und Levinsons wird der *face-threatening act* in diesem Falle gar nicht ausgeführt (vgl. engl. *don't do the FTA*, Brown/Levinson 1987: 60). Tzanne zufolge stehen Sprechern im Falle von Missverständnissen hier zwei Strategien zur Verfügung: Entweder thematisieren sie das Missverständnis lediglich, indem sie sich beim Hörer für die Mehrdeutigkeit ihrer Aussage entschuldigen, oder sie vermeiden jegliche Thematisierung des Missverständnisses (vgl. Strategien [10] und [11], Tzanne 2000: 200).

5.4 Ausweitung des Modells unterschiedlicher face-threatening acts auf misunderstanding revealing turns

Die Diskussion von Tzannes Kategorie der *misunderstanding revealing turns* hat die Heterogenität der durch sie umfassten *turns* deutlich gemacht. Diese inhärenten Differenzierungen, die von Tzanne nicht thematisiert werden, können jedoch ähnlich der Kategorie der *repair attempts* unterschiedlich stark ausgeprägte *face-threatening acts* hervorrufen. Ähnlich der *repair attempts* lassen sich auch die unterschiedlichen *misunderstanding revealing turns* in das Schema möglicher *face-threatening acts* nach Brown und Levinson (vgl. Brown/Levinson 1987: 60) einordnen. Um die vollständigen Auswirkungen insbesondere interkultureller Missverständnisse unter Berücksichtigung aller relevanten Aspekte beurteilen zu können, soll daher in dieser Studie eine entsprechende Evaluierung möglicher *misunderstanding revealing turns* geleistet werden. Folgendes Schema soll einen Überblick über eine plausible Zuordnung geben, die im Anschluss erläutert werden wird:

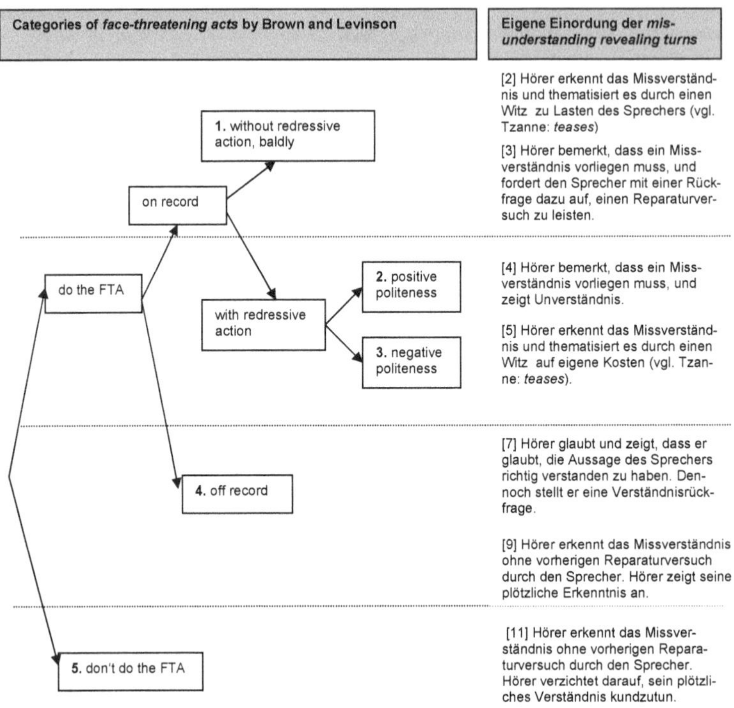

Abb. 3: Gegenüberstellung möglicher Ausführungen von face-threatening acts nach Brown und Levinson (Brown/Levinson 1987: 60) und möglicher Ausführungen von misunderstanding revealing turns.

Die in diesem Schema eingeführte Nummerierung der möglichen *misunderstanding revealing turns* weist bewusst Lücken auf. Als mögliche *misunderstanding revealing turns* wurden alle Varianten eingeordnet, die im Verlauf der bisherigen Diskussion identifiziert worden sind. Dabei korrespondiert die Nummerierung der Varianten mit der Gliederung der möglichen elf Reparaturstrategien durch Tzanne (vgl. Tzanne 2000: 200). Tragen ein *misunderstanding revealing turn* und eine Reparaturstrategie die gleiche Ziffer, so soll damit darauf verwiesen werden, dass beide Strategien einen *face-threatening act* beinhalten, der vom jeweiligen Sprecher des *turns* auf ähnliche Weise behandelt worden ist. Dies bedeutet nicht, dass die *face-threatening acts* jeweils von vergleichbarer Gewichtigkeit sind, sondern lediglich, dass vom Sprecher ähnliche, mehr oder weniger intensive Bemühungen aufgewendet werden, um den *face-threatening act* abzumildern.

Weitere mögliche Strategien zur Durchführung eines ***misunderstanding revealing turn*** – vor allem im Hinblick auf die bisher unbesetzten numerischen Positionen in dem in dieser Studie entwickelten Schema – sind denkbar, jedoch aus dem vorliegenden Material nicht identifizierbar.

Erkennt ein Hörer das Vorliegen eines Missverständnisses im Gespräch, steht auch er vor der Entscheidung, den damit für den Sprecher verbundenen *face-threatening act* zu begehen. Tut er dies offiziell und ohne Ausgleichshandlung, so lassen sich hier zwei Strategien identifizieren. Tzanne selbst erörtert die Funktion von Neckereien und Witzen (vgl. engl. *teases*, Tzanne 2000: 152-153) für die Aufdeckung eines Missverständnisses. Dabei kann sich die enthaltene Ironie, abhängig vom Inhalt, schädigend auf das *face* entweder des Sprechers oder des Hörers auswirken. Bedroht der Witz das *face* der Person, die das Missverständnis verursacht hat, kann hier von einem *face-threatening act* gesprochen werden, der in etwa der Position zwei (vgl. Position [2] Abb. 3) auf der von Tzanne für die Reparaturstrategien aufgestellten Skala entspricht: Die Existenz des Missverständnisses wird offen thematisiert. Durch den Witz wird zusätzlich die Absurdität der Situation betont, die in diesem Fall dem Sprecher zur Last gelegt wird.

Erkennt der Hörer die Existenz eines Missverständnisses und stellt er lediglich eine Rückfrage, mit der er den Sprecher gleichsam auffordert, einen Reparaturversuch zu leisten, kann von einer Behandlung des *face-threatening act* gesprochen werden, die Tzannes Position drei entspricht (vgl. Position [3], Abb. 3): Der Hörer spricht das Missverständnis offen an und signalisiert, dass er dem Sprecher die Verantwortung für den Zwischenfall zuschiebt.

Bemerkt ein Hörer, dass seine Interpretation der Äußerung eines Sprechers Ungereimtheiten im Hinblick auf den vorangegangenen Kontext aufweist, so kann er auch schlicht Verwirrung oder Verstörtheit zum Ausdruck bringen. Insbesondere paraverbale Ausdrucksmöglichkeiten bieten dem Hörer hier ein breitgefächertes Instrumentarium. Das Vorliegen eines Missverständnisses wird hier zwar noch offen thematisiert, jedoch entscheidet der Hörer in diesem Fall nicht darüber, ob und durch wen dieses aufzuklären sei. Nach den Regeln der negativen Höflichkeit bewahrt der Hörer den Sprecher in diesem Fall davor, sich für die Verursachung eines Missverständnisses verantwortlich zeigen zu müssen, woraus sich eine Einordnung der Strategie auf Position vier (vgl. Position [4], Abb. 3) ergibt.

Unter den gleichen Voraussetzungen kann ein Hörer zusätzlich Strategien der positiven Höflichkeit bemühen, indem er sein Unverständnis etwa in Form eines Witzes formuliert, der sein eigenes Nichtverstehen thematisiert, sein eigenes *negative face* damit verletzt und das *positive face* des Sprechers bestärkt. Dieser Aspekt der von Tzanne erörterten Kategorie der *teases* (vgl. Tzanne 2000: 152-153), ließe sich somit auf Position fünf (vgl. Position [5], Abb. 2) einordnen.

Glaubt der Hörer, dass er die Aussage eines Sprechers richtig interpretiert hat, kann er dennoch bestätigende Rückfragen stellen, durch die der Hörer die Aussage eines Sprechers zusätzlich unterstützen und unterstreichen kann. Ein entsprechendes Beispiel von Seiten Tzannes wurde bereits in Abschnitt 5.2.3.1 zitiert:

JIM: Some imagination **[TST]**
ROGER: Whose, mine? **[MRT]**
JIM: No, his. **[RA]**

([Hinzufügung der Kategorienkürzel vom Verfasser, D. B.], Tzanne 2000: 136, zit. nach Schegloff et al. 1977: 379)

Tzanne unterstellt in diesem Fall, dass Roger bereits bei seiner Rückfrage vergleichsweise sicher zu sein scheint, die richtige Interpretation gewählt zu haben. Mit einem Missverständnis rechnet er dagegen nicht. Um sich konsequent an ihrem Modell zu orientieren, müsste Tzanne dieses Beispiel eigentlich gemäß der Kategorie des *accidental prompting* erklären: der Sprecher selbst erkennt die Existenz des Missverständnisses und klärt es auf, ohne vom Hörer dazu aufgefordert worden zu sein. Für das Schema der *face-threatening acts* ergibt sich somit eine Verortung auf Position sieben (vgl. Position [7], Abb. 3).

Die beiden von Tzanne dargelegten Modelle des *accidental prompting* stellen die indirektesten Behandlungsformen im Hinblick auf ein Missverständnis dar: Der Hörer gelangt nach einem ersten Missverstehen durch weitere Hinweise im Gesprächsverlauf selbst zur Erkenntnis der vom Sprecher intendierten Interpretation der missverständlichen Äußerung. Thematisiert der Hörer diese eigene Inferenzleistung durch eine deutliche, positive *repair outcome indication* so wird das Missverständnis dennoch indirekt thematisiert. Ein passendes Beispiel bietet sich in Missverständnis Nr. 3, in dem Anke nach längeren Monologen Jareks über das Entwerfen von Schriftarten für Computeranwendungen selbst eine Fehlinterpretation ihrerseits korrigiert: „Ach so, der, der setzt das dann in den Computer um. Also die, die polnische Schrift zum Beispiel, oder was macht der?“ (Missverständnis Nr. 3, Zeile 22 und 24 [0:15:40]). Anke hat das Missverständnis damit bereits selbst repariert, doch durch die Thematisierung ihrer verspäteten Erkenntnis thematisiert sie indirekt auch den Vorfall des Missverständnisses. Eine solche Strategie entspricht Position neun innerhalb Tzannes Skala zur Behandlung von *face-threatening acts* (vgl. Position [9], Abb. 3).

Gelangt ein Hörer durch das erläuterte Phänomen des *accidental prompting* zur Aufklärung des Missverständnisses, steht es ihm jedoch auch frei, die positive *repair outcome indication* nicht auszudrücken, sondern das Gespräch mit nun korrigiertem Verständnis einfach fortzusetzen. Im Falle solcher Missverständnisse wird in Gesprächen lediglich der *trouble-source turn* geäußert. Alle anderen *turns* entfallen, weshalb eine nachträgliche Identifizierung derartiger Missverständnisse aus einem Analysekorpus so gut wie unmöglich erscheint. Hörer verzichten in diesem Fall vollständig auf die Durchführung eines *face-threatening act* gegenüber dem Sprecher, weshalb diese Strategie auf Position elf des Modells eingeordnet wird (vgl. Position [11], Abb. 3).

5.5 Die Gewichtung eines face-threatening act

Um die eigentliche Gesichtsbedrohung, die für Interaktionspartner durch ein Missverständnis entsteht, in ihrem Ausmaß erfassen zu können, knüpft Tzanne, wie bereits im Hinblick auf die Strategien zur Durchführung des *face-threatening act*, an das Modell von Brown und Levinson an (vgl. Tzanne 2000: 195). Vereinfachend unterscheiden Brown und Levinson in diesem Zusammenhang drei Variablen: Der Parameter der sozialen Distanz (vgl. engl. *social distance*, Brown/Levinson 1987: 74) beschreibt demzufolge die Intensität der Beziehungen der Interaktionspartner auf einer symmetrischen Ebene. Unabhängig von sozialen Rangunterschieden soll durch diese Kategorie lediglich beschrieben werden, wie gut die Interaktionspartner einander kennen und wie häufig sie außerhalb einer untersuchten Situation miteinander in Kontakt kommen. Tzanne kürzt diese Kategorie der sozialen Distanz in ihren tabellarischen Übersichten mit *D* ab. Kennzeichnet das Kürzel *D* eine geringe soziale Distanz zwischen zwei Personen, so kennzeichnet das Kürzel *D+* eine hohe soziale Distanz (vgl. Tzanne 2000: 195). Auch in der vorliegenden Studie sollen die Ergebnisse der Analyse des Gesprächsverlaufs tabellarisch dargestellt werden, weshalb sich eine Übernahme der von Tzanne vorgeschlagenen Abkürzungen anbietet. Tzanne ergänzt jedoch, dass sich der Grad der sozialen Distanz im Verlauf eines Gesprächs situativ verändern kann. So können Interaktionspartner sich bezogen auf einen bestimmten situativen Kontext solidarisch zueinander verhalten (vgl. *D*, Tzanne 2000: 196), in anderen Situationen dagegen eine gewisse Distanz zueinander wahren (vgl. *D-*, Tzanne 2000: 195). Die Kategorie der sozialen Distanz ist daher zwar in gewissem Maße zwischen zwei Interaktionspartnern allgemein vorbestimmt, sie kann sich jedoch im Verlauf eines Gesprächs dynamisch verändern.

Komplementär zur Variablen der sozialen Distanz führen Brown und Levinson die Kategorie des Machtgefälles (vgl. engl. *relative power*, Brown/Levinson 1987: 74) ein, die den Grad der Asymmetrie der Beziehung zweier Interaktionspartner zueinander wiedergeben soll. Situationen, in denen ein vergleichsweise hohes Machtgefälle zwischen den Interaktionspartnern besteht, liegen beispielsweise in Gesprächen zwischen Professoren und Studierenden vor. Tzanne bezeichnet einen solchen Sachverhalt mit dem Kürzel *P* (vgl. Tzanne 2000: 195). Eine symmetrischere Situation liegt dagegen vor, wenn sich beispielsweise Studenten untereinander austauschen. Tzanne kürzt diesen Sachverhalt mit *P-* ab, es besteht kein oder lediglich ein geringes Machtgefälle. Auch diese Kategorie unterliegt Tzanne zufolge einer permanenten Dynamik im Verlauf eines Gesprächs. Durch die Einnahme unterschiedlicher Rollen können Sprecher das bestehende Machtgefälle verstärken oder abschwächen, bzw. neue Rollen einführen, die eine neue Dimension des Machtgefälles in die Situation einbringen (vgl. Tzanne 2000: 196).

Im Hinblick auf den eigentlichen Gegenstand, der den *face-threatening act* zwischen Interaktionspartnern verursacht, führen Brown und Levinson die Variable der Belastung (vgl. engl. *ranking of impositions*, Brown/Levinson 1987: 74) ein, die einem Sprecher durch eine Gesichtsbedrohung auferlegt wird. Tzanne untersucht in ihrer Studie ausschließlich *face-threatening acts*, die durch Missverständnisse entstehen. Als Belastung im Sinne von Brown und Levinson kommt daher grundsätzlich nur der Gegenstand des Missverständnisses in Frage, den Tzanne als Objekt (vgl. engl. *object*, Tzanne 2000: 195) präzisiert. Verursacht ein *face-threatening act* lediglich eine kurzzeitige Verlegenheit unter den Gesprächspartnern, so kürzt Tzanne diesen Sachverhalt mit einem *O* ab. *O+* dagegen markiert eine schwerwiegendere Ursache, die sich längerfristig auf das *face* der Betroffenen niederschlägt. Tzanne differenziert weiterhin zwischen Objekten, die das *face* eines Sprechers bedrohen (vgl. $O+_S$, Tzanne 2000: 196) und Objekten, die das *face* des Hörers bedrohen (vgl. $O+_H$, Tzanne 2000: 196).

Brown und Levinson argumentieren, dass diese Kategorie einem absoluten Maßstab unterliegt und lediglich kulturell abhängig und divergent sein kann (vgl. Brown/Levinson 1987: 74). An anderer Stelle räumen sie jedoch ein, dass sowohl Sprecher als auch Hörer das Ausmaß der Gesichtsbedrohung selbst einschätzen müssen. Kalkulieren Sprecher und Hörer die Durchführung eines *face-threatening act* und dessen Auswirkungen, so müssen sie außerdem einschätzen können, welches Ausmaß ihr Gegenüber der Gesichtsbedrohung zuschreiben wird, die ihm widerfährt (vgl. Brown/Levinson 1987: 228). Weniger wichtig als der absolute Maßstab erscheint also die individuelle und gegenseitige Einschätzung durch die Interaktionspartner selbst zu sein. Die Beanspruchung der Existenz eines absoluten Maßstabs erscheint aus dieser Perspektive zweifelhaft. Brown und Levinson argumentieren, dass dieser Maßstab zwischen unterschiedlichen Kulturen divergiert, so dass es zu gegenseitigen Fehleinschätzungen kommen kann. Anstelle der Annahme eines absoluten Maßes für jede Kultur erscheint daher eine Bezugnahme auf eine individuelle, jedoch kulturell beeinflusste Sozialisation von Interaktionspartnern akzeptabel.

5.6 Analyse der Strategien zum Facework der Probanden im Gesprächskorpus

5.6.1 Modifikation der Terminologie von Sprecher und Hörer

Aus den Diskussionen der vorangegangenen Abschnitte lassen sich eine Reihe von Konsequenzen für die Methodologie ziehen, nach der das *facework* der Probanden im Gesprächskorpus der vorliegenden Studie analysiert werden soll. Nach Tzannes Auffassung von Missverständnissen kann keinem der beteiligten Interaktionspartner die Schuld für das Entstehen eines Missverständnisses zugeschrieben werden. Statt dessen betrachtet Tzanne die unterschiedlichen Interpretationsweisen einer Äußerung durch die Beteiligten als gleichwertig (vgl. Tzanne 2000: 44). Allein die Divergenz der Interpretationen und die Art und Weise, auf die die Interaktionspartner zu einer gemeinsamen Interpretation gelangen, ist für die Bestimmung der interpersonalen Beziehungen von Bedeutung. Im Rahmen einer Analyse des Facework der Interaktionspartner empfiehlt es sich daher, auf die in diesem Zusammenhang wenig aussagekräftigen Rollenzuschreibungen von *Sprecher* und *Hörer* zu verzichten. Statt dessen soll hervorgehoben werden, welcher der Interaktionspartner sich in welcher Phase eines Missverständnis aufgrund der Äußerung von *face-threatening acts* oder ihrer Vermeidung in der jeweils machtvolleren Position befindet. Geht man davon aus, dass die interpersonalen Beziehungen im Gesprächsverlauf dynamisch stets neu ausgehandelt werden können, so muss in dieser Studie herausgearbeitet werden, welche der Interaktionspartner sich wie häufig und wie lange in welcher Machtposition befinden. Auf der Grundlage dieser sich dynamisch verändernden Machtverhältnisse im Gespräch kann im Anschluss die Rolle situativer Missverständnisse für den gesamten Gesprächsverlauf abgeleitet werden.

5.6.2 Modifikation der Terminologie der *face-threatening acts*

Konzentriert sich die vorliegende Analyse auf die Art des Umgangs mit *face-threatening acts* nach Missverständnissen, so ist auch Tzannes Unterscheidung von *misunderstanding revealing turns* und *repair attempts* von zweitrangiger Bedeutung hinter dem Ausmaß des eigentlichen *face-threatening act*. Zur Bestimmung der tatsächlichen Gesichtsbedrohung soll jedoch Bezug auf Tzannes Kategorien genommen werden, so dass ähnlich Tzannes Terminologie im tabellarischen Umfeld Gebrauch von den Abkürzungen *MRT* (misunderstanding revealing turn) sowie *RA* (repair attempt) gemacht werden soll.

5.7 Formulierung von Hypothesen zur Rolle von Missverständnissen im Gesprächsverlauf

5.7.1 Die Rolle früherer Gesichtsverletzungen bei der Aufklärung eines Missverständnisses

Wie die vorangegangenen Diskussionen gezeigt haben, beinhalten sprachliche Missverständnisse in Gesprächen grundsätzlich Gesichtsbedrohungen, die von den Interaktionspartnern mit Hilfe unterschiedlicher Strategien abgeschwächt werden können. Dennoch sind zumindest minimale Gesichtsbedrohungen durch Missverständnisse unvermeidbar. Verletzungen des *positive face* oder des *negative face* bleiben für die Betroffenen auch nach der erfolgreichen Reparatur eines Missverständnisses zumindest für kurze Zeit existent und wirken sich auf das weitere Gesprächsverhalten aus. Folgt bald darauf ein zweites Missverständnis, so ist davon auszugehen, dass die bereits bestehenden Gesichtsverletzungen die Wahl der Reparaturstrategien und die Wahl der Abschwächungen erneuter *face-threatening acts* durch die Interaktionspartner modifizieren: Hat ein Gesprächsteilnehmer bei der Aufklärung eines vorangegangenen Missverständnisses eine Gesichtsverletzung erlitten, so kann er die Aufklärung eines aktuellen Missverständnisses dazu nutzen, sein verletztes *positive face* oder sein *negative face* zu sanieren, indem er ausgleichend entsprechend stärkere Gesichtsverletzungen seines Gegenübers in Kauf nimmt. Hätte ein Gesprächsteilnehmer ohne zuvor erlittene Gesichtsverletzung eine Strategie der Kategorie [3] möglicher *misunderstanding revealing turns* (vgl. Abb. 3) oder möglicher Reparaturstrategien (vgl. Abb. 2) gewählt, so könnte er nun eine Äußerung der Kategorie [2] verwenden, um durch eine stärkere Gesichtsverletzung seines Gegenüber das eigene Gesicht wiederherzustellen.

5.7.2 Missverständnisse als Auslöser weiterer Missverständnisse

Des weiteren ist zu erwarten, dass der Entstehung von mehreren Missverständnissen in einer Abfolge eine Eigendynamik zugrunde liegt. Liegt ein erstes Missverständnis vor, so erhalten die beteiligten Gesprächsteilnehmer den grundsätzlichen Eindruck, einander nicht zu verstehen. Die Bedürfnisse des *positive face* beider Interaktionspartner nach persönlicher Anerkennung werden nicht erfüllt. Diese Erfahrung kann die Gesprächsteilnehmer verunsichern und ihre Vorannahmen über die Definition der bestehenden Beziehungen untereinander modifizieren. Weitere Interaktionen im Gesprächsverlauf werden in diesem Fall mit erhöhter Vorsicht und erhöhtem Misstrauen hinsichtlich einer erfolgreichen Verständigung angegangen. Die Annahme der Interaktionspartner, mehrdeutige Äußerungen mit Hilfe von Kontexthinweisen eindeutig interpretieren zu können, wurde durch ein erstes Missverständnis enttäuscht. Das Vertrauen auf derartige Kontexthinweise erfährt folglich eine Relativierung. Zukünftigen mehrdeutigen Situationen können die Interaktionspartner nur noch mit verminderter interpretativer Sicherheit begegnen. Aufgrund dieser Verunsicherung erhöht sich die Wahrscheinlichkeit potentieller weiter Missverständnisse im folgenden Gesprächsverlauf. Aus diesen Annahmen kann geschlossen werden,

1. dass Interaktionspartner bei der Aufklärung von Missverständnissen im Gesprächsverlauf zunehmend weniger Rücksicht auf das *positive face* und das *negative face* ihres Gegenübers nehmen, und
2. dass nach dem Auftreten eines ersten Missverständnisses im weiteren Gesprächsverlauf zunehmend mehr Missverständnisse in immer kürzerer Abfolge ausgelöst werden.

5.7.3 Die Rolle der Interkulturalität im Umgang mit Missverständnissen

Die Diskussion früherer Literatur zu Missverständnissen in interkulturellen Kontexten legt die Annahme nahe, dass Missverständnisse, denen die Interaktionspartner selbst einen interkulturellen Kontext zuschreiben, potentiell höhere Gesichtsbedrohungen enthalten als Missverständnisse, die die Gesprächsteilnehmer auf situative Ursachen zurückführen. Die folgende Analyse soll zeigen, ob und in welchem Maße sich die Gesprächsteilnehmer dieser erhöhten Gesichtsbedrohung bewusst sind, und auf welche Weise sie diese im Umgang mit *face-threatening acts* berücksichtigen.

6 Entwicklung des Modells der Facework-Tabellen

Zur Überprüfung der im vorangegangenen Abschnitt aufgestellten Hypothesen ist die Erstellung eines Modells erforderlich, dass unterschiedlichen Anforderungen Rechnung trägt. Eine zentrale Bedeutung fällt dabei der Darstellung der Dynamik der interpersonalen Beziehungen im kontinuierlichen Gesprächsverlauf zu. In diesem Rahmen muss die Entwicklung des *face* jeder einzelnen beteiligten Person individuell untersucht werden, um die im Gespräch auftretenden Reaktionsmuster erklären zu können. Gesichtsbedrohungen werden meist von individuellen Personen gegen eine andere einzelne Person gerichtet. Modellartig muss folglich dargestellt werden, welche Gesichtsbedrohungen jede einzelne Person erfährt, wie sich dadurch ihr *positive face* oder ihr *negative face* verändert, und auf welche Weise sie in einer durch diese Einflüsse bestimmten Situation selbst *face-threatening acts* gegenüber anderen Personen tätigt. Um trotz dieser vielfältigen Dimensionen einen angemessenen Grad an Übersichtlichkeit zu gewährleisten, wurde im Rahmen dieser Studie darauf verzichtet, den gesamten Gesprächsverlauf in einem einzigen Modell darzustellen. Statt dessen wurden sogenannte Facework-Tabellen für jeden einzelnen Gesprächsteilnehmer erstellt, in die jeweils die für eine einzelne Person relevanten *face-threatening acts* eingeordnet wurden. Die vollständigen Facework-Tabellen für alle vier Gesprächsteilnehmer können im Anhang dieser Studie (vgl. Abschnitt A.3) eingesehen werden. Die Funktion der Tabellen wird an dieser Stelle exemplarisch am Facework von Gosia in Missverständnis Nr. 1 („Essen vor der Kamera“) (vgl. Abschnitt A.3.4) erläutert:

Missverständnis		*face-threatening acts*, die andere Teilnehmer gegen Gosia richten												*face-threatening acts*, die Gosia äußert										
Nr./Zeile	Zeit	1	2	3	4	5	6	7	8	9	10	11		11	10	9	8	7	6	5	4	3	2	1
O: [-]																								
MV 1/3	[0:07:09]			Markus MRT [3]									-P											
MV 1/4	[0:07:09]												-P								Markus RA [4]			
MV 1/10	[0:07:19]												-P					Markus MRT [7]						
MV 1/9	[0:07:19]			Markus MRT [3]									-P											
MV 1/13	[0:07:22]												-P								Markus RA [4]			
MV 1/12	[0:07:22]		Marku +D										-P											

Tab.2: Auszug aus der Facework-Tabelle für Gosia: face-threatening acts in Missverständnis Nr. 1 dieser Studie

Die Facework-Tabelle für Gosia listet alle *face-threatening acts*, die Gosia in Form von *misunderstanding revealing turns* oder *repair attempts* empfängt oder aussendet, in ihrer chronologischen Abfolge im Gesprächsverlauf von oben nach unten auf.

6.1 Darstellung der Strategien im Umgang mit face-threatening acts

Betrachtet man den senkrecht verlaufenden, grau hinterlegten Balken in der Mitte der Tabelle als entsprechende Zeitachse, so symbolisieren alle von links auf die Achse treffenden Balken *face-threatening acts*, die andere Gesprächsteilnehmer gegen Gosia richten. Alle Balken, die auf der rechten Seite der Zeitachse waagerecht aus ihr herausragen, symbolisieren dagegen *face-threatening acts*, die Gosia gegenüber anderen Gesprächsteilnehmern äußert. Der Grad der Abschwächung mittels der Strategien, die den Interaktionspartnern zur Verfügung stehen (vgl. *misunderstanding revealing turns*, Abb. 3; *repair attempts*, Abb. 2) wird in Form der unterschiedlichen Längen der waagerechten, grau hinterlegten Balken abgebildet. Strategien zur Äußerung von *misunderstanding revealing turn*s und *repair attempts* wurden in in die elf, bereits diskutierten Kategorien eingeordnet, an denen sich auch die Länge der Balken in der Facework-Tabelle orientiert. Kurze Balken auf beiden Seiten der Zeitachse symbolisieren demnach jeweils Strategien, die den *face-threatening act* in hohem Maße abschwächen. Je stärker und unverhüllter ein *face-threatening act* von den Gesprächsteilnehmern geäußert wird, desto weiter ragt der entsprechende Balken in der Facework-Tabelle aus der Zeitachse heraus. Eine entsprechende Skala findet sich jeweils am Kopf jeder Tabelle. In den Balken eines *face-threatening act* wurde zusätzlich der Name des Gesprächsteilnehmers eingetragen, der eine Gesichtsbedrohung an Gosia richtet, bzw. an den Gosia eine Gesichtsbedrohung aussendet. Zur genauen Kategorisierung des *face-threatening acts* wurden des weiteren die Kürzel MRT für *misunderstanding revealing turn*, I-MRT für *intentional misunderstanding revealing turn*, RA für *repair attempt* sowie OR für *other repair* zusammen mit der numerischen Kategorienangabe verwendet. Betrachtet man die Facework-Tabellen aller vier Gesprächsteilnehmer, so ist jeder *face-threatening act* genau zwei mal und in jeweils zwei unterschiedlichen Tabellen eingetragen: Ein *face-threatening act*, den Gosia an Markus richtet, findet sich, symbolisiert durch einen Balken, in Gosias Facework-Tabelle auf der rechten Seite der Zeitachse wieder. In Markus' Facework-Tabelle dagegen zählt der selbe *turn* zu den *face-threatening acts*, die Markus empfängt, und ist daher links der Zeitachse eingetragen.

6.2 Identifizierung der face-threatening acts aus dem Gesprächskorpus

Jeder in der Tabelle als Balken eingetragener *face-threatening act* lässt sich mit Hilfe der Angaben in den beiden linken Spalten der Tabelle eindeutig identifizieren: Auf die Nummer des betroffenen Missverständnisses folgt die Zeilennummer, in der der dargestellte *turn* in der Transkription (vgl. Abschnitt A.2) beginnt, eingetragen. Aufgrund der verwendeten Partiturnotation können auf *turns*, denen in der Notation eine höhere Zeilennummer zugeordnet wurde, *turns* mit einer niedrigeren Zeilennummer folgen, die dennoch chronologisch später geäußert wurden. Um den Partiturblock, in den der *turn* bei der Transkription eingetragen wurde, eindeutig identifizieren zu können, wurden in der Facework-Tabelle zusätzlich die Zeitangaben in Stunden, Minuten und Sekunden angegeben, zu denen der *turn* in der Videoaufzeichnung gefunden werden kann.

6.3 Darstellung der Gewichtung der face-threatening acts

Zusätzlich trägt das Modell der Facework-Tabelle auch der Darstellung von Tzannes Kriterien zur Gewichtung eines *face-threatening act* nach Machtgefälle, sozialer Distanz und Objekt des Missverständnisses (vgl. Abschnitt 5.5) Rechnung.

6.3.1 Die Darstellung des situativen Machtgefälles

Auf der senkrecht verlaufenden Zeitachse kann die eigene Machtposition aus der Perspektive des in der Tabelle untersuchten Kandidaten in Relation zum jeweils situativ relevanten Interaktionspartner abgelesen werden. Befindet sich der in der Tabelle untersuchte Kandidat in einer höheren Machtposition als sein Interaktionspartner, so wird dies durch das Kürzel *P* auf der Zeitachse dargestellt. Das Kürzel *-P* signalisiert dagegen eine unterlegene Position gegenüber einem mächtigeren Interaktionspartner. Bei der Analyse wird davon ausgegangen, dass Sprecher, die den ersten *face-threatening act* nach dem Auftreten eines Missverständnisses leisten, sich damit zugleich gegenüber ihrem Hörer in eine höhere Machtposition erheben. Dieses situative Machtverhältnis kann vom Hörer nur umgekehrt werden, indem er seinerseits einen *face-threatening act* vollzieht, der aus einem *misunderstanding revealing turn* oder einem *repair attempt* besteht, der der gleichen oder einer noch niedrigeren Abschwächungskategorie zuzuordnen ist. Gesichtsverletzungen und damit situativer Machtverlust können also nur durch die Leistung ebenbürtiger oder stärkerer *face-threatening acts* behoben werden.

6.3.2 Die Darstellung situativer sozialer Distanz

Die Kategorien der sozialen Distanz und des Objekts des Missverständnisses werden durch Tzanne nur unzureichend spezifiziert. Tzanne zufolge beschreibt der Faktor der sozialen Distanz den zwischen den Interaktionspartnern bestehenden Grad der Bekanntheit und der gegenseitigen Vertrautheit. Gemäß den einheitlichen Aussagen der Probanden im Rahmen der qualitativen Interviews waren Gosia, Jarek und Anke untereinander nur in sehr bedingtem Maße vor Gesprächsbeginn untereinander bekannt. Alle drei Probanden jedoch unterhielten ein vergleichsweise enges Bekanntschaftsverhältnis zu Markus. Über diese Grundkonstellation hinaus soll versucht werden, mögliche situative Modifikationen der sozialen Distanz durch die Gesprächsteilnehmer nachzuzeichnen und mögliche Strategien zu interpretieren. Deutliche Distanzverschiebungen konnten beispielsweise in Situationen identifiziert werden, in denen Sprecher plötzlich einen *turn* an eine dritte Person adressieren, obwohl dieser *turn* eigentlich eine direkte Reaktion auf den vorangegangenen *turn* eines Hörers enthält. Mit dieser Strategie können sich Sprecher in gesichtsbedrohenden Situationen von Hörern distanzieren, indem sie andere soziale Beziehungen hervorheben. Eine Erhöhung der sozialen Distanz aus der Perspektive der in einer Facework-Tabelle untersuchten Person werden durch Markierungen auf den Querbalken der Tabelle wiedergegeben. Dabei deutet das Kürzel *+D* auf die Erhöhung der sozialen Distanz hin; das Kürzel *-D* dagegen verweist auf eine Verringerung der sozialen Distanz.

6.3.3 Die Darstellung der Gewichtigkeit des thematischen Gegenstandes eines Missverständnisses

Die Zeitspalte auf der linken Seite der Facework-Tabellen wird zu Beginn jedes Missverständnisses durch einen grau hinterlegten Block unterbrochen, in dem die Gewichtigkeit des betroffenen Objektes verzeichnet ist. Tzanne führt keine weiteren Spezifikationen dieser Art der Gewichtigkeit an (vgl. Tzanne 2000: 196), so dass an dieser Stelle eine Kategorisierung nach interpretativem Ermessen vorgenommen werden muss. Beinhaltet der Gegenstand des Missverständnisses keine Gesichtsbedrohung für die beteiligten Personen, so wird dies durch das Kürzel *[–]* wiedergegeben. Müssen ein oder mehrere Interaktionspartner bereits aufgrund des thematischen Gegenstandes des Missverständnisses einen Gesichtsverlust befürchten, so werden die Namen dieser Personen in die eckigen Klammern oberhalb des jeweiligen Missverständnisses in der Facework-Tabelle eingetragen.

7 Die Auswertung der Facework-Strategien im Gesprächsverlauf

7.1 Allgemeine Beobachtungen

7.1.1 Präferenz der Facework-Kategorie [3]

Auf den ersten Blick suggerieren die Facework-Tabellen einen äußerst rücksichtslosen Umgang der Probanden untereinander im Hinblick auf die Durchführung von *face-threatening acts*. Die meisten *turns* werden in den Kategorien [3] bis [5] geäußert; im Durchschnitt ragen die Balken deutlich über die Mitte der Skala hinaus. Auf ähnliche Ergebnisse weist Tzanne bei der Analyse ihres Korpus hin. Insbesondere in symmetrischen Gesprächssituationen präferieren Sprecher nach Tzannes Aussagen in überdurchschnittlicher Häufigkeit Strategien der Kategorie [4]. Tzanne merkt jedoch an, dass Äußerungen dieser Kategorie meist auch den geringsten Aufwand seitens eines Sprechers erfordern. Im Rahmen von Reparaturstrategien der Kategorie [4] wiederholen Sprecher einfach ihre intendierte Aussage, ohne die Fehlinterpretation eines Hörers zuvor zu negieren (vgl. Tzanne: "[4] Speaker corrects in form 'Y'"; Tzanne 2000: 200). Die Sprecher der vorliegenden Studie präferieren dagegen deutlich Strategien der Kategorie [3], indem sie beispielsweise Reparaturen durch ein *Nein* einleiten und erst dann ihre Aussage wiederholen. Dieser Unterschied zu Tzanne kann durch die höhere Authentizität des vorliegenden Korpus gegenüber den Dramenauszügen und der *diary*-Methode Tzannes erklärt werden.

7.1.2 Verständigungsorientierte versus konfliktorientierte Aufklärung von Missverständnissen

Bei der Analyse einzelner Missverständnisse nach den Facework-Tabellen lassen sich drei stereotype Arten im Umgang der Teilnehmer mit Missverständnissen herausstellen. In auffallend vielen Fällen reagieren Interaktionspartner auf den jeweils zuvor von einem Gegenüber geäußerten *turn* mit der Durchführung eines *face-threatening act* der gleichen Kategorie. Ändern die Interaktionspartner ihre Strategien während der Aufklärung eines Missverständnisses nicht, so bleiben die Balken, die die *face-threatening acts* symbolisieren, stets gleich lang wie etwa in Missverständnis Nr. 9 aus der Sicht Jareks:

Nr./Zeile	Zeit	1	2	3	4	5	6	7	8	9	10	11		11	10	9	8	7	6	5	4	3	2	1
O: [–]																								
MV 9/4	[0:31:21]			Markus MRT [3]									-P											
MV 9/5	[0:31:21]												P									Markus RA [3]		
MV 9/4	[0:31:21]			Markus MRT [3]									-P											
MV 9/8	[0:31:28]												P									Markus RA [3]		
MV 9/7	[0:31:28]			Anke MRT [3]									-P											
MV 9/10	[0:31:31]												+D									Anke RA [3]		

Tab.3: Facework-Tabelle für Jarek zu Missverständnis Nr. 9 („Programm der Jugendmesse")

In diesem Fall haben Markus und Anke erkannt, dass sie Jarek offensichtlich nicht wie von ihm beabsichtigt verstanden haben. Sie stellen daher Rückfragen der Facework-Kategorie [3], die Jarek stets mit Reparaturversuchen der Kategorie [3] beantwortet. Die Sequenz endet mit Ankes *repair attempt*, mit dem sie ihr Verständnis suggeriert, jedoch kein weiteres Interesse am Thema zeigt und so die soziale Distanz zu Jarek erhöht.

Bei der schrittweisen Aufklärung eines Missverständnisses können sich jedoch auch alle beteiligten Interaktionspartner kooperativ und verständigungsorientiert verhalten. In diesem Fall schwächen sie die entstandenen Gesichtsbedrohung schrittweise durch die Äußerung immer geringerer *face-threatening acts* ab. In einem stereotypen Beispiel der Facework-Tabelle werden die Balken der *face-threatening acts* in diesem Fall nach unten immer kürzer wie in Missverständnis Nr. 4 („Schriftarten und Ästhetik") aus der Perspektive Gosias:

Nr./Zeile	Zeit	1	2	3	4	5	6	7	8	9	10	11		11	10	9	8	7	6	5	4	3	2	1
O: [–]																								
MV 4/21	[0:17:41]												P									Jarek MRT [3]		
MV 4/22	[0:17:41]			Jarek RA [3]									-P											
MV 4/26	[0:17:51]												P									Jarek MRT [3]		
MV 4/27	[0:17:51]			Jarek RA [3]									-P											
MV 4/32	[0:18:09]												-P								Jarek RA [4]			
MV 4/33	[0:18:09]					Jarek RA [5]							P											
MV 4/36	[0:18:18]												P								Jarek RA [4]			
MV 4/39	[0:18:30]									M. OR [9]			P											

Tab. 4: Facework-Tabelle für Gosia zu Missverständnis Nr. 4 („Schriftarten und Ästhetik")

Senden zu Beginn des Missverständnis sowohl Gosia als auch Jarek *face-threatening acts* der Kategorie [3] aus, so mildern sie ihre Äußerungen im Verlauf des Missverständnisses immer mehr ab, bis schließlich Markus die Situation mit einer Fremdreparatur auflöst.

Im gegenteiligen stereotypen Beispiel handeln die Interaktionspartner dagegen vor dem Hintergrund einer stärkeren Konfliktorientierung. In diesem Fall eskaliert die Aufklärung des Missverständnisses, und die ausgesendeten Gesichtsbedrohungen werden immer größer, wie beispielsweise in Missverständnis Nr. 17 („Jareks Heimatort") aus Gosias Perspektive:

Nr./Zeile	Zeit	1	2	3	4	5	6	7	8	9	10	11		11	10	9	8	7	6	5	4	3	2	1
O: [–]																								
MV 17/2	[0:43:35]			Jarek MRT [3]				-D					-P											
MV 17/1	[0:43:35]												P							Jarek RA [3]				
MV 17/4	[0:43:40]		Jarek I-MRT [2]										-P											
MV 17/3	[0:43:40]												P				+D				Jarek RA [2]			

Tab. 5: Facework-Tabelle für Gosia zu Missverständnis Nr. 17 („Jareks Heimatort")

Die Balken der *face-threatening acts* werden in diesem Fall im Verlauf eines Missverständnisses nach unten zunehmend breiter. Der Prozess des Missverständnisses endet mit der von Gosia initiierten Erhöhung der sozialen Distanz gegenüber Jarek.

Derartige konfliktorientierte Strategien können innerhalb des analysierten Korpus insbesondere im Rahmen von Missverständnissen beobachtet werden, die sich zwischen Anke und Jarek ereignet haben. In diesem Fall bestätigt sich auch die in Abschnitt 5.7.2 aufgestellte Hypothese: die Frequenz der zwischen Anke und Jarek auftretenden Missverständnisse nimmt gegen Ende des Gesprächs immer mehr zu, so dass sich die letzten Missverständnisse (vgl. Missverständnisse Nr. 20, 22, 23, 24, 25, 26, 27) nur noch zwischen Anke und Jarek ereignen. Diese Entwicklung deutet auf die Entstehung eines allgemeinen interpersonalen Konflikts zwischen Anke und Pitor hin, der sich in den Missverständnissen manifestiert.

7.2 Facework von Anke

Wie Anke auch im Rahmen ihres qualitativen Interviews immer wieder betont, hat sie das Verhältnis zu Jarek während der Gesprächsrunde als in besonderem Maße belastend empfunden (vgl. S. A 45, Zeile 113). Tatsächlich ist Jarek der Gesprächsteilnehmer, zusammen mit dem Anke bei weitem die meisten Missverständnisse aufklären muss (vgl. Missverständnisse Nr. 2, 3, 5, 7, 8, 9, 15, 18, 20, 22, 23, 24, 25, 26). Bei eskalierenden Missverständnissen (vgl. Missverständnisse Nr. 7, 20, 23, 24, 26) löst Anke meist die Eskalation aus. Gegen Ende des Prozesses eines Missverständnisses beginnt sie häufig damit, deutlich stärkere *face-threatening acts* zu äußern (vgl. Missverständnisse Nr. 7, 20, 24). Anke setzt gegen Ende derartiger Missverständnisse zusätzlich häufig Strategien ein, die ihre soziale Distanz zu Jarek erhöhen (vgl. Missverständnisse Nr. 5, 7, 24), indem sie sich Markus im Gespräch zuwendet. Im Verlauf der Missverständnisse Nr. 7 bis Nr. 24 kann eine geringfügige Zunahme der Intensität der von Anke geäußerten *face-threatening acts* beobachtet werden. In Missverständnis Nr. 24 produziert Anke den einzigen *face-threatening act* des gesamten Gesprächs, der der Kategorie [1] zuzuordnen ist:

1:10:43	
Markus:	echt?
Anke:	*(schaut auf ihre Armbanduhr)* So, jetzt is meine Viertelstunde rum *(zu Jarek)* ich hoffe, es folgt, dem
1:10:48	
Anke:	Prinzip folgt sonst niemand außer dir **[TST]** hmhm
Jarek:	Oooochhhh *(mimt Bedauern)* *(Schweigen)* Ach so, meinst du jetzt, dass du
1:10:52	
Anke:	Ich bin eingetragen, doch, aber das mit deiner Viertelstunde meine ich, dass
Jarek:	nicht eingetragen bist. **I-MRT [3]**
1:10:58	
Markus:	Aber weißt du, was ich immer mach? Ich geh da
Anke:	wenn niemand, wenn niemand kommt **RA [2]** wobei es ist
Jarek:	ach ja, genau, gut, ich weiß, woran du bist **[ROI +]**
1:11:02	
Markus:	einfach hin, zum Waschen, ja, und dann gucke ich, wenn jemand noch zum Beispiel zwanzig
Anke:	hmhm
1:11:07	
Markus:	Minuten über hat oder so, klingel ich bei ner Person und sag: „Ach kannst du noch zwanzig Minuten
1:11:11	
Markus:	warten, bis ich fertig bin.“ **OR [9]**
Anke:	Aber das ist wenigstens nett! **RA [1]**

(Missverständnis Nr. 24: „Waschmaschine II“)

Anke hat für die Zeit der Gesprächsaufzeichnung eine öffentliche Waschmaschine des Studentenwohnheims für sich reserviert. Jarek hatte daraufhin erklärt, er selbst halte sich nicht an diese Reservierungsregelungen. In der zweiten Zeile dieses Missverständnisses bezieht sich Anke noch in humorvollem Tonfall auf Jareks Angewohnheit. Da Anke bereits erklärt hatte, sie habe eine Waschmaschine reserviert, und Jarek darauf eingegangen war, kann davon ausgegangen werden, dass Jarek in der vierten Zeile einen beabsichtigten *misunderstanding revealing turn* äußert, den Anke als Provokation auffasst. Markus klinkt sich mit einer Fremdreparatur in den Konflikt ein und versucht, einen allmählichen Themenwechsel herbeizuführen. Anke dagegen nutzt Markus' Schilderungen, um diese dem Verhalten Jareks gegenüberzustellen. Ihr *repair attempt* in Zeile 14 in der Äußerung *Aber das ist wenigstens nett.* kann als direkter Beleidigungsversuch gegenüber Jarek gewertet werden.

Befindet sich Anke am Ende der ersten Missverständnisse meist in einer unterlegenen Machtposition gegenüber Jarek (vgl. Missverständnisse Nr. 2, 3, 5, 9), so erkämpft sie sich gegen Ende des Gesprächsverlaufs immer häufiger die jeweils höhere Machtposition (vgl. Missverständnisse Nr. 8, 15, 18, 20, 24, 25).

7.3 Facework von Markus

Auch Markus war der aufkeimende Konflikt zwischen Jarek und Anke in hohem Maße bewusst, wie er im qualitativen Interview erklärt. Darüber hinaus war er vor Beginn der Gesprächsrunde beauftragt worden, die Gesprächsteilnehmer im Rahmen des Schneeballsystems auszuwählen und einzuladen. Im Interview erklärt Markus seine zusätzliche Verantwortung, die er aus diesem Grund während der Gesprächsrunde empfunden hat (vgl. Seite A 60, Zeile 140). Gleichzeitig gibt er zu, aufgrund seines Verantwortungsgefühls die Situation stets im *framing* der Videoaufzeichnung betrachtet zu haben. Folglich habe er stets versucht, eine fließende Konversation unter den Gesprächsteilnehmern aufrechtzuerhalten (vgl. Seite A 60, Zeile 144). Auch die anderen Probanden erkannten und bestätigten diese Bemühungen Markus' in ihren Interviews (vgl. Seite A 49, Zeile 313ff).

Während Markus im gesamten Gesprächsverlauf ähnlich starke *face-threatening acts* erfährt, schwächt er die von ihm ausgesendeten Gesichtsbedrohungen im Gesprächsverlauf kontinuierlich immer mehr ab. In Markus' Facework-Tabelle werden die Balken der *face-threatening acts* rechts der Zeitachse gegen Ende des Gesprächs deutlich kürzer.

Aufgrund seines Verantwortungsgefühls leistet Markus darüber hinaus auffallend viele Fremdreparaturen (vgl. engl. *other repair*, Tzanne 2000: 214). Bereits Tzanne arbeitet in ihrer Studie heraus, dass die Entscheidung der Interaktionspartner, eine Fremdreparatur zu leisten, wesentlich von der Präferenz der Gesichtswahrung bestimmt wird. Tzanne zufolge verspüren dritte Sprecher meist ein geringeres Bedürfnis nach Aufklärung des Missverständnisses als die direkt beteiligten Sprecher. Statt dessen bedenken sie, dass sie durch ihren Eingriff in das Missverständnis zusätzliche Gesichtsbedrohungen an die Sprecher aussenden und ihr eigenes *positive face* und *negative face* der Gefahr einer Gesichtsbedrohung aussetzen. Derartige Eingriffe seien daher meist durch das Bestreben motiviert, das *positive face* oder das *negative face* eines oder mehrerer Interaktionspartners zu retten oder wiederherzustellen (vgl. Tzanne 2000: 217). Diese Art der *repair attempts* wird daher beinahe grundsätzlich mit starker Abschwächung der beinhalteten *face-threatening acts* geäußert. So verwendet Markus bei Fremdreparaturen beinahe ausnahmslos Strategien der Kategorie [9], indem er indirekte Hinweise zur Aufklärung eines Missverständnisses liefert (vgl. Missverständnisse 15, 22, 24). Tzanne merkt an, dass Fremdreparaturen jedoch auch in Form von Strategien der Kategorie [11] geleistet werden können: Indem Sprecher ein Missverständnis zwischen zwei anderen Gesprächsteilnehmern ignorieren und statt dessen ein neues Gesprächsthema einführen, können sie ihr eigenes und das Gesicht ihrer Partner retten (vgl. Tzanne 2000: 218). Markus verwendet diese Strategie in zwei Fällen gegen Ende des Gesprächs, um den mittlerweile immer manifester gewordenen Konflikt zwischen Anke und Jarek abzumildern (vgl. Missverständnisse Nr. 25 und 26).

Eingriffe in Missverständnisse stellen meist zugleich Strategien zur Verminderung der sozialen Distanz zwischen den Gesprächsteilnehmern dar. Markus trägt daher häufig im gesamten Gesprächsverlauf dazu bei, die Distanz zwischen den Teilnehmern, insbesondere zwischen Jarek und Anke, zu verringern und immer wieder jeweils andere Gesprächsteilnehmer in die Konversation einzubeziehen (vgl. Missverständnisse Nr. 2, 5, 16, 18, 19, 22, 24, 26).

Tzanne zufolge erfordert der Eingriff in Missverständnisse in Form von Fremdreparaturen eine höhere oder zumindest gleichwertige Machtposition dieses dritten Sprechers gegenüber den beiden in das Missverständnis involvierten Gesprächsteilnehmern. Andernfalls beinhalte die Fremdreparatur eine zu hohe Gefahr der Gesichtsbedrohung für den Sprecher (vgl. Tzanne 2000: 215). Markus begibt sich daher durch seine Fremdreparaturen immer wieder in die höhere Machtposition, die er in der Ausgangslage der Gespräche als imaginärer Gastgeber eingenommen hat.

Da er die *face-threatening acts* seiner eigenen Reparaturstrategien immer mehr abschwächt, fügt Markus sich bei der Aufklärung von Missverständnissen meist in einer untergeordneten Machtposition ein (vgl. Missverständnisse Nr. 4, 6, 9, 10, 12, 14, 16, 18, 19, 21, 25, 27).

Tzanne merkt zusätzlich an, dass Fremdreparaturen innerhalb ihres Untersuchungskorpus nur dann getätigt wurden, wenn der thematische Gehalt des Missverständnisses an sich kein gesichtsbedrohendes Objekt für mindestens einen beteiligten Interaktionspartner darstellte. Tzanne begründet dies mit der hohen Präferenz der Gesichtswahrung und -reparatur bei der Motivation von Fremdreparaturen. Stellt bereits das Objekt des Missverständnisses eine Gesichtsbedrohung für einen Interaktionspartner dar, verzichten Sprecher Tzanne zufolge auf den Einsatz von Fremdreparaturen (vgl. Tzanne 2000: 215). Die Ergebnisse der vorliegenden Studie jedoch widerlegen Tzannes These: In den Missverständnissen Nr. 26 („Diplomarbeitsthema") und 27 („Berliner Bibliotheken"), in denen Markus jeweils Fremdreparaturen der Kategorie [11] durchführt, das Missverständnis also ignoriert, liegt zunächst ein gesichtsbedrohendes Objekt für Anke (vgl. Missverständnis Nr. 26) vor. In Missverständnis Nr. 27 dagegen beinhaltet der Gegenstand des Missverständnisses eine Gesichtsbedrohung für Jarek. Auf den Zusammenhang zwischen dem Objekt eines Missverständnisses und Fremdreparaturen soll an späterer Stelle im Zusammenhang mit der Untersuchung interkultureller Missverständnisse (vgl. Abschnitt 7.6) eingegangen werden.

7.4 Facework von Jarek

In großen Teilen stellt Jareks Facework-Tabelle ein Spiegelbild der Tabelle Ankes dar, da sich ein erheblicher Anteil der entstandenen Missverständnisse zwischen Anke und Jarek ereignet hat (vgl. Missverständnisse Nr. 2, 3, 5, 7, 15, 18, 20, 21, 22, 23, 24, 25, 26). Im Gegensatz zu Anke empfand Jarek die Gesprächssituation jedoch nicht als belastend oder streitet dies zumindest im Rahmen des qualitativen Interviews ab (vgl. S. A 66, Zeile 97-102). Die Ergebnisse der Facework-Tabelle stehen mit seinen Aussagen in Einklang: Auch gegen Ende des Gesprächs ist keine tendenzielle Veränderung in Jareks Facework-Strategien zu beobachten. Einzig in Missverständnis Nr. 25 („Waschmaschine III"), in dem zum dritten Male die Waschmaschinen des Studentenwohnheims thematisiert werden, beendet Jarek den Prozess des Missverständnis, indem er in Form eines *misunderstanding revealing turn* der Kategorie [2] absichtlich ein erneutes Fehlverstehen suggeriert. Diesen *turn* äußert Jarek außerdem zu Markus, obwohl sich das Missverständnis zwischen ihm und Anke ereignet hatte. Jarek erhöht daher die soziale Distanz zu Anke und thematisiert zugleich Ankes defizitäres Verständnis. Aufgrund der Erhöhung der sozialen Distanz erschwert Jarek Anke zusätzlich die Wiederherstellung ihres *positive face.*

7.5 Facework von Gosia

Nach den Angaben aller Probanden hat sich Gosia nur in einem vergleichsweise geringem Maße am gesamten Gesprächsverlauf beteiligt. Folglich ist sie auch die Person, die in die wenigsten Missverständnisse involviert war. Für Gosia ereigneten sich die meisten Missverständnisse gegenüber Markus (vgl. Missverständnisse Nr. 1, 6, 12, 13, 14, 16, 22). Aufgrund seines situativen Verantwortungsbewusstseins versucht Markus häufig, Gosia erneut in den Gesprächsverlauf zu integrieren und riskiert dabei sogar die Entstehung von Missverständnissen (vgl. Missverständnis Nr. 10: „Jugendmesse"). Umgekehrt wendet sich Gosia im Gespräch häufig an Markus, da sie sich nach eigenen Angaben unsicher fühlt und in Markus die einzige vertraute Bezugsperson sieht (vgl. S. A 72, Zeile 48). Die Missverständnisse zwischen Gosia und Markus werden zudem meist auf eine verständigungsorientierte Weise gelöst. Auf anfängliche Reparaturstrategien der Kategorie [3] folgen meist deutlich abgeschwächte *face-threatening acts* (vgl. Missverständnisse Nr. 13, 16, 22). Auch Gosias situative Machtpositionen innerhalb der Missverständnisse wechseln unregelmäßig. Gosia geht aus fünf Missverständnissen in einer untergeordneten Machtposition hervor (vgl. Missverständnisse Nr. 1, 3, 11, 13, 16). In zehn Missverständnissen gelangt sie in die jeweils übergeordnete Machtposition (vgl. Missverständnisse Nr. 2, 4, 6, 10, 12, 14, 17, 18, 19, 22). Meist erkämpft Gosia sich diese Position jedoch nicht selbst durch Verstärkung ihrer *face-threatening acts*. Statt dessen gewährt Markus ihr häufig die höhere Machtposition, indem er seine eigenen *face-threatening acts* sukzessive abschwächt.

7.6 Der Umgang mit interkulturellen Missverständnissen

Im Rahmen der Analyse möglicher Ursachen von Missverständnissen wurden in den vorangegangenen Abschnitten (vgl. Abschnitt 4.5) Kriterien herausgearbeitet, die es ermöglichten, Missverständnisse zu identifizieren, die durch die Interkulturalität der Gesprächssituation hervorgerufen worden waren. Als interkulturell bedingte Missverständnisse galten demnach Situationen, die von mindestens einem beteiligten Interaktionspartner aus dem sozialen *framing* der Interkulturalität betrachtet wurden. Die vorliegende Studie soll Aufschluss darüber geben, ob Interaktionspartner mit interkulturellen Missverständnissen anders umgehen als mit rein situativ bedingten Missverständnissen. Eine Analyse der Facework-Tabelle, die die interkulturellen Missverständnisse fokussiert betrachtet, kann eine Antwort auf diese Fragestellung liefern.

Nach den erarbeiteten Kriterien werden sechs der insgesamt 27 aufgetretenen Missverständnisse von den Interaktionspartnern aus der Perspektive der Interkulturalität betrachtet (vgl. Missverständnisse Nr. 9, 13, 14, 18, 19, 27). Verglichen mit den Missverständnissen, die im Rahmen des interpersonalen Konfliktes zwischen Anke und Jarek ausgetragen werden, äußern die Interaktionspartner nach diesen interkulturellen Missverständnissen relativ geringe *face-threatening acts*. Auffallend häufig präferieren Sprecher in diesem Zusammenhang jedoch Reparaturstrategien der Kategorie [5], die es den Sprechern gemäß Tzannes Definition erlaubt, eine beliebig lange Begründung für ihre Aussage an die Reparatur anzuschließen.

Ein deutliches Beispiel für diese Strategie findet sich in Missverständnis Nr. 13 („Markt in Polen"), in dem Gosia versucht, die Frische der Lebensmittel auf polnischen Märkten zu rechtfertigen:

GOSIA:	Aber in Polen ist auch der Markt noch der Feta ganz frisch! **[TST]**
MARKUS:	Hm? **MRT [3]**
GOSIA:	Auf dem Markt. Also schon Käse, aber ist auch gut. **RA [5]**
MARKUS:	Hm, du meinst auf dem Polenmarkt jetzt? Echt? **RA [3]**

GOSIA: Jaja, der Schafskäse ist also wirklich, also wenn du jetzt, also vergleichsweise jetzt mit dem deutschen Käse, wie du ihn hier jetzt beispielsweise kriegst, also in der Kaufhalle, oder so, also das ist viel, viel besser, also viel frischer. **RA [5]**

(vgl. Missverständnis Nr. 13: „Markt in Polen", [0:35:39])

Durch Markus' erstaunte Rückfrage und seine Verwendung der negativ konnotierten Bezeichnung *Polenmarkt* empfindet Gosia offensichtlich eine starke Bedrohung ihres *positive face*. Dennoch erhöht Gosia die Intensität der von ihr ausgehenden *face-threatening acts* nicht, sondern versucht, das Objekt des Missverständnisses aus dem *framing* der Interkulturalität zu lösen und in rationale Begründungen einzubetten. Durch diese Loslösung gelingt es Gosia, die inhärente Gesichtsbedrohung behutsam abzuwenden, ohne einen Konflikt entstehen zu lassen. Ähnliche Strategien verfolgen die Sprecher auch im Umgang mit den interkulturell interpretierten Missverständnissen Nr. 14, 18 und 19.

Weiterhin fällt auf, dass insbesondere Gosia, die im übrigen Gesprächsverlauf selten in Diskurse eingreift, im Zusammenhang mit drei der interkulturell interpretierten Missverständnisse eine Fremdreparatur leistet und somit Jarek vor weiteren potentiellen Gesichtsbedrohungen in Schutz nimmt. In Missverständnis Nr. 14 („EU-Regelungen") verteidigt Gosia die Position der beiden polnischen Studierenden in der Gesprächsrunde. Offenbar verbindet Gosia mit ihrer Kulturalität im Hinblick auf Markus' Zweifel einen starken Rechtfertigungsdruck:

MARKUS: Bin mal gespannt, ob sich das dann hält, wenn sie jetzt dann, die Vorschriften, ob sie dann da gezwungen werden, das auch so zu machen **[TST]**

JAREK: Also normaler Käse hat vor, sagen wir mal dreißig, vierzig Jahren auch gehalten ohne Konservierungsstoffe **MRT [4]**

MARKUS: Naja, aber ich mein, diese ganzen Regelungen, weil doch die, weil Polen doch jetzt beitritt oder so. Da wird, da müssen die ja auch die selben Gesetze übernehmen wie dann in der EU sind. Ob sie dann da Sondergesetze **RA [5]**

JAREK: nicht unbedingt, aber **RA [3]**

GOSIA: Naaa, nicht unbedingt, nich, nicht unbedingt, sie können doch, äh, verhandeln. Also auch nicht, also es, es, die ganze Verhandlungsfolge, ne? **OR [3]**

(Missverständnis Nr. 14: „EU-Regelungen", [0:30:23])

Trotz der bereits in Abschnitt 7.3 diskutierten erhöhten Gefahr von Gesichtsverletzungen schaltet sich Gosia im vorliegenden Fall mit einer Fremdreparatur der Kategorie [3] in den Verlauf des Missverständnisses ein. Ähnliche Strategien verwendet Gosia auch im Zusammenhang mit den Missverständnissen Nr. 18 und 19. Im Gegensatz zur Austragung situativer Missverständnisse, die im vorliegenden Korpus einen interpersonalen Konflikt zwischen Anke und Jarek verursacht haben, modifizieren die Gesprächsteilnehmer im Zusammenhang interkultureller Missverständnisse ihre Strategien. Die Befürchtung vergleichsweise starker Gesichtsverletzungen veranlasst die Sprecher in diesem Fall zum Gebrauch stark abgeschwächter *face-threatening acts*. Interkulturell gefasste Themen veranlassen die Sprecher zudem tendenziell dazu, Angehörigen ihrer eigenen Kultur durch Fremdreparaturen zu Hilfe zu kommen. Die auffallend häufige Suche nach Begründungen und Erläuterungen könnte außerdem auf die mit dem kulturellen *framing* verbundene Gefahr der Letztbegründung zusammenhängen: Sehen Sprecher den Grund für ein Missverständnis in der Fremdkultur ihres Gegenübers, so sieht sich dieser gleichsam einem Urteil ausgeliefert, das er nicht revidieren kann. Die Einführung komplexerer Erklärungen in Form von Reparaturstrategien der Kategorie [5] kann die Sprecher daher aus der Gefahr derartiger Letztbegründungen retten. Darüber hinaus zeigen sich hier erstaunliche Parallelen zu den Ergebnissen von Koole und ten Thije, die in interkulturellen Kontaktsituationen unterschiedliche Positionen identifizierten, die Gesprächspartner innerhalb des Diskurses einnehmen können. In diesem Zusammenhang stellten Koole und ten Thije insbesondere die Positionen des Repräsentanten und des Spezialisten im Hinblick auf die eigene Kultur oder die eigene Institution heraus (vgl. ten Thije 1997: 133). Interaktionspartner bekommen diese Personen kraft ihres besonderen, kulturellen Wissens zugestanden. Reparaturstrategien der Kategorie [5], die die Sprecher in dieser Studie im Zusammenhang mit interkulturellen Missverständnissen präferieren, tragen den von Koole und ten Thije vorgestellten Positionen in besonderem Maße Rechnung: Sie erlauben es den Sprechern, ihre kulturelle Position mit Hilfe ihres speziellen Wissens zu untermauern und den Gesprächsverlauf zu bereichern.

7.7 Validierung der Ergebnisse durch die Aussagen der Probanden

Koole und ten Thije haben ihre Studie unter professionellen Beratern zu Fragen der Interkulturalität durchgeführt und sind zu dem Ergebnis gekommen, dass ihre Probanden es verstehen, den interkulturellen Aspekt einer Situation produktiv zu nutzen. Zu Beginn dieser Studie wurde bereits eine Kritik an dieser Vorgehensweise formuliert: Koole und ten Thije selbst argumentieren, dass ihre Probanden exzeptionelle berufliche Erfolge verbuchen, die anderen Einwanderern in den Niederlanden meist verwehrt bleiben. Koole und ten Thije führen diesen Erfolg auf eine besonders ausgeprägte Fähigkeit im effizienten Umgang mit der Interkulturalität zurück. Daher kann nicht davon ausgegangen werden, dass viele oder alle Individuen in interkulturellen Situationen zur Etablierung einer diskursiven Interkultur befähigt sind. Die qualitativen Interviews der vorliegenden Studie zeigen, dass die Probanden, denen ein vergleichsweise effizienter Umgang mit der Interkulturalität bescheinigt werden kann, ebenfalls auf einem modifizierten Erfahrungshintergrund aufbauen: Insbesondere die beiden polnischen Studierenden Gosia und Jarek haben sich bereits vor ihrem Studienbeginn an der deutschsprachigen Europa-Universität intensiv mit ihrer Zielkultur Deutschland auseinandergesetzt. Beide wohnen während ihres Studiums auf der deutschen Seite der Grenze zu Polen und repräsentieren somit eine vergleichsweise gut integrierte Minderheit unter den polnischen Studierenden. Insbesondere Jarek bescheinigt, dass die meisten polnischen Studierenden im Gegensatz zu ihm außerhalb der universitären Lehrveranstaltungen wenige Kontakte zu deutschen Studierenden unterhalten (vgl. S. A 67, Zeile 190f). Auch Markus, der während der Gesprächsrunde ein hohes Maß an Verantwortung für den harmonischen Verlauf der Zusammenkunft empfindet (vgl. S. A 60, Zeile 140ff), kann nach seinem vierjährigen Auslandsstudium in Großbritannien bereits auf intensive interkulturelle Erfahrungen zurückblicken. Keiner der Studierenden initiierte selbst einen Bezug auf kulturelle Unterschiede zwischen den Teilnehmern als Gründe für eventuelle Fehlkommunikation. Statt dessen blieb allen Gesprächsteilnehmern der interpersonale Konflikt zwischen Anke und Jarek auch noch nach mehreren Tagen in lebhafter Erinnerung. Die meisten Teilnehmer nehmen expliziten Bezug auf Missverständnis Nr. 15 („Jareks Geldbeutel") als deutlichste Manifestation des Konfliktes. In diesem Zusammenhang wehrt sich Gosia vehement gegen eine mögliche Begründung mittels kultureller Differenzen. Statt dessen führt sie in beispielhafter Weise eine Diskursanalyse dieses *critical incidents* (vgl. Müller-Jacquier/ten Thije 1999: 7) durch und sucht nach einer Vielzahl möglicher Gründe und Varianten für den Ablauf des Missverständnisses. Im Sinne von Müller-Jacquier und ten Thije wendet Gosia folglich bereits ohne vorangegangenes Training die Methode der Hypothesenbildung erfolgreich an, um die im Konfliktfall reduzierte Komplexität der Situation wiederherzustellen (vgl. Müller-Jacquier/ten Thije 1999:7). Allein Anke kann in ihrem Erfahrungsschatz nur auf wenige längerfristige interkulturelle Kontaktsituationen zurückgreifen. Wenngleich nichts darauf hindeutet, dass ihr interpersonaler Konflikt mir Jarek interkulturell motiviert sein könnte, so ist dennoch anzumerken, dass Anke diesen Konflikt nach eigenen Angaben als besonders bedrohlich empfunden hat (vgl. S. A 45, Zeile 113). Jarek dagegen versuchte, jeden Konflikt zu negieren. Statt dessen wirft er Anke Streitfreudigkeit und mangelnde Bereitschaft zu einem angenehmen Gespräch vor (vgl. S. A 69, Zeile 260ff). Eine erschöpfende Analyse der qualitativen Interviews würde den Rahmen der vorliegenden Studie bei weitem sprengen. Ein kurzer Abriss der gewonnenen Aussagen soll jedoch ansatzweise zeigen, dass die Probanden der vorliegenden Studie über ein unterschiedliches Maß an früheren Interkulturalitätserfahrungen zurückgreifen können. Dieser Erfahrungsschatz korreliert zumindest teilweise mit dem Ausmaß an Kooperativität, das die Probanden in der Aufnahmesituation gezeigt haben. Insofern ließe sich die Kritik an der Studie von Koole und ten Thije bestätigen: Die Fähigkeit zur Etablierung einer diskursiven Interkultur hängt maßgeblich von den persönlichen, meist aufgrund von Erfahrungen erworbenen Kompetenzen der beteiligten Interaktionspartner ab.

8 Schluss

Im Rahmen der anfänglichen Einführung in die Thematik der interkulturellen Kommunikation wurde die allmähliche Verschiebung des Forschungsfokus in diesem Bereich nachgezeichnet. So führte man in früheren Jahrzehnten meist kontrastive Studien durch, die die Unterschiede zwischen einzelnen Kulturen beschrieben. Der spätere interaktionstheoretische Ansatz räumte den Individuen bereits mehr Möglichkeiten zur situativen Interpretation von Kommunikation, jedoch vor dem Hintergrund ihres eigenen kulturellen Wissens ein. Alle diese Arbeiten nahmen folglich an, dass interkulturelle Kommunikation von häufigen, aus kulturellen Unterschieden resultierenden Missverständnissen dominiert sei. Eine Wende markieren hier Tom Koole und Jan D. ten Thije (vgl. Koole/ten Thije 1994), die anhand ihrer diskursanalytische orientierten Studie zeigen, dass Individuen Interkulturalität auch produktiv nutzen können. Indem Sprecher in einer Situation eine *diskursive Interkultur* schaffen, etablieren sie gemeinsame, neue Kommunikationsregeln, die in keiner der beteiligten traditionellen Kulturen zuvor angelegt waren. Koole und ten Thije verweisen insbesondere auf die Positionen der kulturellen und institutionellen Repräsentanten und Spezialisten, die Individuen in interkulturellen Kontaktsituationen einnehmen können.

Angeliki Tzanne leistet mir ihrer Studie eine Herauslösung der Kategorie interkultureller Missverständnisse aus der ihr traditionell zugeschriebenen kulturellen Determiniertheit. Anhand pragmatischer, diskursanalytischer, konversationsanalytischer und soziologischer Kriterien zeigt Tzanne eine Vielzahl von Ebenen auf, die zu Mehrdeutigkeiten in Äußerungen führen können und so ein rein situativ verursachtes Missverständnis produzieren. Darüber hinaus leistet Tzanne eine Kategorisierung des Zusammenhanges zwischen möglichen Reparaturstrategien für Missverständnisse und den implizierten Auswirkungen auf das *facework* der Interaktionspartner. Aus dieser Zuordnung leitet Tzanne typische, situative Strategien ab, die auf eine grundsätzliche Präferenz ihrer Sprecher für die Aufrechterhaltung des *facework* vor der reinen Aufklärung von Missverständnissen zeigen.

Im Rahmen ihrer Studie stellt Tzanne den Anspruch der Übertragbarkeit ihrer Ergebnisse auf die Erklärung interkultureller Missverständnisse sowie den Anspruch der Erklärung der Rolle von Missverständnissen für den gesamten Gesprächsverlauf. Das ihrer Studie zugrundeliegende Korpus besteht jedoch weder aus Missverständnissen, die sich in interkulturellen Situationen ereignet haben, noch aus Missverständnissen, die sich nacheinander innerhalb eines Gesprächsverlaufs ereignet haben. Während Tzanne mit ihrer Studie ein hervorragendes Modell zur Operationalisierung von Missverständnissen liefert, können letztgenannte Thesen anhand ihres Materials nicht bewiesen werden.

Im Rahmen der vorliegenden Studie wurde daher ein Datenkorpus generiert, in dem sich jeweils zwei polnische und zwei deutsche Studierende in deutscher Sprache während eines 90-minütigen gemeinsamen Abendessens in einem Studendenwohnheim der Europa-Universität Viadrina zwanglos unterhalten. Das Korpus enthält insgesamt 27 Missverständnisse, die sich folglich in einer interkulturellen Kontaktsituation und in einer Abfolge ereignet haben.

Eine Diskussion der von Tzanne vorgestellten, möglichen Ursachen für Missverständnisse hat gezeigt, dass sich die meisten der von ihr differenzierten Typen auch im Rahmen natürlicher Gespräche wiederfinden. Darüber hinaus zeigen sich jedoch Unterschiede in der Häufigkeit der jeweiligen Kategorien im Korpus dieser Studie und im Korpus von Tzanne, was möglicherweise auf die hohe Konstruiertheit von Tzannes Daten hinweist. Missverständnisse in natürlichen Gesprächssituationen entstehen beispielsweise weitaus häufiger als von Tzanne angenommen aus gegenseitigen Unterbrechungen von Sprechern. Missverständnisse aufgrund einer mehrdeutigen Syntax, wie sie von Tzanne beschrieben werden, ereignen sich dagegen eher selten. Tzanne möchte mit Hilfe ihres Kategorienkatalogs den Aspekt der Interkulturalität in seine Schranken weisen. Viele der im Rahmen dieser Studie untersuchten Beispiele zeigen jedoch, dass unterschiedliche Präferenzen bei der Interpretation von Mehrdeutigkeiten zwar innerhalb von Tzannes situativen Kategorien erfasst werden können, dass sie aber gleichzeitig durch die unterschiedlichen kulturellen Perspektiven der Teilnehmer beeinflusst werden können. Kulturelle und situative Einflüsse können daher auch als Akteure auf unterschiedlichen, parallelen Ebenen aufgefasst werden.

Überträgt man Tzannes Modell der Reparaturstrategien auf reale Gesprächssituationen, so zeigt sich, dass Tzanne zugunsten der Klarheit ihres Schemas Aspekte im prozessualen Verlauf von Missverständnissen übersehen hat, die ebenso wie die Reparaturstrategien Auswirkungen auf das *facework* der Interaktionspartner haben können. Gemäß Tzannes Modell können größtenteils nur Sprecher, die das Missverständnis ausgelöst haben, auch deren Reparatur leisten. Dabei übersieht Tzanne, dass auch die von ihr vorgestellte Kategorie der *misunderstanding revealing turns* Auswirkungen auf das *facework* haben können. Um eine Klassifizierung dieser *turns* hinsichtlich ihrer *facework*-Implikationen vornehmen zu können, wurde die Einführung neuer Unterscheidungen innerhalb von

Tzannes Gruppe der *misunderstanding revealing turns* erforderlich. Diese Studie unterscheidet daher zunächst zwischen *misunderstanding revealing turns*, während deren Äußerung Hörer bereits das Vorliegen eines Missverständnisses vermuten, und solchen, in denen Sprechern ungewollt suggeriert wird, dass ein Missverständnis vorgefallen ist. In der ersteren Gruppe wurde wiederum zwischen *misunderstanding revealing turns* unterschieden, in denen Hörer lediglich ihr Unverständnis kundtun, und solchen, in denen Hörer eine explizite Aufforderung zur Reparatur an den Sprecher richten. Ähnlich der Skalierung der Reparaturstrategien gemäß ihres Facework-Charakters konnte auch eine Skalierung zur Bestimmung der Facework-Implikationen von *misunderstanding revealing turns* eingeführt werden. Berücksichtigt man diesen Einbezug der *misunderstanding revealing turns* in die Analyse des Facework von Interaktionspartnern, so zeigt sich, dass Tzannes Definitionen von Sprechern und Hörern in Missverständnissen hinfällig werden. So spielt es nach einigen *turns* häufig keine Rolle mehr, welcher der Interaktionspartner den eigentlichen *trouble-source turn* geleistet hat. Innerhalb der Facework-Strategien nach dem Auftreten eines Missverständnisses ist es statt dessen von größerer Bedeutung, ob einer oder mehrere Interaktionspartner darauf bestehen, eine Machtposition über die Situation zu erringen oder ob sie sich kooperativ hinsichtlich der Lösung des Problems zeigen.

In diesem Rahmen handeln Interaktionspartner die Rollen situativ selbst aus und können die Zusammenhänge beispielsweise strategisch so darstellen, als ob nach Tzanne der Hörer das Missverständnis ausgelöst hat.

Das in dieser Studie vorgestellte Modell der Facework-Tabellen ermöglicht es, die Facework-Strategien der einzelnen Interaktionspartner über den gesamten Gesprächsverlauf hinweg darzustellen und untereinander vergleichbar zu machen. Dabei zeigen Facework-Tabellen einerseits, mit welchen *face-threatening acts* ein Gesprächsteilnehmer von welchem Partner konfrontiert wird, und andererseits, welche *face-threatening acts* sie selbst an Partner aussenden. Facework-Tabellen enthüllen zwei gegensätzliche stereotype Umgangsformen im Zusammenhang mit Missverständnissen: Verständigungsorientierte Interaktionspartner bemühen sich meist, ihre *face-threatening acts* innerhalb der Aufklärung eines Missverständnisses sukzessive abzuschwächen. Zeigen die Sprecher dagegen eher eine Konfliktorientierung, so nimmt die Intensität der *face-threatening acts* gegen Ende immer mehr zu.

Im Verlauf des vorliegenden Korpus hat sich ein interpersonaler Konflikt zwischen den Gesprächsteilnehmern Anke und Jarek entwickelt. Dabei deuten auch im Hinblick auf die Ergebnisse der qualitativen Interviews keinerlei Anzeichen auf einen interkulturell motivierten Konflikt hin. Insbesondere die Strategien von Anke zeigen in diesem Zusammenhang eine während des gesamten Gesprächs zunehmende Konfliktorientierung, die bei Jarek erst gegen Ende des Gesprächs einsetzt. Ähnlich Tzannes Beobachtungen veranlassen Konflikte andere Gesprächsteilnehmer gelegentlich zur Intervention in Form von Fremdreparaturen. Dabei weisen auch die Fremdreparaturstrategien des vorliegenden Korpus deutliche Präferenzen zur Vermeidung von Gesichtsbedrohungen auf.

Missverständnisse, die im Rahmen der vorangegangenen Analyse auf interkulturelle Motive zurückgeführt werden können, werden im Gegensatz zu den Missverständnissen in dem interpersonalen Konflikt mit größerer Vorsicht und mit größerem Bedacht auf die Vermeidung von Gesichtsbedrohungen behandelt. In diesem Fall zeigten die Sprecher eine deutliche Präferenz für Reparaturstrategien der Kategorie [5], mittels der sich potentielle Gesichtsbedrohungen durch die Anfügung begründender Erklärungen und Ausführungen abschwächen lassen. Darüber hinaus verleiten interkulturelle Missverständnisse dritte Sprecher tendenziell häufiger zur Durchführung von Fremdreparaturen, um Gesichtsbedrohungen für Angehörige ihrer Kulturgruppe abzuwenden. Insbesondere Gosia nahm in der vorliegenden Studie hierzu vergleichsweise hohe Risiken der Gesichtsbedrohung in Kauf. Die Präferenz für Begründungen und Erklärungen im Zusammenhang mit interkulturellen Missverständnissen kann durch eine mit kulturellen Kategorien verbundene Angst vor Letztbegründungen verursacht sein. Nach Ansicht der Sprecher können sie sich nur durch die Einführung von rationalen Argumenten aus dieser Position retten. Darüber hinaus korreliert diese festgestellte Präferenz für Begründungen mit den Ergebnissen von Koole und ten Thije. Im Rahmen ihrer Studie nahmen die Sprecher im Hinblick auf interkulturelle Fragen die Positionen von Spezialisten oder Repräsentanten ein, aus denen sie ihre Legitimation zum Sprechen bezogen. Auch die deutschen und polnischen Studierenden haben gezeigt, dass sie die Interkulturalität der Situation zur Bereicherung des Gesprächsverlaufs positiv nutzen können, wenn alle dazu bereit sind.

Literaturverzeichnis

APITZSCH, Gisela/DITTMAR, Norbert (1987): "Contact between German and Turkish adolescents: A case study." In: KNAPP, Karlfried/ENNINGER, Werner/KNAPP-POTHOFF, Annelie (Hrsg.) (1987): *Analyzing intercultural communication.* Berlin/New York/Amsterdam:de Gruyter: 51-72.

AUFENANGER, Stefan (1991): „Qualitative Analyse semi-struktureller Interviews - Ein Werkstattbericht." In: GARZ, Detlef/KRAIMER, Klaus (Hrsg.): *Qualitativ-empirische Sozialforschung. Konzepte, Methoden, Analysen.* Opladen: Westdeutscher Verlag.

BAHR, Andreas/SCHRÖDER, Hartmut (2000): „Sprache, Grenze, Grenzregion." In: STÖBER, Georg/MAIER, Robert (Hrsg.): *Grenzen und Grenzräume in der deutschen und polnischen Geschichte. Scheidelinie oder Begegnungsraum?* Hannover: Hahn: 127-141.

BOLTEN, Jürgen (1997): „Interkulturelle Wirtschaftskommunikation." In: WALTER, Rolf (Hrsg.): *Wirtschaftswissenschaften. Eine Einführung.* Paderborn/München/Wien/Zürich: Schöningh: 469-497.

BRINKER, Klaus (1997): *Linguistische Textanalyse. Eine Einführung in Grundbegriffe und Methoden.* 4. durchgesehene und ergänzte Auflage. Berlin: Erich Schmidt Verlag.

BRINKER, Klaus/Sager, Sven F. (1996): *Linguistische Gesprächsanalyse. Eine Einführung.* 2. durchgesehene und ergänzte Auflage. Berlin: Erich Schmidt Verlag.

BROWN, Gillian/YULE, George (1983): *Discourse Analysis.* Cambridge: Cambridge University Press.

BROWN, Penelope/LEVINSON, Stephen P. (1987): *Politeness. Some Universals in Language Usage.* Cambridge: Cambridge University Press.

CASPER-HEHNE, Hiltraud (1999): „Interkulturelle Kommunikation. Neue Perspektiven und alte Einsichten." In: *Zeitschrift für Angewandte Linguistik (ZfAL)* 31: 77-107.

DASCAL, Marcelo (1985): "The relevance of misunderstanding." In: DERS. (Hrsg.): *Dialogue: An Interdisciplinary Approach.* Amsterdam/Philadelphia: Benjamins: 441-459.

DURANTI, Alessandro (1997): *Linguistic Anthropology.* Cambridge: Cambridge University Press.

EHLICH, Konrad (1996): „Interkulturelle Kommunikation". In: GOEBL, Hans / NELDE, Peter H. / STARÝ, Zdeněk / WÖLCK, Wolfgang (Hrsg.): *Kontaktlinguistik. Ein internationales Handbuch zeitgenössischer Forschung.* 1. Halbband. Berlin/New York: de Gruyter: 920-931.

EHLICH, Konrad/REHBEIN, Jochen (1976): „Halbinterpretative Arbeitstranskriptionen (HIAT)." In: *Linguistische Berichte* 45: 21-41.

EUROPA-UNIVERSITÄT VIADRINA (Hrsg.) (1998): „Rechenschaftsbericht des Rektors." http://www.euv-frankfurt-o.de/de/weitere/Rechenschaftsbericht/rechen98.html [Zugriff: 15.08.00].

FALKNER, Wolfgang (1997): *Verstehen, Mißverstehen und Mißverständnisse. Untersuchungen aus einem Korpus englischer und deutscher Beispiele.* Tübingen: Niemeyer.

FLICK, Uwe/V. KARDORFF, Ernst/KEUPP, Heiner/V. ROSENSTIEL, Lutz/WOLFF, Stephan (Hrsg.) (1995): *Handbuch qualitative Sozialforschung. Grundlagen, Konzepte, Methoden und Anwendungen.* 2. Aufl. Weinheim: Psychologie Verlags Union.

GASS, Susan M./VARONIS, Evangeline M. (1991): "Miscommunication in Nonnative Speaker Discourse." In: COUPLAND, Nikolas/WIEMANN, John M./GILES, Howard (Hrsg.): *„Miscommunication" and Problematic Talk.* Newbury Park/London/New Delhi: Sage: 121-145.

GOFFMAN, Erving (1982): *Das Individuum im öffentlichen Austausch. Mikrostudien zur öffentlichen Ordnung.* Frankfurt am Main: Suhrkamp.

GOFFMAN, Erving (1993): *Rahmen-Analyse. Ein Versuch über die Organisation von Alltagserfahrungen.* Frankfurt am Main: Suhrkamp.

GOFFMAN, Erving (1994): *Interaktionsrituale. Über Verhalten in direkter Kommunikation.* Übers. von Renate Bergsträsser und Sabine Bosse. 3. Aufl. Frankfurt am Main: Suhrkamp.

GOFFMAN, Erving (1999): "On Face-Work: An Analysis of Ritual Elements in Social Interaction." In: JAWORSKI, Adam/COUPLAND, Nikolas (Hrsg.): *The Discourse Reader.* London/New York: Routledge: 306-320.

GÜNTHNER, Susanne (1994): „'Also moment SO seh ich das NICHT' Informelle Diskussionen im interkulturellen Kontext." In: KLEIN, Wolfgang/DITTMAR, Norbert (Hrsg.): *Interkulturelle Kommunikation.* LiLi: Zeitschrift für Literaturwissenschaft und Linguistik. Jg. 24/1994. Heft 93. Göttingen: Vandenhoeck und Ruprecht: 97-122.

HALL, Edward T. (1983): *The Dance of Life. The Other Dimension of Time.* Garden City, NY: Anchor Press/Doubleday.

HAUMERSEN, Petra/LIEBE, Frank (1999): *Multikulti: Konflikte konstruktiv. Trainingshandbuch Mediation in der interkulturellen Arbeit.* Mühlheim/Ruhr: Verlag an der Ruhr.

HINNENKAMP, Volker (1994): „Interkulturelle Kommunikation - strange attractions." In: KLEIN, Wolfgang/DITTMAR, Norbert (Hrsg.): *Interkulturelle Kommunikation.* LiLi: Zeitschrift für Literaturwissenschaft und Linguistik. Jg. 24/1994. Heft 93. Göttingen: Vandenhoeck und Ruprecht: 46-74.

HINNENKAMP, Volker (1994): *Interkulturelle Kommunikation.* Heidelberg: Groos.

HINNENKAMP, Volker (1998): *Missverständnisse in Gesprächen. Eine empirische Untersuchung im Rahmen der interpretativen Soziolinguistik.* Opladen/Wiesbaden: Westdeutscher Verlag.

HOFSTEDE, Geert (1997): *Lokales Denken, globales Handeln. Kulturen, Zusammenarbeit und Management.* München: dtv.

HOPF, Christel (1995): „6.1.1 Qualitative Interviews in der Sozialforschung. Ein Überblick." In: FLICK, Uwe/V. KARDORFF, Ernst/KEUPP, Heiner/V. ROSENSTIEL, Lutz/WOLFF, Stephan (Hrsg.): *Handbuch qualitative Sozialforschung. Grundlagen, Konzepte, Methoden und Anwendungen.* 2. Aufl. Weinheim: Psychologie Verlags Union: 177-182.

HUMBOLDT, Wilhelm v. (1810/11): „Einleitung in das gesamte Sprachstudium. Thesen zur Grundlegung einer Allgemeinen Sprachwissenschaft." In: HOFFMANN, Ludger (Hrsg.) (1996): *Sprachwissenschaft. Ein Reader.* Berlin/New York: de Gruyter: 11-17.

KALLMEYER, Werner (1988): „Konversationsanalytische Beschreibung." In: AMMON, Ulrich/DITTMAR, Norbert/MATTHEIER, Klaus J. (Hrsg.): *Sociolinguistics. An International Handbook of the Science of Language and Society. Vol. 2.* Berlin/New York: de Gruyter: 1095-1107.

KEIM, Inken/ANDROUTSOPOULOS, Jannis (2000): „Hey Lan, isch geb dir konkret Handy." In: *Frankfurter Allgemeine Zeitung* 21/2000: 13.

KNAPP, Karlfried/KNAPP-POTTHOFF, Annelie (1987): "Instead of an introduction: Conceptual issues in analyzing intercultural communication." In: KNAPP, Karlfried/ENNINGER, Werner/KNAPP-POTHOFF, Annelie (Hrsg.): *Analyzing intercultural communication.* Berlin/New York/Amsterdam: de Gruyter: 1-13.

KOOLE, T./TEN THIJE, J. D. (1994): *The Construction of Intercultural Discourse. Team Discussions of Educational Advisers.* Amsterdam/Atlanta: Rodopi.

KOTTHOFF, Helga (1994): „Zur Rolle der Konversationsanalyse in der interkulturellen Kommunikationsforschung, Gesprächsbedingungen im Schnittfeld von Mikro und Makro." In: KLEIN, Wolfgang/DITTMAR, Norbert (Hrsg.): *Interkulturelle Kommunikation.* LiLi: Zeitschrift für Literaturwissenschaft und Linguistik. Jg. 24/1994. Heft 93. Göttingen: Vandenhoeck und Ruprecht: 75-96.

LADO, Robert (1957): *Linguistics Across Cultures.* Ann Arbor: University of Michigan Press.

LAMNEK, S. (1993): *Qualitative Sozialforschung. Bd. 2: Methoden und Techniken.* 2., überarb. Auflage. München: Beltz.

LEVINSON, Stephen C. (1994): *Pragmatik.* Ins Deutsche übersetzt von Ursula Fries. 2., unveränderte Aufl. Tübingen: Niemeyer.

LIEBE, Frank (1996): *Interkulturelle Mediation – eine schwierige Vermittlung. Eine empirisch-analytische Annäherung zur Bedeutung von kulturellen Unterschieden.* Berghof Report Nr. 2. Berlin: Berghof Research Center for Constructive Conflict Management: http://www.b.shuttle.de/berghof/exefiles/t04.exe [Zugriff: 07.07.00].

LIEDTKE, Markusa/KNAPP-POTTHOFF, Annelie (1997): „Einleitung." In: KNAPP-POTTHOFF, Annelie/LIEDTKE, Markusa (Hrsg.): *Aspekte interkultureller Kommunikationsfähigkeit.* München: Iudicium: 7-16.

LINKE, Angelika/NUSSBAUMER, Markus/PORTMANN, Paul R. (1991): *Studienbuch Linguistik*. Tübingen: Niemeyer.

LUCHTENBERG, Sigrid (1999) *Interkulturelle kommunikative Kompetenz. Kommunikationsfelder in Schule und Gesellschaft.* Opladen: Westdeutscher Verlag.

MALETZKE, Gerhard (1996): *Interkulturelle Kommunikation. Zur Interaktion zwischen Menschen verschiedener Kulturen.* Opladen: Westdeutscher Verlag.

MCLUHAN, Marshall/POWERS, Bruce R./LEONHARDT, Claus-Peter (1995): *The Global Village. Der Weg der Mediengesellschaft ins 21. Jahrhundert.* Paderborn: Junfermann.

MEIBAUER, Jörg (1999): *Pragmatik. Eine Einführung.* Tübingen: Stauffenburg.

MERTON, R. K. / KENDALL, P. L. (1946): "The focussed interview." In: *American Journal of Sociology* 51: 541-557.

MÜLLER-JACQUIER, Bernd/TEN THIJE, Jan D. (1999): „Interkulturelle Kommunikation: interkulturelles Training und Mediation." Unveröff. Manuskript, erscheint in: BECKER-MROTZEK, Michael (Hrsg.) (2000): *Berufshandbuch Linguistik.*

PICKEL, Susanne (1999): *Ausländerfeindlichkeit und Vorurteile - was bringen Kontakte? Erste Ergebnisse aus dem Forschungsprojekt „Kommunikation und wechselseitige Wahrnehmung von deutschen und polnischen jungen Erwachsenen in Frankfurt (Oder) und Slubice. Vortrag an der Universität Strasbourg im Rahmen der Europäischen Woche am 4. 2. 1999.* Frankfurt (Oder): Unveröff. Manuskript.

POLLACK, Detlef/PICKEL, Susanne (1999): *Miteinander reden - sich besser verstehen? Ein Kontaktmodell am Beispiel junger Erwachsener und Studierender in Frankfurt (Oder) und Slubice.* Frankfurt (Oder): Unveröff. Manuskript.

REHBEIN, Jochen (1985): „Einführung in die interkulturelle Kommunikation." In: DERS. (Hrsg.): *Interkulturelle Kommunikation.* Tübingen: Narr: 7-39.

REHBEIN, Jochen (1987): "Multiple formulae. Aspects of Turkish migrant workers' German in intercultural communication." In: KNAPP, Karlfried/ENNINGER, Werner/KNAPP-POTHOFF, Annelie (Hrsg.): *Analyzing intercultural communication.* Berlin/New York/Amsterdam: de Gruyter: 215-248.

REIMANN, Horst (Hrsg.) (1992): *Transkulturelle Kommunikation und Weltgesellschaft. Zur Theorie und Pragmatik globaler Interaktion.* Opladen: Westdeutscher Verlag.

REUTER, E./SCHRÖDER, Hartmut/TIITTULA, Liisa (1989): „Deutsch-finnische Kulturunterschiede in der Wirtschaftskommunikation. Fragestellungen, Methoden und Ergebnisse eines Forschungsprojektes." In: *Jahrbuch Deutsch als Fremdsprache* 15: 237-269.

ROST-ROTH, Markusa (1994): „Verständigungsprobleme in der interkulturellen Kommunikation. Ein Forschungsüberblick zu Analysen und Diagnosen in empirischen Untersuchungen." In: KLEIN, Wolfgang/DITTMAR, Norbert (Hrsg.): *Interkulturelle Kommunikation.* LiLi: Zeitschrift für Literaturwissenschaft und Linguistik. Jg. 24/1994. Heft 93. Göttingen: Vandenhoeck und Ruprecht: 9-45.

SACKS, Harvey/SCHEGLOFF, Emanuel A./JEFFERSON, Gail (1974): "A simplest systematics for the organization of turn-taking for conversation." In: *Language* 50: 696-735.

SAPIR, Edward (1996): „Die Sprache: Form und Sprache. (1931)." In: HOFFMANN, Ludger (Hrsg.): *Sprachwissenschaft. Ein Reader.* Berlin/New York: de Gruyter: 426-443.

SCHEGLOFF, Emanuel A./SACKS, Harvey (1973): "Opening up closings." In: *Semiotica* 8: 289-327.

SCHRÖDER, Hartmut (1997): „Tabus, interkulturelle Kommunikation und Fremdsprachenunterricht. Überlegungen zur Relevanz der Tabuforschung für die Fremdsprachendidaktik." In: KNAPP-POTTHOFF, Annelie/LIEDTKE, Markusa (Hrsg.): *Aspekte interkultureller Kommunikationsfähigkeit.* München: Iudicium: 93-106.

SCHRÖDER, Hartmut (1998): „Ethnozentrismus, Stereotype und Lakunen - Methodologische Überlegungen zur Analyse interkultureller Kontaktsituationen." In: USKE, Hans/VÖLLINGS, Hermann/ZIMMER, Jochen/STRACKE, Christoph (Hrsg.): *Soziologie als Krisenwissenschaft. Festschrift zum 65. Geburtstag von Dankwart Danckwerts.* Politische Soziologie, Band 11. Münster: Lit: 41-56.

SCHRÖDER, Hartmut (2000): „Medien und Interkulturelle Kommunikation." Unveröff. Manuskript (Beitrag zur Podiumsdiskussion in der Sektion Angewandte germanistische Linguistik zum Rahmenthema Glottodidaktik, Translatorik, Interkulturelle Kommunikation).

SCHULZ VON THUN, Friedemann (1981): *Miteinander reden 1: Störungen und Klärungen. Allgemeine Psychologie der Kommunikation.* Reinbek bei Hamburg: Rowohlt.

SCHWARZ, Anna/JACOBS, Jörg (Hrsg.) (1998): *Experiment Grenzuniversität. Soziologische Erkundungen über die deutschen und polnischen Studierenden an der Europa-Universität Viadrina in Frankfurt (Oder).* Frankfurt am Main/Berlin/Bern/New York/Paris/Wien: Lang.

SEARLE, John R. (1992): *Sprechakte. Ein sprachphilosophischer Essay.* Übers. von R. und R. Wiggershaus. 5. Aufl. Frankfurt/Main: Suhrkamp.

SELTING, Margret ET AL. (1998): „Gesprächsanalytisches Transkriptionssystem (GAT)." In: *Linguistische Berichte.* 173: 91-122.

SLEMBECK, Edith (1998): „Grundfragen der interkulturellen Kommunikation." In: JONACH, Ingrid (Hrsg.): *Interkulturelle Kommunikation.* Sprache und Sprechen 34. München/Basel: Reinhardt: 27-36.

STALPERS, Judith (1987): "The use of *alors* in French-Dutch negotiations: A case study." In: KNAPP, Karlfried/ENNINGER, Werner/KNAPP-POTHOFF, Annelie (Hrsg.): *Analyzing intercultural communication.* Berlin/New York/Amsterdam: de Gruyter: 249-268.

TANAKA, Noriko (1993): *The Pragmatics of Uncertainty: Its Realisation and Interpretation in English and Japanese.* Unveröff. Ph.D.-Dissertation. Lancaster: Lancaster University.

TEN THIJE, Jan D. (1997): "Intercultural Communication in Team Discussions: Discursive Interculture and Training Objectives." In: KNAPP-POTTHOFF, Annelie/LIEDTKE, Markusa (Hrsg.): *Aspekte interkultureller Kommunikationsfähigkeit.* München: Iudicium: 125-154.

THOMAS, Jennifer A. (1986): *The Dynamics of Discourse: A Pragmatic Analysis of Confrontational Interaction.* Unveröff. Ph.D.-Dissertation. Lancaster: Lancaster University.

THOMAS, Jenny (1995): *Meaning in Interaction: an Introduction to Pragmatics.* London/New York: Longman.

TODOROV, Tzvetan (1985): *Die Eroberung Amerikas. Das Problem des Anderen.* Frankfurt/Main: Suhrkamp.

TZANNE, Angeliki (2000): *Talking at Cross-Purposes. The Dynamics of Miscommunication.* Amsterdam/Philadelphia: Benjamins.

ULINCHY, Polly (1997): "The mismanagement of misunderstandings in cross-cultural interactions." In: *Journal of Pragmatics.* 27: 233-246.

WAGNER, Wolf (1996): *Kulturschock Deutschland.* Hamburg: Rotbuch.

WEILER, Hans N. (1998): „Wissenschaft an der Grenze. Zur geistigen Geographie der Frankfurter Europa-Universität." In: SCHWARZ, Anna/JACOBS, Jörg (Hrsg.): *Experiment Grenzuniversität. Soziologische Erkundungen über die deutschen und polnischen Studierenden an der Europa-Universität Viadrina in Frankfurt (Oder).* Frankfurt am Main/Berlin/Bern/New York/Paris/Wien: Lang: 11-32.

Anhang

A.1 Organisationsprotokolle der Gesprächsrunden

A.1.1 Organisationsprotokoll zu Gesprächsrunde Nr. 1

Zeit: Sonntag, 02. Juli 2000, 20:00 Uhr bis 21:30 Uhr

Ort: Studentenwohnung in Frankfurt (Oder)

Polnische Gesprächsteilnehmer: Gosia (GO), Kasia (K)

Deutsche Gesprächsteilnehmer: Heike (H), Grit (G)

Anordnung der Gesprächsteilnehmer in der Aufzeichnung:

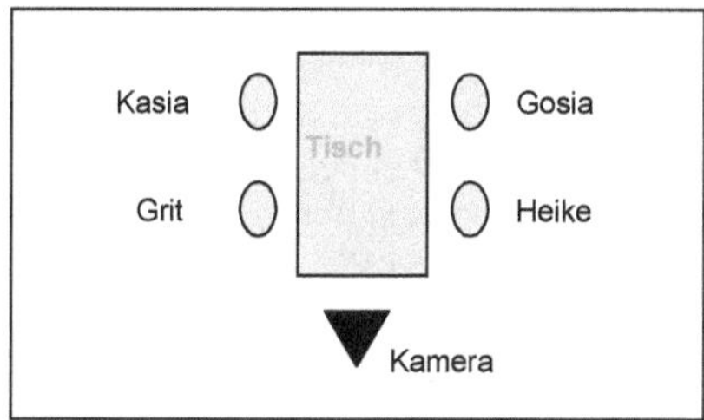

Zeit	Thematischer Verlauf	Missverständnisse
0:00:30	Heikes Politikseminar	
0:04:10	Kasias Handy klingelt, Kasia verlässt den Raum	
0:04:46	Heike schenkt Wein ein	
0:05:00	Regierungskrise in Polen	
0:05:40	Kasia kommt zurück	
0:06:30	Probieren des Weins	
0:06:50	Kommentare zu Essen und zur Videoaufnahme	
0:07:00	Gosias Kinobesuch	
0:07:30	Gosia erklärt die Partei der AWS in Polen	
0:08:05	Musik von der Jugendmesse *Young Life*	
0:08:30	Andere Parties, die an diesem Tag stattfinden	
0:08:50	Studentenclub *Grotte*: Fete oder Schließung?	
0:09:30	Gestohlenes Geschirr	
0:10:05	Grits Diplomarbeitsthema	
0:12:00	Kasia plant ein Referat zum Bild der Stadt Frankfurt	
0:12:40	Grits Herkunftsort nahe der dänische Grenze	
0:13:05	Grit traf in Frankfurt einen Mann aus ihrem Dorf	
0:13:25	Viele Menschen ziehen von einer Grenze an eine andere	

Zeit	Thematischer Verlauf	Missverst.
0:13:35	Grit und Kasia arbeiten im Call-Center	
0:14:30	Heike verlangt nach Brot, das nicht im Raum ist	
0:15:20	Vergleich mit der Fernsehshow *Big Brother*	
0:15:45	Dominic bringt Brot in den Raum	
0:16:17	Dominic bringt ein Brotmesser in den Raum	
0:16:30	TV-Show *Big Brother* wird in Polen nachgemacht	
0:16:55	Adaptation des Show-Konzepts auf die poln. Gesellschaft	
0:17:30	TV-Show wurde in Holland erfunden	
0:18:00	Kasia hofft auf ein Praktikum in Holland	
0:18:15	Heike hat sich beim Kaufhaus Lafayette beworben	
0:20:40	Lafayette sucht nur Bedienungen für das Straßencafé	
0:21:40	Heike hat auf der Pariser Buchmesse gearbeitet	
0:22:30	Kasias Vorstellungsgespräch für ein Praktikum in Berlin	
0:23:40	Sternzeichen als Einstellungskriterium	
0:24:21	Gosia schenkt Wasser ein	
0:24:30	Kasias Bewerbung bei einer Ausstellung	
0:25:15	Gosia fürchtet Unterqualifikation	
0:25:50	Kasia ist 25 Jahre alt und hat eine Lehrerinnenausbildung	
0:26:30	Kasias Beschluss, im Collegium Polonicum zu arbeiten	
0:27:00	Schlechte Bezahlung von Praktika in Berlin	
0:27:45	Kasia: die Mehrheit der Arbeitgeber sitzt in München	
0:28:00	Was bringt ein schnelles Studium?	
0:28:20	Grit scheinfrei, genießt aber weiterhin das Studium	
0:28:30	Grits Praktika	
0:31:00	Bewerbungsgespräche via Handy	
0:32:00	Gosia: Arbeitgeber hat keine Unterlagen zur Hand	
0:32:00	Heike: der Empfänger kann das Handy ausschalten	
0:33:10	Heikes Praktikum in Südafrika	
0:34:40	Heikes Gehaltsverhandlungen	
0:35:15	Heike hat gute Erfahrungen in Südafrika gemacht	
0:35:30	Heike will noch einmal in Südafrika arbeiten	
0:36:00	Gosia hat ein Stipendium für Großbritannien	
0:36:40	Gosia wollte eigentlich ein Semester in Kanada	
0:37:00	Grit: Non-EU-Studenten haben oft Probleme	
0:37:30	Sonderstatus der polnischen Viadrina-Studenten	
0:38:40	Gosia bekommt kein Viadrina-Stipendium	
0:39:20	Gosias Arbeit beim Immatrikulationsamt	
0:39:50	Lehrergehalt in Polen	
0:40:30	Kasias Mutter ist Lehrerin und wird schlecht bezahlt	
0:40:50	Heike: hohe Preise in Warschau	
0:41:20	Heikes Eindrücke von Warschau	
0:42:10	Gosia mag Warschau nicht	
0:42:40	Die Fußgängerzone in Poznan	
0:43:00	Heike gefällt Poznan	
0:43:50	Grit hatte während der Schulzeit nur Wandertage	
0:44:00	Grit war im Landschulheim	**MV 1: H/G**
0:45:40	Heike war mit ihrer Schule in den Französischen Alpen	
0:46:20	Heike hat mit ihrer Klasse eine Segeltour gemacht	
0:46:50	Segeln fördert soziale Kompetenz	

0:47:10	Gosias Klassenfahrt	
0:48:00	Gosias Sprachprobleme in Deutschland	
0:49:10	Heikes Verständigungsprobleme in Warschau	
0:50:00	Heike hat ihre Polnischkenntnisse wieder vergessen	
0:51:00	Heike erzählt Anekdote aus Warschau	
0:51:30	Heike fühlte sich wegen der Sprache unwohl	
0:52:00	Missverständnis bezüglich sprachlicher Kompetenz	**MV 2: H/K**
0:52:35	Gosia mag Deutsche mit schlechtem Polnisch	
0:53:30	Heike: Wie lernt man deutsch in Polen?	
0:53:40	Kasia hatte Schwierigkeiten im Deutschunterricht	
0:54:05	Schulreform in Polen	
0:54:20	Heike: Verbesserungen in Polen	
0:56:10	Kasia: viele kleine Schulen in Polen werden geschlossen	
0:57:30	Kasias erste „5" in Mathematik	
0:59:17	Kasia hat in einem Internat gelebt	
0:59:30	Kasia hat immer alle Schulbücher in die Schule gebracht	
0:59:55	Kasia wollte im Winter immer Handschuhe tragen	
1:00:20	Heikes Mutter ist Lehrerin in Frankreich	
1:01:00	Heike: Schulsystem und Probleme in Frankreich	
1:01:30	Sonderschulen in Frankreich	
1:02:20	Kasia hat in Polen unterrichtet	
1:02:45	Grit hat im Baltikum unterrichtet	
1:04:20	Kasia: die Jungs schämten sich für gute Leistungen	
1:05:20	Gosia: gegenteilige Erfahrungen in Deutschland	
1:06:55	Heikes Mutter und ihre „Ben-dous"	
1:09:48	Welches türkische Mädchen war im AStA?	**MV 3: H/K**
1:10:50	Gosia war auf einem Gymnasium in Gronau	
1:11:05	Grits Mutter ist auch Lehrerin	
1:12:10	Dänische Kinder an der Grenze gingen in DK zur Schule	
1:13:10	Gosias Gastfamilie in Gronau hat sich verändert	
1:14:20	Eltern der Gastfamilie bedacht auf Fernsehkonsum	
1:15:10	Kinder der Gastfamilie benutzen jetzt das Internet	
1:15:20	Die Gasttochter durfte nie ins Kino gehen	
1:17:20	Ahaus und Enschede sind kleine, aber bekannte Städte	
1:17:56	Heike hatte zu ihren Eltern immer eine Vertrauensbasis	
1:19:13	Heike hatte als Kind „alle Freiheiten"	
1:19:45	Gosias Gastkinder hatten keine Freiheiten	
1:21:00	Kinder ohne Fernseher werden Außenseiter	
1:22:00	Heike konnte nie „nur die Liebe zählt" sehen	
1:22:35	Eltern hatten als Kinder noch keinen Fernseher	
1:22:50	GEZ-Gebührenbefreiung	**MV 4: H/G**
1:24:00	Fernsehgebühren in Polen	
1:25:00	Heikes Nachbarn in Berlin	
1:26:30	Soziale Kontrolle unter Nachbarn im Studentenwohnheim	
1:27:25	Kasia fühlt sich isoliert	
1:27:30	Gosias Arbeit im Immatrikulationsamt	**MV 5: H/GO**
1:28:35	Kasia trifft Leute, die sie nicht wiedererkennt	
1:29:00	Heike trifft eine Freundin im Zug nach Berlin	
1:30:25	Kasia hatte einen Blackout bei einem Referat	
1:32:20	Heike erkannte „Stefanie" nicht	

A.1.2 Organisationsprotokoll zu Gesprächsrunde Nr. 2

Zeit: Sonntag, 03. Juli 2000, 19:00 Uhr bis 21:30 Uhr

Ort: Studentenwohnung in Frankfurt (Oder)

Polnische Gesprächsteilnehmer: Gosia (W), Jarek (P)

Deutsche Gesprächsteilnehmer: Anke (F), Markus (M)

Anordnung der Gesprächsteilnehmer in der Aufzeichnung:

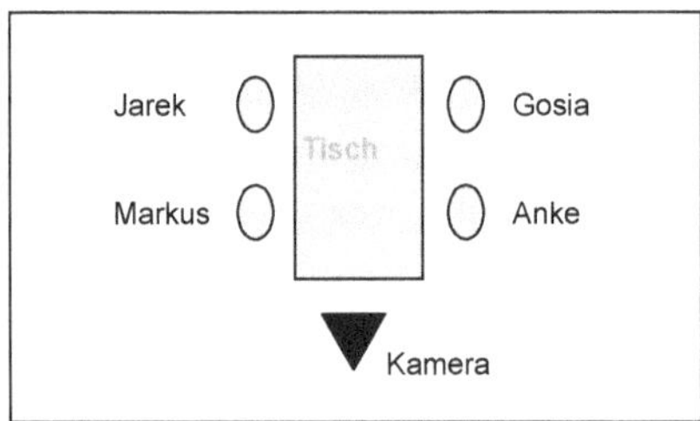

Zeit	Thematischer Verlauf	Missverst.
0:00:40	Gäste treten ein	
0:01:05	Gosia: läuft die Kamera schon?	
0:01:20	Witze über die Kamera	
0:02:00	Markus eröffnet die Tafel	
0:02:20	Jarek öffnet Wein	
0:02:50	Jarek: die Servietten sind ein Restposten von Ostern	
0:03:05	Markus: es gibt zwei Gläser pro Person	
0:03:25	Größen der Studentenzimmer im Wohnheim	
0:03:45	Ankes Mitbewohnerin wird durch Jareks Musik gestört	
0:04:14	Anke selbst nimmt Jareks Musik nicht wahr	
0:04:30	Jarek hört nachts immer den Nadeldrucker der Nachbarin	
0:04:50	Jareks Musikgeschmack	
0:05:10	Jareks Homepage enthält eine Linkliste zu Musik	
0:05:40	Gosia verweist auf das Essen	
0:05:50	Weinprobe	
0:06:40	Rezept für Tomaten und Mozzarella stammt aus Italien	
0:07:00	Markus hat am Vortag die Speisereste gegessen	
0:07:30	Essen vor der Kamera	**MV 1: W/M**
0:08:00	Schwierigkeiten bei der Rekrutierung der Probanden	
0:08:25	Ankes Ostseeurlaub	
0:09:00	Jarek war an der polnischen Ostsee	
0:10:00	Das Wetter während Markus' Exkursion nach Warschau	
0:10:10	Markus erklärt den Inhalt seines Politikseminars	
0:10:40	Jarek hat in Warschau zufällig einen Freund getroffen	
0:11:00	Gosias Erlebnis im Zug	
0:12:20	Markus gefällt die Innenstadt von Warschau	
0:12:30	Markus hat in Warschau eine Milchbar besucht	

0:13:00	Der Assistent in der Informatikvorlesung	
0:13:30	Assistent	**MV2: F/W/P**
0:14:40	Der Assistent könnte Mattheusz heißen	
0:15:15	Jarek: Adam Twardoch designt polnische Schriftarten	
0:15:50	Polnische Schriftarten	**MV 3: F/P**
0:16:30	Jarek: Adam Twardoch ist Koordinator für Schriftarten	
0:17:20	Jarek: Adam Twardoch veröffentlicht Artikel	
0:18:00	Schriftarten und Ästhetik	**MV 4: W/P**
0:19:00	Markus hat Schriftartendesign schon in der Schule gelernt	
0:19:50	Markus schließt das Fenster	
0:20:55	Kulturwissenschaften als Beleidigung	**MV 5: F/P**
0:21:30	Vorurteile gegen Kulturwissenschaftler	
0:21:55	Anke gesteht ein, dass es faule KuWis gibt	
0:22:20	Jarek: Juristen sind die einzigen fleißigen Studenten	
0:23:10	Anke: Juristen müssen zwangsweise in der UB lesen	
0:23:40	Jarek: Auch er muss Texte lesen	
0:23:55	M vermittelt: die Fakultäten konkurrieren immer	
0:24:15	Vergleich: Fakultäts- und Nationalitätszugehörigkeit	
0:24:42	Markus' Räuspern	**MV 6: M/F**
0:25:15	Markus' Methode zur Auswahl von Seminaren	
0:25:45	Ankes Seminar zum Thema der Stereotypen	
0:27:00	Markus nimmt auch an Jura-Vorlesungen teil	
0:27:35	Markus' Note in der Wirtschaftsinformatik-Klausur	
0:28:10	Jarek: die zweite Klausur ist meistens schwerer	
0:29:35	Farbe der Stühle	**MV 7: P/F**
0:29:50	Konstruktion von Stuhlbeinen	**MV 8: P/F**
0:32:20	Markus: geht jemand zur Jugendmesse?	
0:33:00	Programm auf der Jugendmesse	**MV 9: M/F/P**
0:33:15	Jugendmesse	**MV 10: P/F**
0:34:00	Gosias Adresse	**MV 11: F/W**
0:34:00	Joghurt wird sahniger, wenn er ungekühlt ist	
0:34:40	Fetakäse	**MV 12: M/W**
0:34:55	Markus: Fetakäse ist in Polen weicher	
0:35:50	Markt in Polen	**MV 13: W/M**
0:36:20	Lebensmittelvorschriften in Polen	
0:36:50	EU-Regelungen	**MV 14: P/M**
0:38:00	Markus scherzt: Kunstkäse aus Polen	
0:38:30	Jarek wurde in Warschau die Brieftasche gestohlen	
0:40:15	Markus fragt Jarek über den Diebstahl aus	
0:40:30	Jareks Geldbeutel	**MV 15: F/P**
0:41:00	Das hohe Preisniveau in Warschau	
0:41:30	Markus: in Warschau ist der Bahnhof unterirdisch	
0:41:45	Jarek: die Warschauer Stadtmitte ist gefährlich	
0:42:00	Markus berichtet von seiner Exkursion nach Warschau	
0:42:35	Markus' Fotoapparat	**MV 16: M/W**
0:43:00	Markus fand die Warschauer Generäle lustig	
0:43:15	Markus' kostenlose Zugfahrt nach Warschau	
0:43:42	Jareks Heimatort	**MV 17: P/W**
0:44:00	Gosias Heimatort	
0:44:15	Jarek: die Stadt Koszalin ist im Krieg stark zerstört worden	

0:45:20	Jarek: die polnische Ostseeküste ist dicht bebaut	
0:46:00	Nehrungen an der Ostseeküste	**MV 18: M/P**
0:46:30	Markus: Lag Koszalin früher am Meer?	
0:47:20	Markus: Gibt es in Kolberg Tourismus?	
0:47:55	Markus: Kasia kommt aus Kolberg	
0:48:10	Markus: Deutsche kaufen Grundstücke in Polen	
0:48:50	Markus: Zum Grundstückkauf gibt es viele Gerüchte	
0:50:00	Markus: der Mythos der Arbeitskraftschwemme	
0:50:30	Polnische Hilfsarbeiter in Deutschland	**MV 19: M/P**
0:51:10	Markus: EU-Richtlinien müssen beachtet werden	
0:51:50	Jarek: ein Freund bekam bei *debis* keine Arbeitserlaubnis	
0:52:30	Markus: zukünftig bessere Chancen für Polen in der EU	
0:53:15	Markus: Vergleich mit Beitritt Spaniens in die EU	
0:53:40	Gosia verweist zurück auf das Essen	
0:55:35	Waschmaschine I	**MV 20: P/F**
0:55:55	Gosia erkundigt sich nach dem Straßenbahnfahrplan	
0:56:25	Gosia fragt nach Buslinien in der August-Bebel-Str.	
0:56:45	Anke ist in Frankfurt noch nie mit einem Bus gefahren	
0:56:55	Markus: im Bus herrschen „Schweißwolken"	
0:57:10	Buslinien zum Supermarkt	**MV 21: P/M**
0:57:55	Anke verweist auf den Nachtisch	
0:58:15	Gosia kann nach Prüfungen nichts essen	
0:58:45	Markus: Speisen in die Bibliothek schmuggeln	
0:59:30	Die unpraktischen Regelungen der Bibliothek	
0:59:55	Markus: die Detektoren scheinen nicht zu funktionieren	
1:00:05	Jarek: man kann seine Tasche entsprechend präparieren	
1:00:40	Markus: Sicherungsstreifen in den Bibliotheksbüchern	
1:00:55	Markus: die Streifen sind nicht leicht auffindbar	
1:01:10	Sicherung der Bibliotheksbücher	**MV 22: P/F**
1:01:20	Markus: manche Bibliotheksbücher sind nicht gesichert	
1:01:30	Anke: die Sicherungstechnik ist aufwändig	
1:02:15	Jarek: Magnetisierung funktioniert wie bei Quarzuhren	
1:02:30	Markus verweist zurück auf das Essen	
1:02:50	Anke erkennt Geschirr der Mensa auf dem Tisch	
1:03:55	Markus scherzt: Studentenwerk kauft Geschirr bei IKEA	
1:04:20	Anke: das Inventar des Studentenwerks ist katalogisiert	
1:04:40	Jarek: in Münster waren die Gegenstände nicht gesichert	
1:05:25	Jarek: Putzkolonnen im Wohnheim	
1:05:50	Jarek: die Putzfrauen putzen schlecht	
1:06:30	Jarek: die Putzfrauen benutzen kein frisches Wasser	
1:07:00	Anke: jetzt kommen auch Fensterputzer ins Wohnheim	
1:07:20	Jarek: die Stühle im Wohnheim wurden repariert	
1:07:45	Jareks defekter Stuhl	**MV 23: F/P**
1:08:35	Markus: Gegenstände auf der Fensterbank	
1:09:30	Jarek: vom Essen ist viel übrig geblieben	
1:10:50	Waschmaschine II	**MV 24: F/P**
1:11:10	Studenten halten sich nicht an die Reservierungen	
1:12:10	Markus entschuldigt sich immer bei anderen Studenten	
1:12:55	Anke: im Wohnheim gibt es eine neue Waschmaschine	
1:13:40	3 Waschmaschinen für 500 Bewohner	

1:14:00	Waschmaschine III	**MV 25: F/P**
1:14:30	Markus wäscht seine Wäsche immer nachts	
1:14:50	Markus wünscht sich eine Wäschespinne	
1:15:30	Markus hält die Transkription der Aufnahme für aufwändig	
1:16:30	Markus erklärt das Prinzip von Dominics Diplomarbeit	
1:16:50	Gosia: nehmen immer Frauen und Männer teil?	
1:17:20	Markus: Dominic will keine Liebespaare aufzeichnen	
1:17:50	Markus: Vergleich der Aufnahme mit *Big Brother*	
1:18:40	Vor Markus' Fenster lebt ein Kuckuck	
1:18:50	Jarek: im Wohnheim lebt eine Katze	
1:19:15	Markus: wem gehört die Katze?	
1:19:59	Markus hört vor seinem Fenster Schafe	
1:20:20	Der Name *Nuhnenstraße* kommt von alten Schäferhütten	
1:21:30	Markus plant ein Auslandssemester in Italien	
1:21:50	Markus will seine Abschlussarbeit in Polen schreiben	
1:22:20	Polnische Stud. schreiben Diplomarbeiten auf deutsch	
1:23:45	Diplomarbeitsthema	**MV 26: F/P**
1:24:05	Markus ist gespannt auf die Ergebnisse der Studie	
1:25:40	Unterschiedliche Korrekturkriterien in Polen und Dtl.	
1:27:35	Jarek: umständliches Bibliographieren in Deutschland	
1:28:10	Jarek hat zwei Tage lang in Berlin recherchiert	
1:28:50	Berliner Bibliotheken	**MV 27: P/F/M**
1:29:30	Markus ist froh über das Semesterticket	
1:30:20	Markus empfiehlt die Bibliothek der Humboldt-Universität	
1:30:40	Jarek: liegt die Humboldt-Uni im ehemaligen Ost-Berlin?	
1:32:10	Markus: Bibliotheksbestellungen sind umständlich	

A.1.3 Organisationsprotokoll zu Gesprächsrunde Nr. 3

Zeit: Dienstag, 04. Juli 2000, 19:00 Uhr bis 21:30 Uhr

Ort: Studentenwohnung in Frankfurt (Oder)

Polnische Gesprächsteilnehmer: Mariusz (M), Darek (D)

Deutsche Gesprächsteilnehmer: Christian (C), Tim (T)

Anordnung der Gesprächsteilnehmer in der Aufzeichnung:

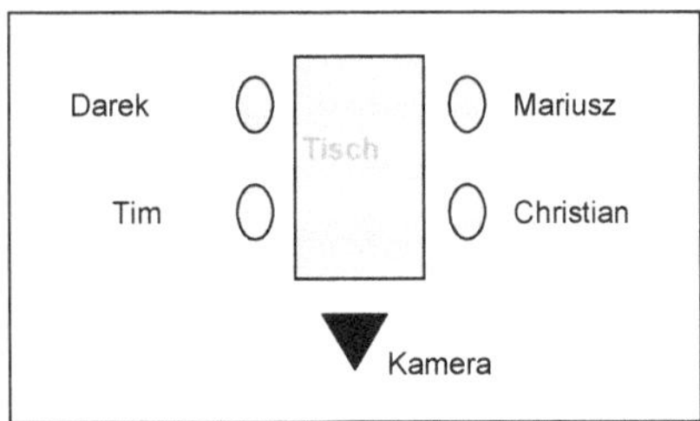

0:00:10	Mariusz und Darek kommen herein	
0:00:30	Mariusz und Darek mussten die Wohnung erst suchen	
0:01:00	Frage nach der Kamera	
0:01:29	Darek beginnt allgemeines Händeschütteln	
0:01:40	Tims Diplomarbeit	
0:02:30	Darek hat vor kurzem seine Diplomarbeit eingereicht	
0:03:05	Darek zeigt die Arbeit in der Runde vor	
0:03:30	Darek hat seine Arbeit einbinden gelassen	
0:04:20	Darek hat der Arbeit eine Widmung vorangestellt	
0:05:10	Manche Professoren lesen nur Einleitung und Schluss	
0:05:25	Prof. X mag gern Schlussworte	**MV 1: C/M**
0:05:50	Getrenntes Sprechen: Mariusz & Tim / Darek & Christian	
0:06:40	Christians zukünftige Semester	
0:07:00	Christians Beurlaubung	**MV2: C/M**
0:09:14	Darek: nur ein umfangreiches Buch zu seinem Thema	**MV 3: M/D**
0:12:05	Tims Themengebiet: Nordirland	
0:13:20	Professor hält Tims Thema für zu komplex	
0:13:50	Verteilung des Salats	
0:14:50	Öffnen des Weins	
0:15:40	Mariusz muss aus dem Studentenwohnheim ausziehen	
0:17:10	Tim schenkt Wein aus	
0:17:45	Die Konzerte auf der Jugendmesse *Young Life*	**MV 4: C/D**
0:18:55	Darek hat ein Buch von Christians Großeltern gefunden	
0:20:00	Darek liest einen Brief von Christians Großeltern vor	
0:22:35	Christian ähnelt seinem Großvater	
0:23:00	Weinprobe	
0:24:10	Mariusz erzählt von einem Buch, das er gekauft hat	

0:24:30	Darek: das Wort „sexistisch“ gibt es auf polnisch nicht	**MV 5: C/D**
0:26:10	Tim erzählt vom Feminismus in Frankreich	
0:28:20	Darek erzählt von einer christlichen Rockgruppe	
0:29:00	Darek: die Band wird auch auf der EXPO spielen	
0:29:30	Christian: frühere Konzerte waren schlecht besucht	
0:30:10	Tim berichtet von der Jugendmesse *Young Life*	**MV 6: T/D**
0:30:45	Tim: die Wachleute haben gelacht	
0:31:15	Tim: auf der Jugendmesse konnte man nichts essen	
0:32:10	Darek erzählt von einer kasachischen Freundin	
0:33:30	Darek traf eine Freundin auf dem Leipziger Bahnhof	
0:35:00	Exkursion von Mariusz und Christian	
0:36:00	Christian: Besuch des Völkerschlachtdenkmals	
0:36:30	Chr.‘s Rucksack wurde vor dem Stasi-Museum geklaut	
0:38:00	Darek: Deutsche klauen sogar Kaugummis	**MV 7: T/D**
0:39:00	Lange Schweigepause	
0:39:05	Tims Besuch in Leipzig	
0:40:30	Tim hat Selbstmord in Leipzig beobachtet	
0:41:15	Bei Mariuszs Besuch herrschte starker Wind	
0:43:30	Früher waren die Bedingungen an der Viadrina besser	
0:45:00	Semesterzahlen der Gesprächsteilnehmer	
0:45:45	Dekanat bietet den ersten Studenten Zugeständnisse an	
0:46:20	Tims Seminar bei der Tochter von Hans Modrow	
0:47:35	Irina Modrow lehrt immer noch an der Viadrina	
0:48:05	Tims Exkursion nach Bonn	
0:48:50	Hans Modrows Besuch an der Viadrina	
0:49:10	Mariusz: In welcher Partei war Hans Modrow?	
0:50:00	zwei deutsche Staatschefs mit einem deutschem Namen	
0:50:50	Der Rücktritt von Oskar Lafontaine	
0:51:35	Darek war zur Zeit des Rücktritts in Saarbrücken	
0:51:50	Beobachtung des Rücktritts als wörtlichen Schritt	**MV 8 C/D**
0:52:20	Darek: ein Rücktritt muss ein eigenartiges Gefühl sein	
0:52:35	Christian erkundigt sich nach der Situation in Polen	
0:54:00	Die polnischen Politiker sind eine große Gefahr	**MV 9: D/C**
0:55:50	Mariusz lobt sie polnischen Reformen	
0:56:50	Christian: Entlassung von Politikern	
0:57:40	Tim: Wirtschaft und Politik sind voneinander unabhängig	
0:58:35	Darek: Arbeitslosigkeit unter Helmut Kohl	**MV 10: D/C/T**
1:00:30	Christian: die Rentenreform ist sehr komplex	
1:01:10	Darek verweist auf den Nachtisch	
1:02:20	Die Studie von Dominic	
1:02:40	Männer und Frauen in der Aufnahmesituation	
1:03:10	Christian scherzt: Aufnahme, über die Fehler der Polen	
1:03:50	Tim: Direktübertragung ins Internet	
1:04:25	Projektarbeit in den Sprachkursen der Viadrina	
1:05:40	Schwierigkeiten der russische Aussprache	
1:06:40	Darek: kein Russischunterricht in polnischen Schulen	
1:08:00	Mariusz: die Sprache in der Stadt Kaunas	
1:08:45	Christian erkundigt sich nach der russischen Minderheit	
1:09:30	Mariusz: die Russen sind die größte Minderheit	
1:10:10	Längeres Schweigen	

1:10:30	Mariusz und Darek erklären die baltischen Sprachen	
1:11:10	Die Busverbindungen ins Baltikum	
1:11:50	Mariusz: Gelderpressung an den Grenzübergängen	
1:12:25	Tim: Braucht man eine Einladung zur Einreise?	
1:13:20	Mariusz: Angabe des Geldes am Grenzübergang	
1:14:30	Die Bestechung auf Bahnreisen	
1:15:45	Christian: Taktik, um die reisenden einzuschüchtern	
1:16:40	Christian hat einmal DM 50,- Bestechungsgeld gezahlt	
1:17:05	Bestechung als Komplizenschaft gegen den Staat	
1:17:20	Christian: Geld trägt andererseits zur Sicherheit bei	
1:18:10	Christian: Anmeldung bei Russlandreisen vor Ort	
1:19:00	Mariuszs Jacke wurde durchsucht	
1:20:15	Christian: Durchsuchungen zur Schikane de Reisenden	
1:21:20	Darek hatte ein Madonnenbild in der Tasche	
1:21:45	Mariusz: Erlebnisse „in der Praxis“	**MV 11: C/D**
1:22:00	Chr.: Zöllner stehen M. besonders kritisch gegenüber	
1:22:05	P: Kontrolle in Frankreich, Verdacht, er sein Rumäne	
1:24:25	Mariusz wurde an der Grenze wegen Medizin verdächtigt	
1:26:00	Mariusz wird häufig für einen Rumänen gehalten	
1:27:00	Mariusz hat als Übersetzer gearbeitet	
1:28:00	Polizisten hielten Mariusz für einen Rumänen	
1:28:30	Christian entdeckt Schokoladenschachtel im Regal	
1:29:15	M. wurde im Geschäft für einen Marokkaner gehalten	
1:30:15	Tim wurde bei Rückreise aus Israel „gefilzt“	
1:33:40	Tims Fotoapparat beim Zoll	

A.1.4 Organisationsprotokoll zu Gesprächsrunde Nr. 4

Zeit: Mittwoch, 05. Juli 2000, 19:00 Uhr bis 21:30 Uhr

Ort: Studentenwohnung in Frankfurt (Oder)

Polnische Gesprächsteilnehmer: Ewa (E), Przemek (P)

Deutsche Gesprächsteilnehmer: Andrea (A), Kathrin (K)

Anordnung der Gesprächsteilnehmer in der Aufzeichnung:

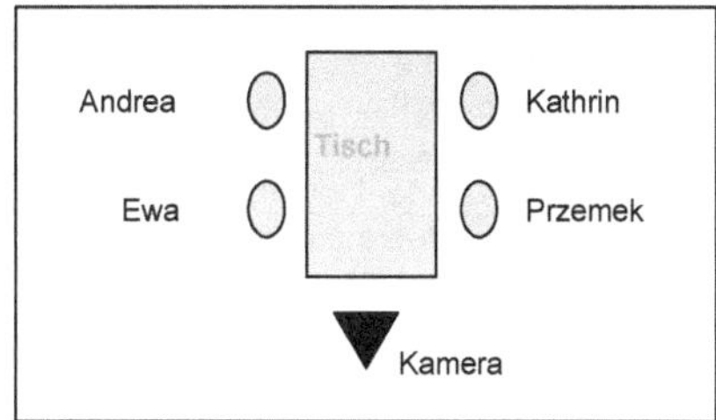

0:01:20	Gesprächsteilnehmer nehmen ihre Plätze ein	
0:01:50	Öffnen des Weins	
0:02:00	Andrea fragt nach den Namen der anderen Studenten	
0:02:30	Benutzung der Servietten	
0:03:20	Kathrin inspiziert den Nachtisch	
0:03:40	Feuerwerk auf der Jugendmesse *Young Life*	
0:04:10	Weinprobe	
0:04:30	Andrea berichtet von *Young Life*	
0:04:45	Kathrin: Woher kommt der Lärm?	
0:06:05	Andrea hat am Vortag Salat in Polen gekauft	
0:06:30	Langes Schweigen	
0:07:15	Die Beleuchtung des Raumes	
0:08:00	Kathrin erzählt von einem Buch	
0:08:24	Przemek ist in Schwedt aufgewachsen	
0:08:40	Przemek wohnt auch jetzt in Schwedt	
0:08:55	Przemek: in Schwedt gibt es keine Ausländer	
0:09:20	Przemek hat deutsche Vorfahren	
0:09:40	Przemeks Vater ist Vermessungsingenieur	
0:09:00	Schwedt ist 20 km von Frankfurt entfernt	**MV 1: K/P**
0:10:20	Kathrin ist als Kind 85 km mit dem Fahrrad gefahren	
0.10.45	Langes Schweigen	
0:11:15	Przemek ist als deutscher Student immatrikuliert	
0:11:15	Przemek hat sein Abitur in Polen gemacht	
0:11:45	Przemek hat in Schwedt keine Freunde	
0:12:05	Przemek konnte anfangs kein deutsch sprechen	
0:13:00	Viele Polen in Deutschland gehen in Polen zur Schule	
0:13:30	Andrea: lange Zubereitungszeit für das Abendessen	

0:13:40	Kathrin hat Dominic während der Zubereitung besucht	
0:13:50	Ewa: Hat Dominic das Essen allein zubereitet	**MV 2: K/E**
0:14:10	Przemek möchte auch kochen lernen	
0:14:55	Kathrin erkundigt sich nach dem Diplom im Fach BWL	
0:15:30	Przemek studiert VWL	
0:16:20	Andrea: lernt man in VWL keine Fremdsprachen?	
0:16:45	Ewa: VWLer haben alle eine Matrikel-Nr über 6000	
0:17:05	Kathrin: studiert Ewa Kulturwissenschaften?	**MV 3: K/E**
0:17:20	Kathrin und Ewa besuchen gemeinsame Seminare	**MV 4: K/E**
0:17:30	Andrea: Ewa kann gut singen, obwohl sie kein KuWi ist	
0:17:46	Ewa wartet auf Klausurergebnisse	
0:17:55	Kathrin hat bisher nur eine Übungsklausur geschrieben	**MV 5: K/A**
0:18:40	Kathrin war in der Robert-Havemann-Straße	
0:19:20	Kathrin hat wegen Regen die Straßenbahn verpasst	
0:20:45	Die Übung zur Vorlesung Wirtschaftsinformatik	
0:20:50	Kathrin hat Probleme mit der Installation von *Java*	
0:21:17	Ewa hat die Bonus-Hausaufgabe der Übung eingereicht	**MV 6: K/E**
0:22:18	Anfertigung von HTML-Dokumenten auf Papier	
0:22:40	Kathrin ist ratlos bezüglich der Klausur	**MV 7: P/K**
0:23:50	Keine Reflektionszeit während der Klausur	**MV 8: K/E**
0:24:20	Kathrin schenkt Wein aus	
0:25:40	Andrea: das Sommersemester vergeht schnell	
0:26:00	Kathrin rechnet die noch verbleibenden Wochen aus	
0:26:50	Kathrin wartet auf Musiknoten per Post	
0:27:30	Przemek telefoniert via Handy mit seiner Mutter	
0:28:30	Auslandstarife von Mobiltelefonen	**MV 9: P/A**
0:29:30	Kathrin hält die Tarife für überteuert	
0:30:30	Przemek witzelt über Kulturwissenschaftler	
0:31:50	Kathrin kennt einen Pharmaziestudenten	**MV 10: K/P**
0:32:50	Kathrin hält Jura für ein langweiliges Fach	
0:35:30	Der EU-Beitritt Polens	**MV 11: K/E**
0:36:00	Kathrin entdeckt eine Packung Entkalker im Regal	
0:36:35	Kommentare zum Kräuterquark	
0:37:05	Kathrin verweist auf die nicht angerührten Speisen	
0:37:40	Ewa fürchtet sich vor den Klausurergebnissen	**MV 12: K/E**
0:37:50	Przemek: Das war doch nur eine Übungsklausur	
0:38:15	Andrea: verabscheut das Fach Wirtschaftsinformatik	
0:38:40	Andrea kennt Prof. Kurbel aus dem Basketballverein	
0:40:10	Kathrin erzählt von einer amerikanischen Studentin	
0:41:00	Kathrin: Prof. erzählt von Homebanking vor 30 Jahren	
0:41:40	Andrea: Homebanking mit DM 70,- Guthaben	**MV 13: P/K**
0:42:20	Privates Fotografieren zu Dokumentationszwecken	
0:42:40	Kathrin hält eigene alte Fotos für peinlich	
0:43:45	Przemek schenkt Wein nach	
0:44:25	Kathrins Bruder sammelt CDs	
0:45:25	Lange Schweigepause	
0:45:35	Kathrin sieht polnische Vokabellisten an den Wänden	
0:46:55	Kathrin liest die Aussprache polnischer Uhrzeiten vor	
0:48:35	Andreas Exkursion nach Krakau	
0:49:15	Kathrin: türkische Zahlen sind leichter erlernbar	

0:49:50	Andrea hält die polnische Schreibweise für schwierig	
0:50:05	Kathrin sucht beim Sprachenlernen nach Eselsbrücken	
0:50:50	Diskussion um den Film *Das Boot*	
0:51:00	Kathrins hat eine Filmnacht besucht	
0:51:30	Kathrin erzählt von ihrem Schreck im Kino	
0:53:20	Przemek berichtet von dem Film *Island II*	
0:54:25	Kathrin verweist auf den Nachtisch	
0:55:45	Kathrin entdeckt einige Reiseführer im Schrank	
0:56:45	Przemek würde gern zu einer späteren Tageszeit essen	
0:58:30	Andrea sucht nach einem Thema für ihr Vordiplom	
0:58:50	Kathrin erzählt von den Pflanzen in ihrer Küche	
0:59:35	Andrea war auf Empfang an der Uni ihres Freundes	
1:00:10	Wer ist der Bundesminister für Kultur?	**MV 14: K/A**
1:00:30	Vorlesung von Minister Naumann	
1:00:50	Andrea hat alte Gasthörer an der Viadrina gesehen	
1:01:40	In Kathrins Seminar sitzen zwei alte Männer	
1:01:50	Andrea: einer der alten Männer verschenkt Schokolade	
1:03:00	Kathrin sieht in der Bibliothek häufig alte Männer	
1:04:10	Kathrin wird von den Männern immer gegrüßt	
1:04:25	Andrea: peinliches Ereignis im Politikseminar	
1:04:55	Kathrin führt Ewa in das Thema ein	
1:05:40	Weimarer Republik	**MV 15: P/K**
1:06:00	Andrea: die Weimarer Republik ist eine Kategorie	
1:07:20	Kathrin bemerkt, dass ihr Stuhl auf Rollen steht	
1:08:00	Kommentare zum Joghurt	
1:09:00	Przemek: auch im Bad hängen polnische Vokabellisten	
1:10:25	Kathrin lernt polnisch mit Karteikarten	
1:10:45	Andrea: Dominic ist Mitglied des StuPa	
1:10:10	Przemek: Wird das Semesterticket wieder aufgehoben?	
1:11:30	Andrea: verwirrende Diskussion um Studiengebühren	
1:11:50	Andrea: Studiengebühren für alle Studierenden	**MV 16: A/P**
1:12:20	Przemek: Deutsche können DM 100,- problemlos zahlen	
1:12:30	Andrea: Studiengebühr gilt nur in Brandenburg	
1:13:00	Kathrin: Hochschulpolitik ist Angelegenheit der Länder	
1:13:30	Unterschied: Studiengebühren oder Semesterbeiträge	
1:13:45	Kathrin plädiert für Lösung auf Bundesebene	
1:14:00	Andrea: an manchen Unis zahlt man DM 45,-	
1:14:20	Kathrin fordert Einigung unter den Ländern	
1:14:40	Przemek: Ausland hält Deutschland für ein reiches Land	
1:15:00	Wer zahlt die Studiengebühr: Studenten oder Eltern?	**MV 17: P/K**
1:15:40	Werden die Gebühren an die Uni oder das Land gezahlt?	
1:16:10	Przemek: die Uni gehört sowieso dem Land	
1:16:20	Andrea: das Geld wird für Autobahnbrücken ausgegeben	
1:16:40	Przemek: das Land zahlt die ganze Universität	
1:17:10	Kathrin: Eintritt ab jetzt nur noch mit Gesichtskontrolle	
1:17:50	Welfenprinz Ernst August von Hannover	
1:18:15	Schweigen, Kathrin beginnt bayrisch zu singen	
1:18:35	Andrea kommt aus Bayern, spricht aber nicht bayrisch	
1:19:00	Andrea: der Dialekt war anfangs schwer zu verstehen	
1:19:30	Dialekt in Oberbayern ähnelt dem Österreichischen	

1:20:00	Przemeks Eltern kommen aus Lothringen	**MV 18: P/K**
1:21:30	Kathrin: polnische Laute ähneln den spanischen Lauten	
1:22:45	Przemek findet die tschechische Sprache lustig	
1:23:20	Langes Schweigen	
1:23:30	Andrea würde gern tschechisch lernen	
1:23:45	Studenten entdecken die Deutschlandkarte an der Wand	
1:24:05	Andrea findet ihren Heimatort Weiden auf der Karte	
1:24:20	Przemek: Schwedt war bis in die 70er nur ein Dorf	
1:24:40	Przemek: Schwedt ist wegen der Raffinerie gewachsen	
1:25:23	Ewa fragt nach dem Ende der Aufnahmezeit	
1:26:00	Andrea wollte mit früherer Mitbewohnerin polnisch lernen	
1:26:40	Andreas frühere Mitbewohnerin kommt aus Lodz	
1:27:00	Kathrin scherzt: Konnte die Mitbewohnerin bayrisch?	**MV 19: P/K**
1:27:40	Przemek: in Polen gibt es nur wenige Dialekte	
1:28:00	Kathrin findet den schlesischen Dialekt eigenartig	
1:28:30	Andrea hatte einen schlesischen Stadtführer in Krakau	
1:29:00	Ewa konnte in Krakau den Bahnhof nicht wiederfinden	
1:30:00	Andrea erzählt von der Bahnhofssuche	
1:30:20	Andrea versuchte eine Verständigung auf Englisch	
1:31:40	Kathrin erzählt von ihrem Gespräch mit Ewas Mutter	
1:31:55	Ewa schildert Kathrins Besuch bei ihren Eltern	

A.2 Transkription der in Gesprächsrunde Nr. 2 identifizierten Missverständnisse

A.2.1 *Missverständnis Nr. 1: Essen vor der Kamera*

0:06:58

1	Markus:	Wir waren dann gestern, war auch so ne Gruppe da, und ich bin dann, als die hinterher, als die

0:07:03

2	Markus:	Kamera aus war, ja, mich hier reingestellt noch und mich ein bissel über den Salat hergemacht,

0:07:09

3	Markus:	hahaha **[TST]** hm? **MRT [3]**
4	Gosia:	Hmm Vor der Kamera, da traut man sich nicht **[TST]** vor der Kamera, da
5	Anke:	hast die Reste gegessen

0:07:15

6	Markus:	Ja, heute ist es halt so der Fall, dass ich **[ROI +]**
7	Gosia:	traut man sich nicht **RA [4]** hmhmhm
8	Anke:	machste mal ne

0:07:19

9	Markus:	genau, hahahaha naja hm?**MRT [3]**
10	Gosia:	hmhm und morgen machst du auch mit, ja? **MRT [7] / [TST]**
11	Anke:	Ausnahme, gä?

0:07:22

12	Markus:	nee nee, nee nee, morgen sind dann andere wieder da, ja **ROI +]**
13	Gosia:	morgen machst du auch mit? **RA [4]** hihi **[ROI +]**

0:07:29

14	Markus:	*(wendet sich Jarek zu)* ja, hahaha **RA [2] [ROI +]**
15	Anke:	wie kommt er eigentlich dann auf vier? Einfach so, oder
16	Jarek:	*(sieht Markus lachend an)*

0:07:33

17	Markus:	Nee, ich denk' mir mal, das wird's beste sein mit kameratechnisch, oder so

A.2.2 *Missverständnis Nr. 2: Assistent*

0:12:25

1	Markus:	Da war ich eben in so ner Milchbar *(sieht die polnischen Studenten fragend an)*
2	Gosia:	hihi
3	Jarek:	hihi, ja, die sind,

0:12:30

4	Markus:	Ja, ich wusste und es war schon, wir sind spät
5	Anke:	Wusstest du, dass es ne Milchbar ist? hmhm
6	Jarek:	die sind am besten du hattest denn

0:12:36

7	Markus:	gekommen, da waren se dann nur noch wirklich das also der, ja der letzte Rest war dann noch da
8	Gosia:	hm
9	Anke:	hm
10	Jarek:	Oohhh

0:12:41

11	Markus:	und das hat dann net so toll geschmeckt. Aber da war dann eben auch der Adam (*lachend*)

0:12:44

12	Markus:	Twardoch, und dann erst sind wir „den kenn' ich ja doch, hä?" aber es passt, dass der mich da...
13	Gosia:	hahaha
14	Anke:	hahaha

0:12:50

15	Markus:	Das war, weil der eine, der war auch manchmal immer bei Wirtschaftsinfo, der sich, den kennst du

0:12:55

16	Markus:	doch, den Typen, oder was. Der is halt bei Kurbel Lehrstuhl- **[TST]** hm.
17	Gosia:	Der ist schon an der Uni fertig.

0:12:59

18	Markus:	hm.
19	Anke:	Ach so, is so n großer mit, äh, schwarzen Haaren? **[TST]** Der macht jetzt, ähm, Assistent. **[TST]**

0:13:06

20	Markus:	Ja, oder? *(zu Jarek gewandt)* **MRT [7]**
21	Anke:	Der ist bei Kurbel Assistent
22	Jarek:	Nee, nee, nee, nee, *(winkt mit erhobenem Zeigefinger)* da sprecht

0:13:09

23	Markus:	hmhm *(zu Anke, auf Jarek zeigend)* der is halt auch bei Kurbel.
24	Jarek:	ihr irgendwie von völlig, völlig verschiedenen Personen **MRT [3]**

0:13:14

25	Anke:	Nee, nee, den kenn ich
26	Jarek:	Deeer, der, über den du sprichst, das ist der Teuterberg, glaube ich **RA [3]**

0:13:19

27	Markus:	hm
28	Anke:	schon. Teuteberg kenn ich. **MRT [3]**
29	Jarek:	Also es gibt keinen anderen Assistent, der schwarze Kleider hat

0:13:23

30	Anke:	Nee, nicht Assistent, aber der am Laptop immer arbeitet, ist nicht der **MRT [3] / RA [3]**
31	Jarek:	und, und **RA [9]** äh, doch, also

0:13:29

32	Anke:	Hmhm, aber ich hab' das letztes Jahr mit ihm (*zeigt auf*
33	Jarek:	bist du WiWi oder, also, wenn du bist **[ROI +]**

0:13:32

34	Anke:	*Markus*) gemacht, Wirtschaftsinformatik Eins
35	Jarek:	hmmm (*nickt*) dann müsste das der Matthias Florian sein, also der

0:13:39

36	Gosia:	und solch eine lange
37	Jarek:	ist ziemlich hohe und schwarze Haare irgendwie so *(zeigt um seinen Kopf)* **RA [5]**

0:13:43

38	Markus:	Du kennst die paar
39	Gosia:	Nase, so eine Hakennase, ja? **RA [4]** und mit Auto? Mit Auto? **RA [4]**
40	Jarek:	Hm, ja, also, ja, so ein bisschen **RA [9]**

0:13:48

41	Markus:	Assistenten.
42	Anke:	Ich, ich kenn' den nur vom Sehen, ich weiß nicht, der, der in der Übung immer dies

0:13:53

43	Markus:	Der hat das nicht gemacht, oder, nee, der hat bei Visual
44	Anke:	Power Point macht, der, der nicht, oder? **RA [6]**

0:13:56

45	Markus:	Basic, hat der gemacht, oder, nee, der hat bei Visual Basic, hat der **RA [3]**
46	Jarek:	oder das ist der, der da immer noch geholt wurde, ist es, der schwarzhaarige, der ziemlich

0:14:00

47	Anke:	der wohnt auch AB **[TST] / RA [4]**
48	Jarek:	große **RA [5]** Meinst du jetzt unser Eingang, oder äh, anderer Eingang. **MRT [3]** Also in

0:14:06

49	Anke:	Kann ich nicht sagen *(schüttelt den Kopf)* **[ROI -]** hmhm
50	Jarek:	unserem Eingang wohnt auch einer, der bei Kurbel mit mir in der Wohnung, genau unter dir wohnt

0:14:12

51	Anke:	hm
52	Jarek:	einer, deeer auch bei uns auf dem Lehrstuhl arbeitet, der hat auch im letzten Jahr so was gemacht,

0:14:18

53	Anke:	hm
54	Jarek:	also als, als studentische Hilfskraft, aber der andere, der auch bei Kurbel arbeitet, der, Mateusz,

0:14:25

55	Markus:	hm *(nickt)* ah, nee, n anderer **[ROI -]**
56	Anke:	Den meint ich. Isses? **[ROI +] / MRT [7]***(zu Markus)* Nee, dann kenn ich den
57	Jarek:	den kennst du *(zu Markus)* **RA [5]** Ja, genau, nee, nee **[ROI +]**

0:14:32

58	Markus:	Hm, der hat,
59	Anke:	nicht **[ROI +]**
60	Jarek:	Adam Twardoch, das ist wirklich der uralte Mitarbeiter von Professor Kurbel

0:14:38

61	Markus:	glaub' ich, die Homepage gemacht oder? **MRT [7]** hm
62	Anke:	hm
63	Jarek:	Ja, die, die Uni-Homepage is von ihm. Also der hat die

0:14:42

64	Anke:	hmhm
65	Jarek:	Uni-Homepage gemacht.

A.2.3 Missverständnis Nr. 3: Polnische Schriftarten

0:14:44

1	Markus:	Haha, das beste ist, wir haben ja schon ein paar mal über'n Twardoch geredet, und ich hab' dann
2	Anke:	hm

0:14:46

3	Markus:	eben praktisch alles gewusst, was er, also ich hab' dann da gesagt: „Aha," weil er war doch da in

0:14:50

4	Markus:	Warschau und hat sich mit jemandem getroffen, der tut so Font designen, ja, also so Fonts, gell, so
5	Anke:	Internet?

0:14:54

6	Markus:	Schrifttypen, Schriftarten, auf dem Computer: „Aha, du machst also, du bist ja da so drin." und er:
7	Anke:	ach so,

0:15:01

8	Markus:	„Woher weißt du das?" tsts - „Jaha, meine Mithörer habe ich eben überall."
9	Jarek:	Ja, und weißt du was,

0:15:06

10	Markus:	Wirklich?
11	Jarek:	der ist auch auf der Seite von Microsoft aufgelistet. Als polnische, irgendwie, äh, von,

0:15:10

12	Jarek:	Koordinator, also ein Mann, der ziemlich viele, hm, gute und interessante Artikel über polnische

0:15:18

13	Markus:	Wow
14	Jarek:	Schriftarten geschrieben hat. Also, sehr viele Leute, also aus verschiedenen Firmen haben

0:15:23

15	Jarek:	sich an ihn gewendet, um die polnische Schriftarten, also die polnische Version von Schriftarten zu

0:15:28

16	Markus:	Diese „L", und dann diese hm, hm
17	Jarek:	machen. Ja, also diese, diese „E" oder sowas also ogoneks, das ist

0:15:33

18	Markus:	Ja, also und die „E"s, die mit den Häkles, die sind dann so mit dem
19	Anke:	hm
20	Jarek:	alles nur von ihm jaja, genau, das sind die ogonek

0:15:40

21	Markus:	aha, okochnik haha
22	Anke:	Ach so, der, der setzt das dann in den Computer um. Also die, die
23	Jarek:	jaja

0:15:46

24	Anke:	polnische Schrift zum Beispiel, oder was macht der? **MRT [9]**
25	Jarek:	Also, wenn neue, hm, Schriftart, die in

0:15:50

26	Anke:	hm
27	Jarek:	Deutschland irgendwie zur Verfügung gestellt ist dann hast du keine polnische Schrift, also

0:15:56

28	Markus:	Hm so Häkchen oben
29	Anke:	aha
30	Jarek:	Buchstaben, so mit diese typische polnische „a", „e" „ü", „o", mit Häkchen und so weiter, dann

0:16:04

31	Anke:	hm
32	Jarek:	müsste eigentlich das alles irgendwie extra, hm, eingestellt werden. Und, damit beschäftigt der

0:16:11

33	Gosia:	Aber der macht das doch nur hier, also lokal, nicht **MRT [7]**
34	Jarek:	sich **RA [9]** äh, pf, der hat das äh, auch für, für

0:16:18

35	Anke:	Hm hmhm ziemlich
36	Jarek:	Warschauer gemacht, für Danziger gemacht, und so weiter, also er ist wirklich voll begabt und, äh,

0:16:23

37	Gosia:	hm
38	Jarek:	eine Artikel, das ist, also ist das (*unverständlich*), also das ist der nationale Schriftartenkonsortium

0:16:27

39	Jarek:	oder sowas ähnliches, hat er, hat ihn für den polnischen Koordinator der von, für den polnischen,

0:16:37

Gosia:	hm
Anke:	hm hmhm
Jarek:	hm, Beauftragten für die internationalen Konferenzen gemacht. Also er ist wirklich, wirklich

0:16:43

Anke:	hmhm
Jarek:	berühmt in dieser Art, also alle alle, alle Newsgroups über, über Schriftarten, und, die Leute, die an

0:16:50

Anke:	Ja **[ROI +]**.
Jarek:	diesen, an diesen Newsgroups selbst tätig sind, die kennen ihn. **RA [5]**

A.2.4 Missverständnis Nr. 4: Schriftarten und Ästhetik

0:16:55

Markus:	Cool. Also, wenn ich jetzt ne neue
Gosia:	Wie heisst er? Twardoch
Anke:	Ja, das ist krass, was?
Jarek:	Adam Twardoch

0:16:59

Markus:	Schriftart hab, sagen mer mal Dingeldangel und ich brauch dann, will dann was auf
Anke:	Hihi
Jarek:	Hmm

0:17:04

Markus:	polnisch machen, dann tut der mir das designen für die polnischen Buchstaben, oder was.
Jarek:	Jooh,

0:17:08

Jarek:	joh. Also ich hab mit ihm jetzt einen Artikel, in einer speziellen Zeitung für, also, visuelle Art

0:17:15

Markus:	hm,
Jarek:	gesehen, und so weiter, da hat er einen Artikel für diese Zeitung geschrieben, und da hat er

0:17:20

Markus:	hm
Jarek:	zum Beispiel ein Vergleich von schlechter und guter Übersetzung in polnische Fonts gemacht, ne.

0:17:26

Anke:	hmhm
Jarek:	Da hab' ich zum Beispiel gesehen, dass diese Häkchen, die nach unten waren, waren zum Beispiel

0:17:30

Markus:	oder in nem andern Winkel
Jarek:	in falscher Version zu, zu lang, aber und zu klein, und so weiter, ja, also und die

0:17:34

Markus:	hm
Jarek:	Winkel sind manchmal zu, zu schlecht, und so weiter, oder die, die, die Accents über diese, äh,

0:17:41

Gosia:	Aber ist das nicht, ist das nicht, das ist doch egal, ne? **MRT [3]** Aber, äh,
Jarek:	bestimmte „O", „U", und so Nee, nee,

0:17:45

Markus:	das ist
Anke:	Hahaha Das ist dem auch egal.
Jarek:	also das passt nicht, diese, diese, diese, also nee, das sind diese ganzen, nee ich versteh das

0:17:51

Gosia:	das ist doch egal, ob du, ob du jetzt zum Beispiel, ob du jetzt „E" hast, und ob diese Haken jetzt so
Jarek:	überhaupt nicht, wenn er mir das dann erzählt **RA [3]**

0:17:59

Gosia:	ist oder so **MRT [3]** ja
Jarek:	Für ihn ist das wohl nicht mehr egal, also als er mir die Unterschiede gesagt hat, also das passt

0:18:05

Anke:	hm
Jarek:	nicht zu dieser Font zum Beispiel. Ist es zu groß oder sowas oder ist es zu klein oder so weiß ich

0:18:09

Gosia:	in der Sprache, **RA [4]** jaja so ja eben
Jarek:	nicht **RA [3]** Ja, in der Sprache, in der Sprache, wie du das alles malst, ist das egal, aber

0:18:12

Jarek:	wenn du die Schriftarten machst, dann muss auch das ganze Konzept, die ganze, die ganze

0:18:18

Anke:	hmm **[ROI -]**
Jarek:	Buchstabe auch perfekt aussehen. **RA [5]** Und manchmal passt es nicht zu diese, zu diese ganze,

0:18:24

37	Gosia:	ist klar, aber das ist ja, das muss, hier geht's ja nur um Aussehen, um
38	Jarek:	hmm, so Aussehen **[AP]** von „a", da ist zum Beispiel der Häkchen **RA [5]**

0:18:30

39	Markus:	Ästhetik, hihihi **OR [9]** tolles Wort, hä?
40	Gosia:	Aussehen **RA [4]** Ja, genau, Ästhetik, genau **[ROI +]**
41	Jarek:	ja, um Aussehen geht's **[ROI +]**

0:18:36

42	Markus:	Musste ich jetzt mal einbringen
43	Gosia:	Und das mit der Kommunikation, das muss man dann
44	Jarek:	Ja, egal (*sichtlich beleidigt*)

A.2.5 Missverständnis Nr. 5: Kulturwissenschaften als Beleidigung

0:20:47

1	Gosia:	Was bist du eigentlich, bist du auch Kuwi oder
2	Jarek:	Nee, nee, Kuwi? also nee, ich bin BWLer **[TST]**

0:20:50

3	Markus:	haha
4	Gosia:	oh haha genau
5	Anke:	(*empört*) hoho haha is das ne Beleidigung, wenn man Kuwi studiert, oder was? **I-MRT [2]**

0:20:54

6	Markus:	Achtung, Konflikt, hahaha **OR [9]**
7	Anke:	hm, jaaa (*nickt zu Markus*)
8	Jarek:	hm, nee, aber gar kein Konflikt, war nur, ah ja, Kuuuwi, also das, was

0:21:06

9	Anke:	sag nich, dass wir viel Zeit, ohh, nein
10	Jarek:	ich sonst so Ku, so über Kuwi gehört habe, das ist nur das, dass ihr ziemlich lange schlafen könnt,

0:21:10

11	Markus:	hahahaha
12	Anke:	(*verdreht grinsend die Augen und wendet sich ab*) ohhh! **[ROI +]**
13	Jarek:	und so weiter, dass ihr nicht so anstrengende, anstrengende Prüfungen habt, und so weiter **RA[3]**

0:21:18

14	Anke:	(*zu Markus*) Weißt du, der nebenan, der jetzt ausgezogen ist, gell, wo ich dir erzählt hab, der mir

0:21:21

15	Markus:	der Jarek?
16	Anke:	mit dem Fahr- hmm, da hat der mir geholfen, an meinem Fahrrad etwas zu reparieren

0:21:26

17	Anke:	ja, und dann, ähm, (*zu Jarek*) er hatte mich für ne Juristin gehalten. Und dann meinte er so „ach was,
18	Jarek:	

0:21:33

19	Anke:	du bist Kuwi?" er hasst Kuwis, weil wir immer so viel Zeit hätten. Und da hatte ich gerade ein

0:21:40

20	Anke:	Wochenende hinter mir, wo ich echt jeden Tag gearbeitet hab. Also das ist auch so ein Vorurteil,

0:021:43

21	Anke:	dass wir ständig Zeit hätten, nichts zu tun haben und so, also das ist auch, und ich denk bei euch

0:21:47

22	Anke:	gibt's genauso Leute, die, äh, sich in die Hängematte legen und nichts machen, und so is es bei

0:21:51

23	Anke:	uns auch. **RA [5]**

A.2.6 Missverständnis Nr. 6: Markus' Räuspern

0:24:29

1	Markus:	*(hustet)* gespannt, wie er das transkribiert, hahaha, „Markus hustet" *(hustet wieder)*
2	Anke:	„Räupsern"

0:24:34

3	Markus:	hm? **MRT [3]** hmmm!
4	Anke:	*(affektiert ironisch)* hat Markus zu schnell gegessen? **[TST]** Hat Markus zu schnell gegessen? **RA[4]**

0:24:39

5	Markus:	Naja, hahaha *(hebt die Achseln)* **[ROI -]**
6	Gosia:	Markus hat heute wahrscheinlich kein Mittag gegessen, haha **OR [9]**

0:24:46

7	Markus:	ich ess immer so schnell, ich ess immer so schnell. Ich hab gestern **RA [4] [ROI +]**
8	Gosia:	hmhm
9	Anke:	hast du? **MRT [3]**

A.2.7 Missverständnis Nr. 7: Farbe der Stühle

0:29:21

1	Markus:	Hast du die selben Hocker eigentlich auch, bei euch? **[TST]** Weil ich die schonmal da drüben
2	Anke:	Jaha

0:29:28

3	Markus:	gesehen hab
4	Anke:	hm. Aber die sind auch unterschiedlich von Block zu Block eigentlich
5	Jarek:	Also mit den Fa, mit den

0:29:32

6	Markus:	hmhm
7	Anke:	die, ähm, Stühle *(betrachtet den Stuhl, auf dem sie sitzt)* so **RA [4]**
8	Jarek:	Farben meinst du jetzt, oder? **OR [9]** Hmhm also in

0:29:39

9	Anke:	Ja? **[ROI -]**
10	Jarek:	dem, die in dem langen, in dem langen, die sind die, die sind irgendwie grün mit schwarz. **[ROI -]**

A.2.8 Missverständnis Nr. 8: Konstruktion von Stuhlbeinen

0:29:49

1	Jarek:	Aber die haben, die Beine, mit irgendwelche *(sieht auf die Stuhlbeine unter dem Tisch)* nicht solche

0:29:50

2	Jarek:	Endungen wie diese hier, sondern mit so vier *(deutet mit einer Handbewegung senkrechte Stuhl-*

0:29:56

3	Markus:	hmhm **MRT [4][ROI -]**
4	Anke:	hm **MRT [4][ROI -]**
5	Jarek:	*beine an)* Beinen, wie diese hier, damit, wenn man die, die ähm, falsch benutzt hat, dann haben die

0:30:01

6	Markus:	ach so! *(verstehend)* **[ROI +]**
7	Anke:	ach so! *(gelangweilt)* **[ROI +]**
8	Jarek:	ähm, die Leute die Löcher in Fußboden gemacht **RA [5]**

A.2.9 Missverständnis Nr. 9: Programm der Jugendmesse

0:32:17

1	Markus:	Hier, geht jemand von euch zu dieser Jugendmesse dort? *(blickt verächtlich in Richtung des*

0:31:19

2	Markus:	*Fensters)* zu dieser deutsch-polnischen Jugend- gehst du da hin
3	Anke:	Ich wollt am Samstag mal da hinfahrn

0:31:21

4	Markus:	warst du schon dort, oder was? **MRT [3]** oder warst du
5	Jarek:	da ist am Samstag die Semesterparty **[TST]** nö, nö **RA [3]**

0:31:28

6	Markus:	letztes Jahr? Irgendwie? **MRT [3]** auch net
7	Anke:	Hast du s Programm denn? Also das
8	Jarek:	*(schüttelt den Kopf)* **RA [3]**

0:31:31

9	Anke:	Programmheft oder irgendsowas? **MRT [3]** Im Internet. **[ROI+]**
10	Jarek:	Steht im Internet **RA [3]**

A.2.10 Missverständnis Nr. 10: Jugendmesse

0:33:01

1	Markus:	*(zu Gosia)* hast du s gehört von **[TST]** da is so ne deutsch-polnische Jugend-
2	Gosia:	Naa, ich weiß nicht von **MRT [3]**

0:33:04

3	Markus:	und dann reden sie **RA [4]** hm
4	Gosia:	Aha ich weiß schon worüber, äh wusst ich jetzt nicht **[ROI +]**

A.2.11 Missverständnis Nr. 11: Gosias Adresse

0:33:10

1	Gosia:	Wo wohn ich? **MRT [7]** Ähm, ähm, Prager Straße?**[ROI +]** Das ist
2	Anke:	*(zu Gosia)* Wo wohnst du? **[TST]** hmhm? **RA [4]**

0:33:16

3	Gosia:	Richtung, Richtung äh, Spitzkrug Center, dort hinüber
4	Anke:	*(nickt mit dem Kopf)* hmhm, hmhm **[ROI +]**

A.2.12 Missverständnis Nr. 12: Fetakäse

0:34:34

1	Markus:	*(bestätigend)* hmhm
2	Anke:	*(sieht in die Salatschüssel)* aber da sind doch irgendwie auch Pilze drin, oder?

0:34:40

3	Markus:	hm? **MRT [3]** Fetakäse, genau **[ROI+]**
4	Gosia:	Und saure Saure, ne? **[TST]** und saure, ah, nee, das ist Fetakäse **RA [3]** hmhm
5	Jarek:	Ja, glaub ich schon nee, das ist doch

A.2.13 Missverständnis Nr. 13: Markt in Polen

0:35:39

1	Markus:	hm? **MRT [3]** hmhm **[ROI -]**
2	Gosia:	Aber in Polen ist auch der Markt noch der Feta **[TST]** ganz frisch! Auf dem Markt **RA [4]** also

0:35:47

3	Markus:	hmhm du meinst auf dem Polenmarkt jetzt? echt? **RA [3]**
4	Gosia:	schon Käse, aber ist auch gut **RA [5]** jaja hmhm

0:35:53

5	Markus:	hmhm
6	Gosia:	Der Schafskäse ist also wirklich, also wenn du jetzt, also, vergleichsweise jetzt mit dem deutschen

0:35:58

7	Markus:	hmhm
8	Gosia:	Käse, wie du ihn hier jetzt beispielsweise kriegst, also in der Kaufhalle, oder so, also das ist viel, viel

0:36:02

9	Markus:	hmhm gut **[ROI +]**
10	Gosia:	besser also viel frischer **RA [5]**

A.2.14 Missverständnis Nr. 14: EU-Regelungen

0:36:23

1	Markus:	bin mal gespannt, ob sich das dann hält, wenn sie jetzt dann, die Vorschriften, ob sie dann da

0:36:28

2	Markus:	gezwungen werden, das auch so zu machen. **[TST]**
3	Gosia:	*(5 Sek. Schweigen)*
4	Jarek:	Also normaler Käse hat vor,

0:36:37

5	Markus:	hm
6	Anke:	hmm
7	Jarek:	sagen wir mal dreißig, vierzig Jahren auch gehalten ohne Konservierungsstoffe **MRT [4]**

0:36:41

8	Markus:	Naja, aber ich mein, diese ganzen Regelungen, weil doch die, weil Polen doch jetzt beitritt oder so.

0:36:48

9	Markus:	**RA [5]** Da wird, müssen die ja auch die selben Gesetze übernehmen wie dann in der EU sind.
10	Jarek:	hmhm? **MRT [3]**

0:36:53

11	Markus:	Ob sie dann da Sondergesetze **RA [5]**
12	Gosia:	naaaaa nicht unbedingt, nich, nicht unbedingt, sie können doch, äh, **OR [3]**
13	Jarek:	nicht unbedingt, aber **RA [3]**

0:36:59

14	Markus:	hm **[ROI +]** > Sonderregelungen und sowas
15	Gosia:	verhandeln. Also auch nicht, also es, es die ganze Verhandlungsfolge, ne? **RA [5]**

A.2.15 Missverständnis Nr. 15: Jareks Geldbeutel

0:40:14

1	Markus:	und dann, dann muss dann jemand gesehen haben, das du wohl deinen Geldbeutel einsteckst, du

0:40:17

2	Markus:	hast dann wahrscheinlich irgendwas, dein, dein Zeu, Zeug eingepackt und dann *(winkt)* weg.
3	Jarek:	*(nickt mit dem Kopf, essend)*

0:40:23

4	Markus:	Geil hahaha
5	Anke:	hmhm, haha nee, weil ich meinte
6	Jarek:	ja, genau *(blickt vom Teller auf zu Anke, beginnt zu grinsen)* ist nicht komisch **[TST]**

0:40:29

7	Markus:	hahahaha naja, hm
8	Gosia:	haha *(allgemeines Schweigen)* hm *(Schweigen)* **[ROI -]**
9	Anke:	weil er, weil er meinte „geil", äh, hehe **MRT [3]**

0:40:39

10	Markus:	Aber sowas passiert überall, oder? **OR [9]**
11	Anke:	ja sicher **[ROI +]**
12	Jarek:	hm, joh, ja klar **[ROI +]**

A.2.16 Missverständnis Nr. 16: Markus' Fotoapparat

0:42:21

1	Markus:	In diesem Haus, wo die warn, da war der, da war der Tisch *(mit leiernder Stimme)*, an dem General

0:42:25

2	Markus:	Jaruzelski am dreizehnten Dezember neunzehnhunderteinundachtzig das Kriegsrecht für Polen
3	Gosia:	hmm

0:42:30

4	Markus:	unterzeichnet hat. Ja *(nickt)* das hat schon immer
5	Gosia:	Hast du, hast du immer noch in der Erinnerung, hast du ein Foto
6	Anke:	hihi

0:42:35

7	Markus:	hm? **MRT [3]** Ich hab mein Foto net dabei gehabt. Hm **RA [9]**
8	Gosia:	gemacht. **[TST]** Hast du ein Foto gemacht. **RA [4]** **[ROI +]** > hmm, schade, haha

A.2.17 Missverständnis Nr. 17: Jareks Heimatort

0:43:35

1	Gosia:	hm, *(zu Jarek)* und woher kommst du? **[TST]** Polen. Polen, Polen. **RA [3]**
2	Jarek:	Meinst du jetzt Polen oder hier. **MRT [3]**

0:43:40

3	Gosia:	ah, so **[TST]** ja, klar. tsss, haha **RA [2]**
4	Jarek:	Koszalin. **[ROI +]** Kennst du das? **I-MRT [2]**

A.2.18 Missverständnis Nr. 18: Nehrungen an der Ostseeküste

0:45:35

1	Markus:	hm
2	Jarek:	Außerdem sieht das so aus, dass, hmm, die, die Dörfer, die an der, ähm, Ostseeseite liegen, die

0:45:42

3	Markus:	hmhm
4	Jarek:	haben von der zweiten Seite ein ziemlich großes See, alsooo, da, da hat man wirklich die, ähm, die,

0:45:49

5	Markus:	**[MRT 4]** > hmhm
6	Anke:	**[MRT 4]** > hmhm
7	Jarek:	die Schwierigkeit, das weiterzu zu zu zu irgendwie bauen, also dort zu diesen diesen Dörfern **[TST]**

0:45:52

8	Markus:	ja,
9	Jarek:	Also es ist, es ist, es ist Ostsee, irgendwie vier- oder fünfhundert Meter Land und dann kommt noch

0:45:57

10	Markus:	ach so, ich weiß schon, Nehrung **[ROI +]** oder so irgendwie, wie das **RA [9]** gell, das hat so n
11	Jarek:	ein See **RA [5]** ja, sowas in der Richtung **RA [2]**

0:46:00

12	Markus:	ganz komischen Namen, gell? *(zu Anke)* Nehrung, oder wie? hahahaha **[TST] RA [9]**
13	Anke:	*(schüttelt ahnungslos den Kopf)* **[ROI -]**
14	Jarek:	*(hebt die Hände, Unwissen signalisierend)*

0:46:06

15	Markus:	*(zu Gosia)* des is, ich weiß net, na ja gut, halt so n ganz kom, kleinen
16	Gosia:	Nehrung. **OR [9]**
17	Jarek:	das, das sieht so aus **[ROI -]**

0:46:12

18	Markus:	Landstreifen, und dann kommt **RA [5]**
19	Jarek:	das sind, nee nee, das sind, das sind fast wie zwei Halbinseln, die sich irgendwie so *(deutet mit*

0:46:17

20	Markus:	ah, ja **[ROI +]**
21	Gosia:	jaha **[ROI+]**
22	Jarek:	*beiden Händen die Inselform an)* mit ner kleinen Trennung irgendwie so zugemacht, fast zugemacht

0:46:20

23	Markus:	ach so, na ja **[ROI +]**
24	Jarek:	haben, damit anstatt ein Bucht ein, ein, ein salzwasserhaltiges See gemacht worden. **RA [3]**

A.2.19 Missverständnis Nr. 19: Polnische Hilfsarbeiter in Deutschland

0:50:06

1	Markus:	*(ironisch)* Und dann werden wir alle arbeitslos, weil die, die nehmen uns die Arbeitplätze weg.

0:50:11

2	Markus:	Das ist genauso n Mythos wie eben, dass dann zum Beispiel die Deutschen da jetzt nach Polen

0:50:16

3	Markus:	einf, einfallen, haha, und dann da eben alles aufkaufen
4	Gosia:	einfallen, ja
5	Anke:	kommen, einfallen
6	Jarek:	Aber so ist es mit den Arbeitsplätzen, also

0:50:20

7	Markus:	Was, wie, wo. **MRT [7]**
8	Jarek:	hast du *(zu Markus)* gesehen, was die Polen in Deutschland machen? **[TST]** *(Lehnt sich*

0:50:25

9	Markus:	hm
10	Jarek:	*zurück)* Also das, was normalerweise die Polen in Deutschland machen, das ist irgendwie

0:50:29

11	Markus:	ach so, ja solche Hilfsjobs, ja **[ROI +]**
12	Gosia:	jaja, aber es ist, weil es die anderen nicht, nicht machen
13	Jarek:	Haussäuberung und sowas, oder Hausmädchen **RA [4]**

0:50:35

14	Gosia:	dann **OR [5]**
15	Jarek:	Ja, genau, aber die Deutschen, die Deutschen, die Deutschen, die Deutschen möchten, dass

A.2.20 Missverständnis Nr. 20: Waschmaschine I

0:55:22

1	Anke:	*(schaut auf ihre Armbanduhr)* oh, eigentlich bin ich jetzt mit waschen dran. **[TST]**
2	Jarek:	*(ironisch Bedauern*

0:55:26

3	Markus:	bist du dran?
4	Jarek:	*spielend)* ooohhhhhh *(sieht auf seine Armbanduhr)* also fünfzehn Minuten kannst du noch **[AP]**

0:55:29

5	Gosia:	so? ach so. **[ROI +]**
6	Anke:	*(mit lauter Stimme)* Nein, ich meine jetzt um acht Uhr, ab acht hab ich mich eingetragen *(winkt*

0:55:32

7	Anke:	*verlegen ab)* so mein ich das **RA [3]**
8	Jarek:	ach so, also nee, also fünfzehn Minuten kannst du noch aushalten, also wenn

0:55:36

9	Markus:	hmhm
10	Anke:	*(scherzend, mit dem Löffel auf Jarek zeigend)* ab fünfzehn Minuten darf man? **MRT [2]**
11	Jarek:	jemand **RA [3]** ja! also ich

A.2.21 Missverständnis Nr. 21: Buslinien zum Supermarkt

0:57:21

1	Markus:	echt?
2	Anke:	hm
3	Jarek:	Das ist gut, das, ich fahre immer mit dem Bus nach, hm, nach Kaufland, hm, aber jetzt mach ich das

0:57:26

4	Markus:	hm, also, jetzt kannst ja dann, ach so, wo du noch dein *(klopft auf seinen Ober-*
5	Jarek:	nicht mehr

0:57:31

6	Markus:	*schenkel)* Dings da gehabt hast, oder wie **[TST]** das Bein oder wie oder was **RA [4]**
7	Jarek:	was **MRT [3]** **[ROI +]** > ja, das auch **RA [9]**

A.2.22 Missverständnis Nr. 22: Sicherung der Bibliotheksbücher

1:00:19

1	Markus	ja, da kann, hm, jaja, da sind
2	Jarek	Wenn man richtig so, sucht in dem Buch, dann findet man, dass einzige Seite, also dass eine oder

1:00:27

3	Markus	ja genau
4	Jarek	einzige Seite immer zugeklebt ist, mit einem, mit einem sehr, sehr schmalen, Draht oder sowas,

1:00:33

5	Markus	Ja, genau, also wenn du die Bücher
6	Jarek	Streifen, und den kannst du sehr leicht finden. **[TST]**

1:00:36

7	Markus	wirklich klauen willst, weißte, dann machst, kannste die auch klauen, genau, ja.
8	Jarek	dann klaust du sie

1:00:40

9	Markus	*(zu Anke)* Haste schon gesehn, da das is is is also in der Mitte vom Buch is, **RA [5]**
10	Gosia	hm **MRT [4]**
11	Anke	hm **MRT [4]**

1:00:44

12	Markus	wenn de, wenn de die mal auf-, wie also zusammengeklebt (*zu Jarek*) gell? **MRT [7]**(*zu Anke*)
13	Jarek	*(nickt mit dem Kopf)*

1:00:45

14	Markus	und wenn de die dann so ganz aufreißt, siehste dazwischen den Streifen **OR [5]**
15	Gosia	den Streifen, den Streifen *(unverständlich)*

1:00:47

16	Jarek	Die Streifen sind wirklich, wirklich so winzig, also du, wenn du, das heißt, so schnell durchblätterst,

1:00:51

17	Markus	merkst des net, doch also wenn, du musst halt auch mal Bücher ganz und gar
18	Anke	Hm **MRT [4]**
19	Jarek	dann findest du es nicht **RA [7]**

1:00:55

20	Markus	durchlesen, weißt du, dann merkst du selber, hahaha **OR [2]**
21	Gosia	Hab ich noch nie gesehen *(schüttelt den Kopf und*

1:00:59

22	Markus	Na, das ist nur am Anfang **RA [4]**
23	Gosia	*lacht)* **[ROI -]**
24	Anke	Ja, wie sind denn da Seiten zusammengeklebt? **MRT [3]**
25	Jarek	Das sind nur zwei Millimeter oder sowas **RA [4]**

1:01:03

26	Markus	*(wendet sich zum Bücherregal hinter sich)* mal gucken, liegt da ein Buch mal grad? Hahaha **OR [9]**
27	Anke	ach so, hmm **[ROI +]**

A.2.23 Missverständnis Nr. 23: Jareks defekter Stuhl

1:07:20

1	Jarek:	Also den Stuhl, da hab ich gleich am Anfang irgendwie gemerkt, dass der auseinanderfällt, nach

1:07:24

2	Markus:	So is der auch da *(zeigt in Richtung seines Zimmers)*
3	Anke:	hmhm hm
4	Jarek:	zwei Tagen war der also wirklich schon auseinander

1:07:28

5	Jarek:	Da hab ich mir ein andern Stuhl wie dieser hier gekauft, der ist wirklich auch auseinandergefallen,

1:07:32

6	Anke:	hm
7	Jarek:	dann hab ich mir wirklich wie hier *(zeigt auf den Stuhl, auf dem er sitzt)* sowas zum Beispiel gekauft

1:07:35

8	Jarek:	und das, das funktioniert seit einiger Zeit ohne Probleme, ja aber den Stuhl *(zeigt auf den Schreib-*

1:07:40

9	Anke:	Ja, aber da kannst du doch
10	Jarek:	*tischstuhl)* also der Stuhl steht bei mir im Schrank. Den hab ich wirklich aus **[TST]**

1:07:44

11	Anke:	zu ihm hingehen **MRT [7]** irgendwas ach so *(hebt die Achseln)* ja, gut. Bei mir is da die
12	Jarek:	Ich brauch gar keinen Stuhl. **RA [2]**

1:07:47

13	Anke:	Lehne **[ROI +]** ach so
14	Jarek:	Der Schrank steht da und die schlagen also *(rempelt mit einem Knie gegen den Tisch)* upss

A.2.24 Missverständnis Nr. 24: Waschmaschine II

1:10:43

1	Markus:	echt?
2	Anke:	*(schaut auf ihre Armbanduhr)* So, jetzt is meine Viertelstunde rum *(zu Jarek)* ich hoffe, es folgt, dem

1:10:48

3	Anke:	Prinzip folgt sonst niemand außer dir **[TST]** hmhm
4	Jarek:	Oooochhhh *(mimt Bedauern)* *(Schweigen)* Ach so, meinst du jetzt, dass du

1:10:52

5	Anke:	Ich bin eingetragen, doch, aber das mit deiner Viertelstunde meine ich, dass
6	Jarek:	nicht eingetragen bist. **I-MRT [3]**

1:10:58

7	Markus:	Aber weißt du, was ich immer mach? Ich geh da
8	Anke:	wenn niemand, wenn niemand kommt **RA [2]** wobei es ist
9	Jarek:	ach ja, genau, gut, ich weiß, woran du bist **[ROI +]**

1:11:02

10	Markus:	einfach hin, zum Waschen, ja, und dann gucke ich, wenn jemand noch zum Beispiel zwanzig
11	Anke:	hmhm

1:11:07

12	Markus:	Minuten über hat oder so, klingel ich bei ner Person und sag: „Ach kannst du noch zwanzig Minuten

1:11:11

13	Markus:	warten, bis ich fertig bin." **OR [9]**
14	Anke:	Aber das ist wenigstens nett! **RA [1]**

A.2.25 Missverständnis Nr. 25: Waschmaschine III

1:13:55

1	Markus:	wie
2	Anke:	Aber es klappt trotzdem gut wenn du dir mal überlegst: zwei Waschmaschinen so langen für

1:13:59

Markus:	hm
Anke:	fünfhundert Leute **[TST]** weiß ich nicht
Jarek:	Ja, aber die sind dazu gebaut, also um irgendwie *(sieht*

1:14:07

Markus:	hmhm
Anke:	hm nee, aber ich mein auch so vom Platz her,
Jarek:	*Markus fragend an)* den öffentlichen Dienst zu machen **[AP]**

1:14:11

Markus:	ach sooo, hmhm **[ROI +]** gut, du hast, weißt,
Anke:	ich mein, also ich hab nie länger als ne Woche gebraucht **RA [3]** zum Waschen

1:14:16

Markus:	wann ich dann wasch? Nachts um eins hab ich jetzt gewaschen **OR [11]**
Anke:	hmhm
Jarek:	Also spät ist es, wenn du nachher

1:14:24

Markus:	ja, hahaha
Anke:	hm
Jarek:	um drei also **I-MRT [2]**

A.2.26 Missverständnis Nr. 26: Diplomarbeitsthema

1:23:35

Markus:	Ja, jaja, jaja
Jarek:	Macht er das für die Diplomarbeit bei, bei Kuwi oder was? Ja, irgendwie will ich kein

1:23:41

Markus:	hahaha
Jarek:	Kuwi sein *(grinst in die Runde)* Damit ich, damit ich solche Diplomarbeit nicht schreiben muss. **[TST]**

1:23:46

Anke:	Aber du kannst es dir ja auch aussuchen, was du machen willst **I-MRT [7]**
Jarek:	Ja, ich weiß es, also das war nur, ein böser Scherz

1:23:52

Markus:	hähähä, sags ihm *(zeigt auf die Kamera)* **OR [11]**
Jarek:	*(zu Anke, entnervt ironisch)* nicht böse sein **RA [2]** *(lacht, winkt mit zusätzlich*

1:23:56

Markus:	hahahaha naja. Gut ich bin auch gespannt, was das dann so wird nachher
Anke:	hmhmhm **[ROI +]**
Jarek:	*gestelltem Lächeln in die Kamera)*

A.2.27 Missverständnis Nr. 27: Berliner Bibliotheken

1:28:18

Markus	ich war vier mal in der Staatsbibliothek und bin, hab nie was gekriegt
Jarek	also ich war nicht in der

1:28:23

Jarek	Bibliothek, son also die Staatsbibliothek muß du irgendwie so n Beitrag bezahlen und so weiter und

1:28:27

Markus	Mark jaja also für, für die Karte
Gosia	hm, hm
Anke	ja? muss man zahlen? Und wie läuft des?
Jarek	dann gibt es **[TST]** jaa so wie in Frankfurt

1:28:33

Markus	jaha, genau hm, hm
Gosia	die haben aber auch nicht, die haben sie auch nicht *(schüttelt den*
Jarek	(Oder), aber dort ist, es, also die Bibo, also in Berlin ist wirklich riesig

1:28:37

Markus	Welche, welche
Gosia	*Kopf)*, also ich war die haben, hmm *(nickt mit dem Kopf)*
Jarek	ist wirklich hier, also in Frankfurt die haben gar nichts, aber in Berlin, die ist riesig

1:28:41

Markus	meinst du denn? **MRT [3]**
Anke	aber das ist doch die Stabi, oder
Jarek	die preussische so, also sowas wie Preussen **RA [4]**

1:28:46

17	Markus	Das ist die Staatsbibliothek, oder? Preussische Staatsbibliothek? **MRT [7]** Die ham viel Zeug, aber
18	Anke	ja, das ist die **[ROI +]**

1:28:51

19	Markus	das ist furchtbar, gell, ich hab einmal über Internet bestellt, hab nix bekommen. Dann hab ich

1:28:56

20	Markus	angerufen, hab ich dann **RA [11]** hihihi
21	Jarek	Ja, wenn du hier was bestellst, die würden dir auch nichts schicken **RA [2]**

A.3 Facework-Tabellen der einzelnen Gesprächsteilnehmer

A.3.1 Facework-Tabelle für Anke

Missverständnis		*face-threatening acts*, die andere Teilnehmer gegen Anke richten												*face-threatening acts*, die Anke äußert										
Nr./Zeile	Zeit	1	2	3	4	5	6	7	8	9	10	11		11	10	9	8	7	6	5	4	3	2	1
O: [–]																								
MV 2/22	[0:13:06]			Jarek MRT [3] +D									-P											
MV 2/26	[0:13:14]			Jarek RA [3]									-P											
MV 2/25	[0:13:14]												P									Jarek MRT [3]		
MV 2/29	[0:13:19]									P. RA [9]			P											
MV 2/30	[0:13:23]												P									Jarek MRT [3] / RA [3]		
MV 2/35	[0:13:32]					Jarek RA [5]							P											
MV 2/42	[0:13:48]												P						Jarek RA [6]					
MV 2/43	[0:13:53]			Markus RA [3]									-P											
MV 2/48	[0:14:00]					Jarek RA [5]							-P											
MV 2/47	[0:14:00]												-P								-D Jarek RA [4]			
MV 2/48	[0:14:00]			Jarek MRT [3]									-P											
MV 2/48	[0:14:00]					Jarek RA [5]							-P											
MV 2/56	[0:14:25]												-P					Jarek MRT [7] +D						
O: [–]																								
MV 3/22	[0:15:40]												P			P. MRT [9]								
MV 3/25	[0:15:50]									P. RA [9]			-P											
O: [–]																								
MV 5/5	[0:20:50]												P										+D Jarek I-MRT [2]	
MV 5/6	[0:20:54]									M. OR [9]			P											
MV 5/8	[0:20:54]			Jarek RA [3]									-P											
MV 5/14	[0:21:18]												-P							+D Jarek RA [5]				
O: [–]																								
MV 6/3	[0:24:29]			Markus MRT [3]									-P											
MV 6/4	[0:24:29]												-P								Markus RA [4]			
MV 6/6	[0:24:39]									W. OR [9]			-P											
MV 6/9	[0:24:46]												P									Markus MRT [3]		
MV 6/7	[0:24:46]				Markus RA [4]								P											
O: [–]																								
MV 7/5	[0:29:28]									P. OR [9]			-P											
MV 7/7	[0:29:32]												P								+D Jarek RA [4]			
O: [–]																								
MV 0/4	[0:20:66]												P								Jarek MRT [4]			
MV 8/5	[0:29:56]					Jarek RA [5]							P											

Nr./Zeile	Zeit	1	2	3	4	5	6	7	8	9	10	11		11	10	9	8	7	6	5	4	3	2	1
O: [–]																								
MV 9/7	[0:31:28]												P									Jarek MRT [3]		
MV 9/10	[0:31:31]			Jarek RA [3]					+D				-P											
O: [Anke]																								
MV 15/5	[0:40:23]												P				+D					Jarek MRT [3]		
MV 15/10	[0:40:39]									M. OR [9]			P											
O: [–]																								
MV 18/6	[0:45:49]												P								Jarek MRT [4]			
MV 18/9	[0:45:52]					Jarek RA [5]							P											
O: [–]																								
MV 20/6	[0:55:29]												P				+D					Jarek RA [3]		
MV 20/8	[0:55:32]			Jarek RA [3]									-P											
MV 20/10	[0:55:36]												P										Jarek MRT [2]	
O: [Anke]																								
MV 22/10	[1:00:40]												P								Jarek MRT [4]			
MV 22/9	[1:00:40]					Markus OR [5]							P											
MV 22/16	[1:00:47]							Jarek RA [7]					P											
MV 22/18	[1:00:51]												P								Markus MRT [4]			
MV 22/20	[1:00:55]		Markus OR [2]				-D						-P											
MV 22/24	[1:00:24]												-P									Markus/Jarek MRT [3]		
MV 22/22	[1:00:59]				Markus RA [4]								-P											
MV 22/25	[1:00:59]				Jarek RA [4]								-P											
O: [–]																								
MV 23/9	[1:07:40]												P					Jarek MRT [7]		-D				
MV 23/12	[1:07:44]		Jarek RA [2]				+D						-P											
O: [–]																								
MV 24/4	[1:10:48]			Jarek I-MRT [3]					-D				-P											
MV 24/5	[1:10:52]												P						+D				Jarek RA [2]	
MV 24/7	[1:11:02]						-D			M. OR [9]			P											
MV 24/14	[1:11:11]												P				+D							Jarek RA [1]
O: [–]																								
MV 25/7	[1:14:07]												P									Jarek RA [3]		
MV 25/9	[1:14:16]											Markus OR [11] >	P											
O: [Anke]																								
MV 26/5	[1:23:46]												P					Jarek I-MRT [7]		-D				
MV 26/6	[1:23:46]		Jarek RA [2]				+D						-P											
MV 26/7	[1:23:52]					-D						Markus OR [11] >	-P											

A.3.2 Facework-Tabelle für Markus

Missverständnis		*face-threatening acts*, die andere Teilnehmer gegen Markus richten												*face-threatening acts*, die Markus äußert										
Nr./Zeile	Zeit	1	2	3	4	5	6	7	8	9	10	11		11	10	9	8	7	6	5	4	3	2	1
O: [–]																								
MV 1/3	[0:07:09]												P									Gosia [MRT [3]		
MV 1/4	[0:07:09]				Gosia RA [4]								P											
MV 1/10	[0:07:19]							Wer. MRT [3]					P											
MV 1/9	[0:07:19]												P									Gosia MRT [3]		
MV 1/13	[0:07:22]				Gosia RA [4]								P											
MV 1/12	[0:07:22]												P								Gosia MRT [4]			
O: [–]																								
MV 2/20	[0:13:06]												P					Jarek MRT [7]		-D				
MV 2/22	[0:13:06]			Jarek MRT [3]				+D					-P											
MV 2/26	[0:13:14]			Jarek RA [3]									-P											
MV 2/46	[0:13:56]												P									Anke/Jarek RA [3]		
MV 2/61	[0:14:38]												P					Jarek MRT [7]						
O: [–]																								
MV 4/39	[0:18:30]												P			P. OR [9]								
O: [Anke]																								
MV 5/6	[0:20:54]												P			Fr. OR [9]	-D							
MV 5/8	[0:20:54]			Jarek RA [3]									-P											
O: [–]																								
MV 6/3	[0:24:34]												P									Anke MRT [3]		
MV 6/4	[0:24:34]				Anke RA [4]								P											
MV 6/6	[0:24:39]									Wer. OR [9]			P											
MV 6/9	[0:24:46]			Anke MRT [3]									-P											
O: [–]																								
MV 7/8	[0:29:32]									Jarek OR			-P											
O: [–]																								
MV 8/3	[0:29:56]												P								Jarek MRT [4]			
MV 8/8	[0:30:01]					Jarek RA [5]							P											
O: [–]																								
MV 9/4	[0:31:21]												P									Jarek MRT [3]		
MV 9/5	[0:31:21]				Jarek RA [3]								-P											
MV 9/6	[0:31:28]												P									Jarek MRT [3]		
MV 9/8	[0:31:28]				Jarek RA [3]			+D					-P											
O: [–]																								
MV 10/2	[0:33:01]				Gosia MRT [3]				+D				-P											
MV 10/3	[0:33:04]												-P		-D						Gosia RA [4]			

Nr./Zeile	Zeit	1	2	3	4	5	6	7	8	9	10	11		11	10	9	8	7	6	5	4	3	2	1
O: [–]																								
MV 12/3	[0:34:40]												P									Gosia MRT [3]		
MV 12/4	[0:34:40]			Gosia RA [3]									-P											
O: [Gosia]																								
MV 13/1	[0:35:39]												P									Gosia MRT [3]		
MV 13/2	[0:35:39]				Gosia RA [4]								P											
MV 13/3	[0:35:47]												P				+D					Gosia RA [3]		
MV 13/4	[0:35:47]					Gosia RA [5]							P											
O: [Gosia/Jarek]																								
MV 14/6	[0:36:28]				Jarek MRT [4]								-P											
MV 14/8	[0:36:41]												-P							Jarek RA [5]				
MV 14/9	[0:36:48]			Jarek MRT [3]									-P											
MV 14/8	[0:36:53]												-P							Jarek RA [5]				
MV 14/11	[0:36:53]			Gosia OR [3]							+D		-P											
MV 14/12	[0:36:53]			Jarek RA [3]				+D					-P											
MV 14/14	[0:36:59]					Gosia OR [5]							-P											
O: [Anke]																								
MV 15/10	[0:40:39]												P			P./F. OR [9]								
O: [–]																								
MV 16/7	[0:42:35]			Gosia MRT [3]									-P											
MV 16/8	[0:42:35]				Gosia RA [4]								-P											
MV 16/7	[0:42:35]												-P			Wer. RA [9]		+D						
O: [–]																								
MV 18/5	[0:45:49]												P								Jarek MRT [4]			
MV 18/11	[0:45:57]					Jarek RA [5]							P											
MV 18/10	[0:45:57]												P			Jarek RA								
MV 18/11	[0:45:57]			Jarek RA [2]									-P											
MV 18/12	[0:46:00]												-P			Fr. RA [9]		-D						
MV 18/16	[0:46:06]									Wer. OR [9]			-P											
MV 18/18	[0:46:12]												-P		-D					Gosia RA [5]				
MV 18/24	[0:46:20]			Jarek RA [3]									-P											
O: [Gosia/Jarek]																								
MV 19/7	[0:50:20]												P					Jarek MRT [7]		-D				
MV 19/13	[0:50:29]				Jarek RA [4]								-P											
MV 19/14	[0:50:35]					Gosia RA [5]							-P											
O: [–]																								
MV 21/7	[0:57:31]			Jarek MRT [3]									-P											
MV 21/6	[0:57:31]												-P								Jarek RA [4]			
MV 21/7	[0:57:31]									RA [9]			-P											

Nr./Zeile	Zeit	1	2	3	4	5	6	7	8	9	10	11		11	10	9	8	7	6	5	4	3	2	1
O: [Anke]																								
MV 22/10	[1:00:40]				Gosia MRT [4]								-P											
MV 22/11	[1:00:40]				Anke MRT [4]								-P											
MV 22/9	[1:00:40]												-P							Anke OR [5]				
MV 22/12	[1:00:44]												-P					Jarek MRT [7]						
MV 22/14	[1:00:45]												-P							Anke/Gosia OR [5]				
MV 22/18	[1:00:51]				Anke MRT [4]								-P											
MV 22/20	[1:00:55]												P					-D					Anke RA [2]	
MV 22/24	[1:00:59]			Anke MRT [3]									P											
MV 22/26	[1:01:03]												P			Fr. OR [9]								
O: [–]																								
MV 24/7	[1:10:58]												P			Fr. OR [9]		-D						
O: [–]																								
MV 25/11	[1:14:11]												P	< Anke OR [11]										
MV 25/16	[1:14:24]		Jarek I-MRT [2]										-P											
O: [Anke]																								
MV 26/7	[1:23:52]												P	< Anke OR [11]						-D				
O: [Jarek]																								
MV 27/11	[1:28:37]												P									Jarek MRT [3]		
MV 27/16	[1:28:41]				Jarek RA [4]								P											
MV 27/20	[1:28:56]												P	< Jarek RA [11]										
MV 27/21	[1:28:56]		Jarek RA [2]				-D						-P											

A.3.3 Facework-Tabelle für Jarek

Missverständnis		*face-threatening acts*, die andere Teilnehmer gegen Jarek richten												*face-threatening acts*, die Jarek äußert										
Nr./Zeile	Zeit	1	2	3	4	5	6	7	8	9	10	11		11	10	9	8	7	6	5	4	3	2	1
O: [–]																								
MV 2/20	[0:13:06]					-D		Markus MRT [7]					-P											
MV 2/22	[0:13:06]												P		+D							Markus/Anke MRT [3]		
MV 2/26	[0:13:14]												P									Markus/Anke RA [3]		
MV 2/25	[0:13:14]			Anke MRT [3]									-P											
MV 2/29	[0:13:19]												-P			Fr. RA [9]								
MV 2/30	[0:13:23]			Anke RA [3]									-P											
MV 2/35	[0:13:32]												-P							Anke RA [5]				
MV 2/36	[0:13:32]				Gosia RA [4]								-P											
MV 2/40	[0:13:43]												-P			Wer. RA [9]								
MV 2/39	[0:13:43]				Gosia RA [4]								-P											
MV 2/44	[0:13:53]						Anke RA [6]						-P											
MV 2/46	[0:13:56]												P							Anke RA [5]				
MV 2/48	[0:14:00]												P									Anke MRT [3]		
MV 2/57	[0:14:25]												P							Anke RA [5]				
MV 2/56	[0:14:25]				+D			Anke MRT [7]					P											
MV 2/61	[0:14:38]							Markus MRT [7]					P											
O: [–]																								
MV 3/24	[0:15:46]									Fr. MRT [9]			-P											
MV 3/25	[0:15:46]												P			Fr. RA [9]								
MV 3/33	[0:16:04]							Gosia MRT [7]					-P											
MV 3/34	[0:16:11]												P							Gosia RA [5]				
O: [–]																								
MV 4/21	[0:17:41]			Gosia MRT [3]									-P											
MV 4/22	[0:17:41]												P									Gosia RA [3]		
MV 4/28	[0:17:59]			Gosia MRT [3]									-P											
MV 4/29	[0:17:59]												P									Gosia RA [3]		
MV4/32	[0:18:09]				Gosia RA [4]								P											
MV 4/33	[0:18:09]												P							Gosia RA [5]				
MV 4/37	[0:18:24]				Gosia RA [4]								P											
MV 4/39	[0:18:30]									Ma. OR [9]			P											
O: [Anke]																								
MV 5/5	[0:20:50]		Anke I-MRT [2]					+D					-P											
MV 5/6	[0:20:54]							-D		Ma. OR [9]			-P											
MV 5/8	[0:20:54]												-P									Anke/Markus RA [3]		
MV 5/14	[0:21:18]			+D		Anke (zu Ma.) RA [5]							-P											
O: [–]																								
MV 7/5	[0:29:28]												P			Fr. OR [9]								
MV 7/7	[0:29:32]				Anke RA [4]				+D				-P											

Nr./Zeile	Zeit	1	2	3	4	5	6	7	8	9	10	11		11	10	9	8	7	6	5	4	3	2	1
O: [–]																								
MV 8/3	[0:29:56]				Markus MRT [4]								-P											
MV 8/4	[0:29:56]				Anke MRT [4]								-P											
MV 8/5	[0:29:56]												-P							Markus/Anke RA [5]				
O: [–]																								
MV 9/4	[0:31:21]			Markus MRT [3]									-P											
MV 9/5	[0:31:21]												P									Markus RA [3]		
MV 9/4	[0:31:21]			Markus MRT [3]									-P											
MV 9/8	[0:31:28]												P									Markus RA [3]		
MV 9/7	[0:31:28]			Anke MRT [3]									-P											
MV 9/10	[0:31:31]												P			+D						Anke RA [3]		
O: [Gosia/Jarek]																								
MV 14/4	[0:36:28]												P								Markus MRT [4]			
MV 14/8	[0:36:48]					Markus RA [5]							P											
MV 14/10	[0:36:48]												P									Markus MRT [3]		
MV 14/11	[0:36:53]					Markus RA [5]							P											
MV 14/13	[0:36:53]												P			+D						Markus RA [3]		
O: [Anke]																								
MV 15/5	[0:40:23]			Anke MRT [3]					+D				-P											
MV 15/12	[0:40:39]												-P	< Anke RA [11]										
O: [–]																								
MV 17/2	[0:43:35]												P									Gosia MRT [3]		
MV 17/1	[0:43:35]			Gosia RA [3]					-D				-P											
MV 17/4	[0:43:40]												P										Gosia I-MRT [2]	
MV 17/3	[0:43:40]		Gosia RA [2]					+D					-P											
O: [–]																								
MV 18/5	[0:45:49]				Markus MRT [4]								-P											
MV 18/6	[0:45:49]				Anke MRT [4]								-P											
MV 18/11	[0:45:57]												-P							F/M RA [5]				
MV 18/10	[0:45:57]									Ma. RA [9]			-P											
MV 18/11	[0:45:57]												P										Markus/Anke RA [2]	
MV 18/15	[0:46:06]					Markus RA [5]							P											
MV 18/19	[0:46:12]												P									Markus RA [3]		
O: [Gosia/Jarek]																								
MV 19/7	[0:50:20]					-D		Markus MRT [7]					-P											
MV 19/10	[0:50:25]												P								Markus RA [4]			
O: [–]																								
MV 20/6	[0:55:29]			Anke RA [3]				+D					-P											
MV 20/8	[0:55:32]												P									Anke RA [3]		
MV 20/10	[0:55:36]		Anke MRT [2]										-P											

Nr./Zeile	Zeit	1	2	3	4	5	6	7	8	9	10	11		11	10	9	8	7	6	5	4	3	2	1
O: [–]																								
MV 21/7	[0:57:31]												P									Markus MRT [3]		
MV 21/6	[0:57:31]				Markus RA [4]								P											
MV 21/7	[0:57:31]												P			M. RA [9]								
O: [Anke]																								
MV 22/16	[1:00:47]												P					Anke RA [7]		-D				
MV 22/18	[1:00:51]				Anke MRT [4]								-P											
MV 22/25	[1:00:59]												P								Anke RA [4]			
O: [–]																								
MV 23/9	[1:07:40]					-D		Anke MRT [7]					-P											
MV 23/12	[1:07:44]												P						+D				Anke RA [2]	
O: [–]																								
MV 24/4	[1:10:48]												P				-D					Anke I-MRT [3]		
MV 24/5	[1:10:52]		Anke RA [2]					+D					-P											
MV 24/7	[1:10:52]									M. OR [9]			-P		-D									
MV 24/14	[1:11:11]	Anke RA [1]					+D						-P											
O: [–]																								
MV 25/7	[1:14:07]			Anke RA [3]									-P											
MV 25/9	[1:14:11]											Markus OR [11] >	-P											
MV 25/16	[1:14:24]												P			+D							Anke I-MRT [2]	
O: [Anke]																								
MV 26/5	[1:23:46]					-D		Anke I-MRT [7]					-P											
MV 26/6	[1:23:46]												P				+D						Anke RA [2]	
MV 26/7	[1:23:52]					-D						Markus OR [11] >	P											
O: [Jarek]																								
MV 27/11	[1:28:37]			Markus MRT [3]									-P											
MV 27/16	[1:28:41]												P								Markus RA [4]			
MV 27/17	[1:28:46]							Markus MRT [7]					P											
MV 27/21	[1:28:56]											Markus RA [11] >	P											
MV 27/21	[1:28:56]												P										Markus RA [2]	

A.3.4 Facework-Tabelle für Gosia

Missverständnis		*face-threatening acts*, die andere Teilnehmer gegen Gosia richten												*face-threatening acts*, die Gosia äußert										
Nr./Zeile	Zeit	1	2	3	4	5	6	7	8	9	10	11		11	10	9	8	7	6	5	4	3	2	1
O: [–]																								
MV 1/3	[0:07:09]			Markus MRT [3]									-P											
MV 1/4	[0:07:09]												-P								Markus RA [4]			
MV 1/10	[0:07:19]												-P					Markus MRT [7]						
MV 1/9	[0:07:19]			Markus MRT [3]									-P											
MV 1/13	[0:07:22]												-P								Markus RA [4]			
MV 1/12	[0:07:22]		Markus RA [2]			+D							-P											
O: [–]																								
MV 2/36	[0:13:39]												P								Jarek RA [4]			
MV 2/39	[0:13:43]												P								Jarek RA [4]			
O: [–]																								
MV 3/33	[0:16:11]												P					Jarek MRT [7]						
MV 3/34	[0:16:11]					Jarek RA [5]							-P											
O: [–]																								
MV 4/21	[0:17:41]												P									Jarek MRT [3]		
MV 4/22	[0:17:41]			Jarek RA [3]									-P											
MV 4/26	[0:17:51]												P									Jarek MRT [3]		
MV 4/27	[0:17:51]			Jarek RA [3]									-P											
MV 4/32	[0:18:09]												-P								Jarek RA [4]			
MV 4/33	[0:18:09]					Jarek RA [5]							P											
MV 4/36	[0:18:18]												P								Jarek RA [4]			
MV 4/39	[0:18:30]									M. OR [9]			P											
O: [–]																								
MV 6/6	[0:24:39]												P			Fr. OR [9]								
O: [–]																								
MV 10/2	[0:33:01]												P				+D					Markus MRT [3]		
MV 10/3	[0:33:04]				Markus RA [4]			-D					P											
O: [–]																								
MV 11/1	[0:33:10]												P					Anke MRT [7]						
MV 11/2	[0:33:10]				Anke RA [4]								-P											
O: [–]																								
MV 12/3	[0:34:40]			Markus MRT [3]									-P											
MV 12/4	[0:34:40]												P									Markus RA [3]		

Nr./Zeile	Zeit	1	2	3	4	5	6	7	8	9	10	11		11	10	9	8	7	6	5	4	3	2	1
O: [Gosia]																								
MV 13/1	[0:35:39]			Markus MRT **[3]**									-P											
MV 13/2	[0:35:39]												-P								Markus RA **[4]**			
MV 13/2	[0:35:39]												-P							Markus RA **[5]**				
MV 13/3	[0:35:47]			Markus RA **[3]**				+D					-P											
MV 13/4	[0:35:47]												-P							Markus RA **[5]**				
O: [Gosia/Jarek]																								
MV 14/11	[0:36:53]												P			+D						Markus OR **[3]**		
O: [–]																								
MV 16/7	[0:42:35]			Markus MRT **[3]**									-P											
MV 16/8	[0:42:35]												-P								Markus RA **[4]**			
MV 16/7	[0:42:35]						-D			M. RA **[9]**			-P											
O: [–]																								
MV 17/2	[0:43:35]			Jarek MRT **[3]**						-D			-P											
MV 17/1	[0:43:35]												P									Jarek RA **[3]**		
MV 17/4	[0:43:40]		Jarek I-MRT **[2]**										-P											
MV 17/3	[0:43:40]												P					+D					Jarek RA **[2]**	
O: [–]																								
MV 18/16	[0:46:06]												P			Jarek OR								
O: [Gosia/Jarek]																								
MV 19/12	[0:50:29]												P							Jarek OR **[5]**				
O: [–]																								
MV 22/10	[1:00:40]												P								Markus MRT **[4]**			
MV 22/9	[1:00:40]					Markus RA **[5]**							P											

A.4 Transkription der qualitativen Interviews

A.4.1 Interview mit Anke

Zeit: Freitag, 21. Juli 2000, 20:00 Uhr

Ort: Küche der Studentenwohnung von Anke

Länge: des Interviews: 41 Minuten

A: Du, nee das ist so, also die zwei Kisten sind leer, die sind schon länger da, dann waren letztes Wochenende meine Eltern da, nee, nicht letztes, vor zwei Wochen (*Husten*) und dann hab ich doch mal die Gunst der Stunde genutzt, da sind wir zum (*unverständlich*), ja muss man, muss man nutzen.

D: Bis jetzt hab ich noch nie die Gelegenheit gehabt.

A: Dass deine Leute gekommen sind? Der Markus hat doch Auto.

D: Aber der fährt so gut wie nie einkaufen, und hast du mal mit dem Auto gesessen? Da liegt nur Müll in dem, in dem

A: Nee, bei mir hat er aufgeräumt gehabt.

D: Wow, und dann muss man ja immer so pumpen, bis der, hahaha

A: jaa, haha. Ja, nee, wir waren, und da war's eigentlich, er hatte gemeint: „ach, jetzt hab' ich extra geputzt" da sind wir zum Praktiker gefahren, und ich dachte, ich hau' ihn mal an und sag: „Könn' wer nich mal zum, äh, Ding, Kaufland gehen und so, ähm, Kisten dann irgendwie wegtun oder holen oder sowas", meinste, da stehen die Chancen

D: da hast du das in einem gemacht oder

A: nicht so gut?

D: Ach so, nee, pffff, ich weiss nicht, mir ist das immer zu schuftig, also ich meine, wenn der, wenn er das nicht selber anbietet irgendwo,

A: hmm

D: oder, oder nicht selber mal fährt, er kauft halt total häufig in Polen

A: in P, er is oft in Polen, ja, hat er erzählt, jede Woche oder einmal in der Woche oder so irgendwie

D: Ja, mindestens mal, ich versteh' das nicht, also, ich hab' aber auch keinen Einblick, wen der so kennt und, also, seht ihr euch öfter oder was? Er hat dich da ja eingeladen,

A: Ähm, ich weiß nicht, so oft eigentlich jetzt auch nicht, ich fahr' jetzt Fahrrad und dann sehe ich ihn in der Straßenbahn nicht mehr so oft wie vorher, aber nee, so oft sehe ich ihn jetzt eigentlich auch nicht

D: Weil, weil er dich ja auch gefragt hat für hier das Interview und dann, ich hatte ihm halt gesagt: „Ja, du kannst dir Leute aussuchen." Also so war's gedacht

A: Ja, hm, dass er die auch kennt irgendwie und so, oder? N bisschen mehr, also ich mein, so kennen wir uns ja nun auch nicht irgendwie so

D: Naja, also das muss, also das lag in seinem Ermessen, also ja, und wie kennt ihr euch?

A: Ähm, ich sag immer, das war Steffis Fahrer, also der hatte da unten sein Auto stehen, und die Steffi kommt aus Würzburg. Und, äh, dann sagt sie so: „Oh, in der Nähe bei mir," hat sie da n Zettel hingekle-, hingemacht irgendwie, und dann stand er mal vor der Tür und meinte so: „Ja, ich könnt dich gut mal mitnehmen," und dann irgendwie darüber habe ich, habe ich ihn dann irgendwie kennengelernt. Ich weiß nicht, da war ich mit Steffi mal unterwegs, glaube ich, und dann äh, sagte Steffi so: „Hallo!" zu ihm, und dann sind wir irgendwie so ins Reden gekommen, aber also so,

D: Ja, habt ihr euch vielleicht am Dialekt erkannt? Hahaha,

A: Ja, also, hahaha, also bitte! Hahaha. Na, wir haben doch n andern, wir haben doch n ganz anderen Dialekt, wir zwei

D: Naja, das sicher, aber man kann vielleicht rauserkennen, dass ihr beide aus dem Süden kommt oder so, was weiß ich

A: Wir dachten halt, also darüber ging das überhaupt nicht. Das war wirklich die Beziehung über

D: Aber ihr habt nicht ne Lehrveranstaltung zusammen, oder so?

A: Doch, wir hatten, stimmt, wir hatten Wirtschaftsinformatik

D: Ah, jaja.

A: Aber darüber kam's eigentlich nicht, das war erst, erst so des und dann Wirtschaftsinformatik

D: Und jetzt seht ihr euch nur noch in Wirtschaftsinfo oder was?

A: Ja, ich hab' doch kein Wirtschaftsinfo mehr.

D: Du machst das nicht mehr?

A: Nee, nee, ich hab Wirtschaftsinformatik Eins gemacht und Zwei mach' ich jetzt nicht mehr.

D: hmhm, da habt ihr ja auch viel drüber geredet so, ne?

A: Über Wirtsch-, wir haben geschimpft, hahaha

D: hahaha, gut, also

A: nicht geredet, ja, nee, also das stimmt schon

D: Ja, also es gab Gruppen, die noch wüster geschimpft haben. Wirtschaftsinfo war, ähm, häufig Thema

A: hmmm

D: Ja.

A: Ach, du meinst, bei dem, bei dem Interview haben wir drüber geredet, ja?

D: Ja, was meintest du jetzt?
A: Ich dachte sooo, irgendwie, haben wir drüber geredet, ja weil jetzt dachte ich: „Hä? Woher kennst du unseren Gesprächsstoff?“ Wir haben da drüber geredet?
D: Ihr habt über, ja, ist schon so lange her, jetzt, ne? Hahaha
A: Ja, weiß ich nicht mehr.
D: Wie lange ist das her? Ich weiß auch nicht mehr. Ja, ihr habt ne ganze Zeit über, ähm
A: Zwei Wochen
D: Ja, so ungefähr
A: Ja, das war vielleicht so aus der Not geboren, ich weiß es nicht mehr,
D: vom Thema? Weil euch nichts anderes eingefallen ist?
A: Nee, ich weiß nicht, also es hat irgendwie so die, ich hätte jetzt nicht gewusst, worüber ich mich jetzt, äh, da unterhalten soll, mit den vier Leuten, ich hab mich ja eigentlich, wenn, dann hab ich mich mit dem Markus irgendwie so unterhalten und, ich weiß nicht, ich kannte die zwei ja gar nicht.
D: Ach, du kanntest die gar nicht?
A: Nein, überhaupt nicht! Ich kenn‘ ihn, der wohnt unter uns, den, äh, kenn‘ ich von Agnieszka, weil sie halt geschimpft hat, dass der immer so laut Musik hört irgendwie, aber sonst, ich kannte weder sie noch ihn eigentlich so. Nicht mal vom Sehen eigentlich, der ist mir nicht mal im Flur mal begegnet irgendwie so
D: Ist auch sonst so’n bisschen unscheinbar, so, ne? Ja.
A: Nee, aber so auch, hab‘ ich den nicht mal gesehen also, wobei, hab‘ ich dich hier mal im Flur gesehen? Nee, auch nicht, oder?
D: Wann sieht man sich hier mal im Flur? Also, haha
A: Nee, ich kannte ihn, ich kannte die überhaupt nicht. Markus meinte bloß so: „Ach ja, das ist einer, so-und-so, und dann ne andere noch und hat mir die kurz beschrieben, aber das ist, ich kannte die überhaupt nicht
D: Also vorher schon, als ihr euch, ähm
A: Als er vor der Tür stand und meinte: „Ich brauch‘ dich,“ oder irgendwas ist mir da eingefallen
D: Wann stand er denn, wie lange, also hat ein ein paar Tage vorher Bescheid gesagt oder am gleichen Tag noch so?
A: Also er kam am gleichen Tag noch mal und hat Agnieszka gefragt oder hat gefragt: „Ja, weißt du nicht irgendwie noch ne Polin oder so?“ Weil er, der Unter-, ich sag‘ mal schon, wie heißt der noch?
D: Jarek.
A: Ah, ja. Der, äh, war irgendwie nicht erreichbar, oder irgendwie sowas, und dann war er da ein bisschen am Flattern und meinte: „Ich brauche jetzt noch jemanden.“ Hahaha. Bei mir ist es schon, also bei mir ist es schon, wann ist er

denn bei mir gekommen? Wahrscheinlich so schon ein paar Tage. Wann war das, wo ich oben war, welcher Tag? Freitag oder Samstag irgendwie so

D: Nee, Montag war's, dritter Juli. Ja, das ist echt zwei Wochen her.

A: Der dritte Juli. Warum? Musst du da gewisse Zeiten einhalten?

D: Nee, ich meine, also aber es sieht ja schon so aus, als hättest du nicht mehr so viel parat, kannst du dich noch an irgendwas erinnern, so an irgendwelche Fetzen?

A: Ähm, ich kann mich nur noch, äh, wie ich ja schon, wie wir ja schon geredet haben, den Markus, dass der eine so bisschen mir gegenüber, ähm, nicht nur distanziert war,

D: der Jarek, ja?

A: Ja, sondern so richtig schon, also mich da so ein bisschen angegangen hat, bis ich dann

D: Echt?

A: Ja, schon.

D: Das ging von ihm aus, würdest du so sagen, oder?

A: Also ich bin da hingekommen, hab' die gesehen und hab' mir weder n Bild gemacht, noch irgendwas, also von denen. Wobei, vielleicht, naja, vielleicht n bisschen. Ich fand die nicht so sympathisch vielleicht, aber ich denke

D: alle

A: nee, sie schon, aber ihn vielleicht jetzt nicht so. Aber ich denk mir nicht, dass ich, dass ich das ihm jetzt irgendwie so gezeigt hätte oder so. Ähm, nee, also ich fand dann, dann kam er da an und macht mich dann irgendwie so leicht an mit dem, äh: „Das war jetzt gar nicht witzig!" irgendwie, ich weiß nicht, hast du dir das Band schon angehört?

D: Das war ne harte Stelle, ne? Die ist, also das ist dir so im Gedächtnis geblieben?

A: Also da ist, da dacht ich dann schon: „Oh!" und auch so, ich hatte dann manchmal das Gefühl, ähm, dann stieg er auf das Kuwi noch ein

D: Ja,

A: Ja? Und dann dacht ich auch, ich hatte so die Alternative, soll ich jetzt n Zurückzieher machen oder soll ich jetzt total offensiv da rangehen. Und da dacht ich: „Naja, jetzt so des Offensive, ähm, die Offensive jetzt da zu starten ist vielleicht nicht so der richtige Rahmen oder jetzt, das wär jetzt ein bisschen inadäquat, wenn ich jetzt da zu diskutieren mit ihm anfing. Und dann wusste ich auch nicht: „Hat er das jetzt nur so gesagt?" Er meinte ja dann, ja, er hat nur Spaß gemacht und so, aber, ich weiß nicht, ich fand das einfach

D: Das ist manchmal so, dann ist man dann verunsichert, wenn man dann so

A: Also das hat mich schon, äh, ja, war schon so n kleiner Dämpfer dann. Als er dann, daa hab ich mir wirklich, als er dann, wenn ich dann irgendwas gesagt hatte oder so, dann hab ich mich meistens eigentlich nicht an ihn mehr gerichtet. Also ich hab das dann so vermieden, so das Frontal- sozusagen Gespräch zu haben, dann bei ihm, und ja, es war schon so ne, also es war schon so n Einschnitt dann irgendwie.

D: Wie fing das denn an? Du hast ja, also, hast ja an dem Abend dann noch gesagt hat, es fing schon so schön an mit äh, wegen der Musik eben. Aber dann habt ihr ja eigentlich relativ schnell geklärt, ähm, dass, oder hast du ihm ja zu verstehen gegeben, dass, dass du nicht betroffen bist. Hat er das nicht geglaubt? Oder, oder war das gar nicht der Auslöser, hättet ihr euch auch so nicht verstanden sonst?

A: Also ich weiß es nicht, zum Beispiel äh, Agnieszka ist ja öfter runtergegangen.

D: Ach so?

A: Also das ist ja meine Mitbewohnerin.

D: Jaja.

A: Die hat sich also mehrfach beschwert bei ihm, und ähm, jetzt weiß ich nicht, hat sie gesagt: „Du, hör mal zu, mich stört, stört die Musik," oder hat sie gesagt, äh: „Du, hör mal, bei uns oben, bei uns oben, da hört man deine Musik, und das stört uns." Das weiß ich halt nicht. Und wenn, wenn sie jetzt wirklich gesagt hat: „Gut okay, das ist nur, bin nur ich," ja, also das ist nur: „bin nur ich," ja, also ist nur: „mich stört das nur, " ähm, dann denk ich mal, wird er mir das schon abgenommen haben. Aber wenn sie halt gemeint hätt: „Ja, hör mal," um das vielleicht ein bisschen zu unterstreichen, ich mein, das ist immer besser, wenn man sagt: „Du, drei Leute stört das, und nicht nur mich," und äh, dann, weiß ich halt nicht. Und danach ja so: „Jaja klar, du kannst mir ja erzählen, was du willst, irgendwie."

D: Meinst du, das ist dann nicht mehr so glaubhaft rübergekommen oder so?

A: Vielleicht! Ich weiß es nicht. Wie gesagt, ich kenn den Hintergrund da nicht, also weiß ich da nicht. Aber, ja ich weiß nicht, also zum Beispiel als wir ähm, als wir in das Zimmer dann gegangen sind, da war ich noch kurz beim Markus, also im Zimmer

D: Richtig, da habt ihr ja noch da gesessen.

A: Ja, und da war er, und da war er, wollte grad in die Tür reingehen, und sah dann, dass ich komm, und hat mich vorgelassen, also hat mich erst reinlaufen lassen ins Zimmer. Da dacht ich noch: „Hoi, der ist aber freundlich!" Ja? Hat extra gewartet, hat mich, und hat gemeint äh: „Nee, geh du erst," oder so, und da dacht ich: „Hoi, der ist ja freundlich." Und da war ich eigentlich ja positiv gestimmt, irgendwie hat mich das ja noch sehr beeindruckt, wenn jemand so höflich ist, nee, und dann dacht ich jaa, also von daher war nicht so die, dass ich gleich dachte: „Der ist ja unfreundlich," oder so. Aber dann so im Gespräch hat sich's dann schon so bisschen entwickelt ähm, dass ich, ja dass ich ihn dann vielleicht nicht so sympathisch fand, und das natürlich dann noch die Bestätigung war, als er dann meinte: „Ja, ähm, das war jetzt nicht witzig.“

D: Also ähm, du hättest ihn auch so nicht so sympathisch gefunden, oder hättest du

A: Ja, also so ne gewisse, n Ansatz war vielleicht da, dass ich ihn nicht so sympathisch fand, ja.

D: Wo dran könnte das wohl liegen? Also,

A: Ich weiß nicht, also ähm, er stellte sich schon n bisschen dar, fand ich.

D: Hm.

A: Ah, so hab's ich n bisschen empfunden irgendwie und, naja, dadurch, dass ich vielleicht, ich war nicht direkt unsicher, aber ich wusste halt nicht, wie ich da so auf die reagieren soll, und dann kommt der da an und stellt sich da irgendwie so dar und

D: Also hattest du den Eindruck, den Typ, ja also, die Masche zu durchschauen, oder ähm, hast du dir immer so, eher so gedacht hmhm, also konntest du dir da eher keinen Reim drauf machen, was der da so von sich gegeben hat?

A: Ähm, also so der erste Eindruck war wohl die Selbstdarstellung, und dann dacht ich: „Naja, vielleicht ist der ja wirklich so.“ Das Problem war, ich wusste nicht, äh, konnte nicht abschätzen, ist das jetzt irgendwie künstlich, verhält er sich künstlich in der Situation so, weil ich mein, es war ja jetzt nicht irgendwie grad ne Alltagssituation.Wir kannten uns nicht, und mit der Kamera und so. Ähm, oder ist es deshalb, ja, ist, weiß ich nicht, oder ist der halt so.

D: Hmhm.

A: Und wenn ich halt jetzt jemanden kenne, ähm, dann kann ich sagen: „Gut, okay, der ist eigentlich ganz anders, ja, der stellt sich jetzt nur so dar, jetzt in der Situation, oder weiß nicht. Das war das Problem, weil ich ihn halt überhaupt nicht kannte.

D: Ja, klar. Ja, ihr habt ja dann auch lange über ähm, Adam Twardoch gesprochen,

A: Jaja, ich hab da nicht so, hehe

D: Du hast da nicht so richtig,

A: hmhm

D: Hast du das direkt verstanden, was er da erzählt hat? Also, ähm,

A: Also, ich muss schon sagen, mir hat da etwas die, ähm, das Wissen gefehlt, um, ja, um jetzt da irgendwie mitzureden, hm, stimmt schon, aber dann wollt ich auch irgendwie, ich weiß nicht, ja da, da wollt ich dann auch nicht so nachfragen, irgendwie weil, wär das jetzt jemand so ganz normal gewesen, im Gespräch, ja dann fragt man ja irgendwie nach, und,

D: Und du hast aber nachgefragt

A: Ja, was hab ich nachgefragt?

D: Ähm, du hast ne ganze Zeit lang nichts gesagt, und irgendwann hast du dann gesagt: „Ach so, der macht das irgendwie mit dem Computer, " oder so.

A: Ah, ja, stimmt, und da wollt ich wissen, äh, wollt ich wissen, wer das ist, gell?

D: Ja, genau, ihr habt ja ewig lange da

A: Ja, ham wir uns dann da überlegt,

D: „Steht der da am Laptop, oder ist das nicht der, oder ist das,

A: Hmhm, ja. Nee, ja das war irgendwie, ich konnte da, das war so n Gebiet, ähm, da wusst ich, da ist er überlegen, ja, ich mein, das wusst ich auf jeden Fall, da kann ich nicht, da hätt ich mich nur als Dilettant irgendwie entpuppt, wenn ich jetzt da äh, hätte versuchen wollen, da mit meinem Wirtschaftsinformatik Eins irgendwas zu sagen. Also das war so das, das Gebiet, wo er so oder so gewonnen hätte. Also ich weiß nicht. Da hätte ich, denke ich, nicht mit ihm diskutieren können, da hätt ich gar nichts zu sagen können, und darum,

D: Naja, man muss ja auch nicht diskutieren, also das war, das war nicht vorgegeben, hahaha, irgendwo

A: Neeein, aber das war einfach, aber das hat mich auch nicht so interessiert, also

D: Ja, ja, ja.

A: Das muss nicht sein. Weil er ist schon so der, der äh, der Wirtschaftler, ist er schon irgendwie

D: Ist er, ne? Oder?

A: Hmhm, ich glaub schon. Und, ach, ich weiß nicht, das hat mich auch überhaupt nicht interessiert.

D: Hm, klar.

A: Und darum war das.

D: Und wie war so dein Eindruck von der Gosia? Die hat sich ja häufig im Hintergrund gehalten eigentlich, also

A: Das war ganz lustig. Sie hat mir ja sozusagen, das war, wir kommen rein, und dann meinte sie ja, äh: „Oh, ich setz mich jetzt mal hier hin," irgendwie, ähm, in den Hintergrund, und ich mein, ich bin ja schon ein bisschen größer so als sie, und ähm, dann dacht ich immer: „Oh je!" irgendwie: „Die sieht man gar nicht," hat man sie eigentlich gesehen?

D: Ähm, ja, n bisschen. Also du siehst, sie hat

A: Ich hab sie schon n bisschen verdeckt, gell

D: Ja, das ist aber ganz natürlich eben, also

A: Ja, und dann dacht ich, ja, das ist auch, das ist auch blöd. Nee, aber von der hatt ich eigentlich n, äh, so n ganz positiven Eindruck. Ich glaub, das ist irgendwie, irgendwie so ne Nette, und wären jetzt, wären wir zum Beispiel irgendwo gewesen, ja, wo ich, wo das jetzt die Situation gewesen wär, dass ich nur Markus kenn irgendwo auf ner Feier oder so, dann hätt ich mir gut vorstellen können, dass, wenn die irgendwo gestanden wär, dass ich zu ihr hingegangen wär und mit ihr gesprochen hätte.

D: Hm.

A: Weil irgendwie, ja da war halt, sie hat auch was gesagt und so, aber das war nicht so dominant n bisschen, eher. Also fand ich. Wobei ich mir schon hätte vorstellen können,

D: Ja. Aber so in der Situation war dir auch nicht so danach, jetzt mit ihr so n eigenes Gespräch anzufangen, irgendwie n bisschen, oder,

A: Ja, das war halt irgendwie so des Problem, dass es, vier Leute sind halt, ähm, noch zu wenig, als dass man so Gruppen irgendwie bilden könnte,

D: Aber andere haben das gemacht.

A: Ja?

D: Ja.

A: Aber die kannten sich dann, oder? Oder nicht?

D: Ähm, pffff, teils, teils, ja. Also eigentlich auch nicht mehr als ihr, ja.

A: Naja. Aber wenn ich mir das jetzt so im Nachhinein überleg, haste schon recht, das wär dann noch so ne, ne Möglichkeit gewesen, an die ich irgendwie gar nicht so gedacht hab. Oder in Betracht gezogen hab, so dass, ich hatte immer so die Gruppe, die vier Leute irgendwie mal

D: Aber es ist halt eben doch dann auch die Frage, ob man sich nicht beobachtet fühlt von den beiden anderen ganz einfach, und wenn man einem davon dann ohnehin nicht so richtig, so richtig sich über'n Weg traut,

A: Vielleicht hätte ich dann den Überblick verloren, also ich weiss es nicht. Aber wenn das jetzt so, wo du's jetzt sagst, wär auch ne Idee gewesen, ja, ja stimmt eigentlich,

D: Naja, also du musstest das nicht machen, also wenn dir nicht danach war, klar.

A: Du kannst dir auch noch was zum Trinken nehmen, wenn du möchtest, gell? Saft ist hier,

D: Du trinkst überhaupt nichts mehr

A: Ähm, doch, ich hab schon vorher was getrunken, irgendwie. Ich kann dir leider nur trockenes Knäckebrot anbieten.

D: Ich habe eben gegessen, danke.

A: Haste gegessen? Gut, wahrscheinlich komfortabler, hihi.

D: Auch nur Brot

A: Auch nur Brot, ja ich muss auch unbedingt morgen mal wieder Brot kaufen gehen, weil hier ständig das Knäckebrot, das ist auch nicht so, auf Dauer, hm. Nee, aber ähm, irgendwie war's für mich dann unbefriedigend, es ist komisch. Es war irgendwie ne komisches Gefühl für mich in der Situation, irgendwie weil, ich dann, ich mag es nicht, wenn ich, wenn ich dann so aufpassen muss, irgendwie, ich mein, ich hätte nicht aufpassen müssen, ja, was ich jetzt sag, aber ich hatte halt für mich persönlich den Eindruck: „Pass da mal auf!" irgendwie

D: Gegenüber wem jetzt? Der Kamera oder dem Jarek?

A: Jarek. Hm? Wie spricht man das eigentlich aus?

D: Jarek? Glaube ich, ich weiß es nicht genau.

A: Ja, nee, das war irgendwie n bisschen, n bisschen, ähm, hat die an sich schon etwas künstliche Situation, ich mein, klar, es war ein Treffen, das irgendwie so arrangiert war, ähm, für mich persönlich noch gestört. Und ich dachte ja erst, ähm, naja, ich bin da irgendwie n bisschen sensibel, ich mein, manchmal interpretiert man in so was mehr rein, so als es wirklich ist, aber als dann Markus noch meinte, äh: „Ja, hast du auch gemerkt, irgendwie der war da ähm, war so n bisschen komisch dir gegenüber." Dann dacht ich halt: „Oh ja, irgendwie haste doch nicht, warste doch nicht in so nem Gespinne da drin."

D: Wann hat der das gesagt? Noch an dem Abend?

F Als wir das saßen, ja. Doch, und da fühlte ich mich natürlich dann so bestätigt und dachte, ähm: „Na gut, dann warst das doch nicht, dann warst da übersensibel," oder sowas da so reininterpretiert.

D: Der Markus, den, den kennst du ja dann doch schon, also immerhin dann doch schon ein bisschen. Wie hat der sich da, also äh, verhalten? Anders als sonst? Oder, oder halt typisch Markus, halt, wie so ist, ne immer mit seinem

A: Das Lachen war zum Beispiel typisch: Markus darf das und ich nicht! Hahaha

D: Wieso „der darf das"?

A: Ja, der durfte doch lachen, der hat ja gelacht, als äh, Jarek da meinte, ähm, mit dem Geldbeutel. Und darauf hab ich ja gelacht, auf seine Reaktion, so zu lachen, wenn eben jemand mir erzählt hat, dass er beklaut wurde in Polen, dann ist nicht meine natürlich Reaktion zu lachen, gell, und dann natürlich seine fiese Lache, typisch Markus, hahaha.

D: Und da hast du dann drauf eingestimmt, gell?

A: Ja, da hab ich erst drauf eingestimmt. Ja. Ähm, Markus, ja Markus hat so n bisschen die ähm, Rolle des Moderator vielleicht eingenommen, weil der hat immer schon so geguckt, also wenn dann mal so Pausen entstanden sind, äh, da hat er dann irgendwie so geguckt: „Ouh, worüber könnten wir jetzt noch reden?" und so. Also er hat sich dadurch wahrscheinlich, dass ähm, dass es so seine Aufgabe war, die Leute zu suchen, irgendwie n bisschen, hat er da vielleicht etwas verantwortlich gefühlt, ich weiß nicht. Vielleicht auch, weil er dachte, naja, das ist ja schon wichtig für dich, also dass du da was rausholen kannst, und du hast ja wahrscheinlich auch vorher mit ihm drüber geredet irgendwie so,

D: N bisschen.

A: N bisschen, ja, und dadurch dann, denk ich, vielleicht, so. Also für ihn wars schon noch ne andere Situation als für uns, denk ich halt

D: Weil er euch alle kannte, ja?

A: Nee, auch so seine, seine Position da irgendwie, da so darüber definiert, dass, ähm, ja er hatte jetzt so die Leute n bisschen zusammengesucht, er hat jetzt, ähm, ja er ist jetzt da irgendwie so n bisschen für das Gespräch verantwortlich und für den Abend so n bisschen verantwortlich, hatte ich das Gefühl n bisschen.

D: Aber ist er nicht immer so n bisschen so? Also,

A: Aber er hat es doch danach, kannst dich nicht mehr dran erinnern? Da hat er das auch gemeint, dass es für ihn, also so manchmal so n bisschen komisch war, oder er meinte dann, äh, als du sagtest: „Ja bei euch war's aber nicht so laut wie bei den anderen" oder irgendwie sowas hattest du gesagt. Und dann hat er gemeint, zu mir oder zu uns, weiß nicht: „Joh, es ging doch eigentlich irgendwie ganz gut, und, naja, wir haben uns doch ganz nett unterhalten," oder irgendwie so, haha

D: Was für den Markus schon eine sehr moderate Aussage ist, oder wie? hahaha

A: Hahaha. Nee, er hat einfach so seine, ich mein, ich hätte jetzt nicht, klar, es wär irgendwie blöd gewesen wenn wir ne halbe Stunde uns angeguckt hätten und uns irgendwie angeschwiegen, aber dann hätt ich gesagt, ja, mein Gott, ähm,

D: Also ihr habt euch gut geschlagen, muss ich sagen, andere Gruppen haben auf die Uhr geguckt zwischenzeitlich, ja

A: Ja? Waren die neunzig Minuten durch die Spieldauer des Filmes bestimmt, oder? Weil irgendwie Markus meinte

D: Die Cassette war so lang, ja.

A: meinte so: „Anke, hast du neunzig Minuten Zeit?" und da dacht ich: „Hä? Neunzig Minuten, was soll des jetzt?" Aber dann war das deswegen

D: Fandest du das zu lang? Also, hab ich jetzt schon mehrmals drüber überlegt, ähm, ob man das nicht einfach hätte kürzer machen sollen, weil vielleicht ähm, also bei keiner Fete sich äh, äh, vier Leute so neunzig Minuten unterhalten.

A: Hm. Also ich fand, ähm, dadurch, dass es das Essen gab, ähm, hat sich das irgendwie n bisschen entspannt, so, also ich weiß nicht, es wär komisch gewesen wahrscheinlich, wenn wir jetzt einfach da gesessen wären und ähm, jetzt ohne das Essen. Ich meine dafür, dass, davon abgesehen, dass es wirklich sehr gut war und sehr nett war, haha, und

D: Danke, hahaha

A: Nee, hast dir wirklich viel Mühe gemacht, doch, doch, ich war schwer beeindruckt. Nee, ähm, dadurch hat sich das so n bisschen, ja, entspannt.

Man konnte so übers Essen n bisschen unterhalten und man hatte irgendwie so immer was zu tun auch, auch, man musste sich ja nicht neunzig Minuten durch, ähm, unterhalten.

D: Sondern man konnte auch mal essen,

A: Ja, und dann hatten, war man irgendwie so n bisschen beschäftigt. Also ich fand's okay, und, wo ich dann auch so gedacht hab erst so neunzig Minuten, dacht ich mir, naja, anderthalb Stunden, aber ähm, dann so im Nachhinein, also

D: Hm, ging's schon, ja?

A: War's okay, ja. Also wenn's jetzt so, wenn wir uns jetzt n gesamten Abend hätten irgendwie so jetzt unterhalten müssen, so jetzt, dann wär's zu lang gewesen, aber neunzig Minuten. Haha (*unverständlich*), da unten, da freuen sie sich jetzt nämlich auf uns, da unten, ich weiß nicht, ob du, Sascha? Weißt du?

D: Wohnen die auch da unten oder was?

A: Hmhm, der kommt aus Ulm, mit so ner Brille. Ach, hast du bestimmt schonmal gesehen. Der meinte nämlich zu ner Freundin, die war neulich da: „Ja, da über mir, da spielt jetzt immer so jemand Gitarre." Hahaha

D: Ist das Agnieszka oder was?

A: Nee, das ist Steffi. Ihr habt euch kennengelernt, gell? Ähm, auf der Party

D: Wann haben wir uns kennengelernt?

A: Jaaa, also ihr habt euch halt gesehen.

D: Steffi? Steffi? Wo ist die her? Wo haben wir uns kennengelernt? Wer ist Steffi?

A: Steffi! Das sage ich ihr jetzt nicht!

D: Nee, also du meinst diese, die Verabschiedungsparty von Sheryl in der Achtundreißig-Drei, ja?

A: Hmhm. Warst du da betrunken vielleicht?

D: Nee.

A: Nee.

D: Ich weiß nur, dass jemand gesagt hat, wie hieß die, Steffi? Haha, nee, das klingt jetzt furchtbar arrogant. Lass mich überlegen, so braune lange Haare, oder

A: Hm, nee, so. Naja, egal, ich kann sie dir nachher ja noch zeigen. Ich hab dich übrigens heute in dem, äh, Uniheft gesehen.

D: In welchem?

A: In dem, das man geschickt kriegt, wenn man äh, Informationen anfordert, wo

D: Der Studienführer da oder was?

A: Da hab ich, nach was hab ich denn da geguckt? Weiß nicht, ja, nach Unibibliothek, die Telefonnummer, und dann guck ich da so durch und da sag ich: „Du, Steffi, komm mal her, ist das nicht Dominic?"

D: Jaja, das Foto haben die mal, also ich hab mal n Praktikum im Pressereferat gemacht, im ersten Semester. Und, ähm, die brauchten dann irgendwann ein Foto halt, äh, äh, ja, von reisenden Studenten mit Koffer vor dem Bahnhof, und meinten so: „Ja, kennst du nicht paar Freunde oder Freundinnen, äh, ähm, mit denen du da zum Bahnhof kommen könntest, und wir schicken dann da nen Fotograf hin halt.

A: Ach so, gut. Super-natürlich, oder?

D: Ja, natürlich, meinst du, ich bin da echt von ner Reise gekommen? Ich hab da vor allem, also, nen riesigen Hartschalenkoffer, hab ich locker auf der Schulter. Meinst du, da war was drin? Hahaha

A: Das hab ich, das hab ich mir auch gedacht, hahaha. Das ist so ne typische, magst du noch was?

D: der war natürlich, danke nein. Ähm, der war natürlich ganz leer, also, haha

A: So der typische Film-, irgendwie Fehler, dass die Leute da so nen Koffer dann ganz Locker,

D: ja, genau. Ja, also hier nochmal zurück zum Interview, ähm, es ging ja, ähm, in meiner Studie vor allem um, um Deutsche und Polen, hat Markus ja auch erzählt. Wie war das eigentlich bei dir? Warum bist du hier an die Uni gekommen? Bist du wegen Polen gekommen? Oder bist du wegen Kuwi gekommen?

A: Nee, das ist, glaub ich, so, ähm, wenn du aus Süddeutschland kommst, ist klar, du kommst wegen Kuwi, also nee, also ich muss, ich muss gestehen, ich hab ähm, mich informiert über äh, Kulturwissenschaften, also wollt ich studieren.

D: Hm. Wie biste dann da drauf überhaupt gekommen?

A: Über'n Buch, über'n Studienbuch, also Beschreibung

D: Aha. Dieses „Studium und Berufswahl", oder was?

A: Äh,

D: Naja, ist ja auch egal

A: „Studium heute" oder irgend so was, hm, ja.

D: Und da haste das drin gefunden.

A: Hmhm, ja. Ja. Nee, das war nicht direkt Kulturwissenschaften, sondern irgendwie so n Querverweis oder so, und dann hab ich mich über, informiert, hab halt die Unis angeschrieben, wo man Kuwi studieren kann, und ähm, hab mich darüber dann so'n bisschen mehr informiert gehabt.

D: Frankfurt (Oder) hat dich nicht irgendwie abgeschreckt, oder so?

A: Ähm, nee, also, ich muss sagen, Frankfurt (Oder),klar, hat man schon gehört gehabt davor irgendwie, aber ich hab da weder n positives noch n negatives Bild irgendwie von Frankfurt O, und dann war's so, mein Vater meinte: „Huh, wenn du da hinziehst, und so, das ist schon, also das ist schon nicht so ungefährlich," und so, äh, na gut, der ist Richter, muss man da noch dazusagen, und ähm dann, hatt ich ne Freundin zu Besuch. Also die wohnt in Beeskow hier in der Nähe. Und die hatt ich auch schonmal besucht, aber wir sind nie nach Frankfurt irgendwie gefahren. Und ich war mir auch eigentlich gar nicht so bewusst, dass Beeskow ja direkt neben Frankfurt irgendwie wohnt. Und dann holen wir sie so vom Bahnof ab und dann hatt ich grad kurz davor die Entscheidung getroffen, nach Frankfurt zu gehen. Und dann war ich so voller Enthusiasmus, ähm: „Du, Maren," also so heißt meine Freundin, „ich geh nach Frankfurt (Oder) und studier." Und dann entstand erstmal eine Stille, und dann sagt sie: „Das wird schon ein Kulturschock für dich werden." Weil, also sie kennt Ravensburg, also sie, wo ich ja herkomm, ähm, und dann meinte sie: „Ouh, wenn du da durch die Stadt gehst, das ist schon ein Kulturschock, dann." Ja? Also das war so die zweite dann negative, irgendwie, ja, hatt ich ne negative Beurteilung von Frankfurt, erstmal über meinen Vater n bisschen: „Ja, ist schon gefährlich," und dann sie: „Oh, da wirst du schon nen Kulturschock kriegen," und dann, na gut, die meisten Leute kennen Frankfurt (Oder) gar nicht. Aber ich hatte eigentlich, ja, neutral irgendwie, ich weiß nicht

D: Also du hast dich auch nicht durch diese Kommentare irgendwie besonders schocken gelassen, sondern bist wirklich hier frohen Mutes,

A: Hmhm, ich hab mich, jaaa, ich hab da natürlich auch so ein gewisses Überlegenheitsgefühl gekriegt, dachte: „Ah, ja, euch zeig ich das allen, ich geh da hin und dann, ich komm nicht zurück, und ich zeig euch das und so, ich mach das!" Nee, aber so die ähm, die Beziehung deutsch-polnisch, also die, die in der Uni hier steckt, die hab ich eigentlich erst im, wo ich dann hier war, war ich, bin ich mir dessen bewusst geworden. Davor hatte ich, klar, ich mein, das liegt irgendwie an Polen, und ich war mir halt auch nicht so bewusst, dass es wirklich die Brücke ist, und du bist in Polen drüben. Weil, ich mein, wenn du in Süddeutschland wohnst, dann ist Polen für dich n Land irgendwie, das schon ziemlich weit weg ist irgendwie. Und du hast eigentlich zu Polen keinen Bezug. Ich meine, es ist nicht, für die meisten nicht grad ein attraktives Urlaubsland, ja, also von daher fällt Urlaub schonmal weg, Bekannte hat man auch nicht da oder irgendwie so. Also Polen war für mich n Land, kommt halt nach Deutschland irgendwie so, ist halt n, ja, weiß nicht, also ich hatte keinen Bezug eigentlich dazu irgendwie so groß. Von daher war auch nicht die, die Intention, ja, ich komm hier her, um ähm, von deutsch-polnischen

Beziehungen irgendwie was zu haben, oder, also dass ich da besonderes Interesse dran hätte.
D: Warst du sonst irgendwie schonmal länger im Ausland oder so?
A: Länger? Was meinst du damit? Außer Urlaub so?
D: Hmhm, ja.
A: Nee, außer Urlaub war ich nicht.
D: Aber schon im Urlaub halt, mit deinen Eltern oder so
A: Ich war schon ab und zu mal im Urlaub, hahaha
D: Okay, das war eine blöde Frage, hahaha
A: Das war eine blöde Frage, hahaha. Nee, nee, also über Italien bin ich schon hinaus.
D: Tatsächlich? Hahaha
A: Jahaaa.
D: Ja, also, du hattest echt von Polen keine Ahnung, als du hier so angekommen bist, also,
A: Ich war einmal in Polen, das war wann, mein Vater hatte in Weißwasser gearbeitet, das wirst du wahrscheinlich nicht kennen
D: Hab ich mal auf der Karte gesehen, weiter im Süden hier, oder?
A: Es ist ziemlich schlimm, ja, und es ist ziemlich, ja also auch eigentlich an der polnischen Grenze, ja, und äh, dann war ich, da hab ich ihn zweimal besucht oder so, und äh, dann waren wir in Polen ganz kurz mal, drüben. Aber es war so im Prinzip, ähm, der einzige Kontakt. Dann war ich, ähm, ja, das einzige eigentlich so Ost-, hab ich Tschechien, war ich in Prag. Aber sonst so war ich eher, eher Süden,
D: Und jetzt, wo du so hier bist, hast du Polen kennengelernt?
A: Ich muss zugeben, dass, ähm, ich im Prinzip, in Slubice war. Aber sonst eigentlich auch nicht.
D: Nee, ich meine jetzt hier so auch an der Uni, also
A: Du meinst, über die Leute Polen kennengelernt?
D: Hm, polnische Leute kennengelernt?
A: Ach polnische Leute!
D: Sorry, das Wort war,
A: Ach Polen, äh, Polen, klar, jetzt hatt ich das auf's Land bezogen
D: kleines Wortspiel...
A: hahaha, wieder verkannt, hahaha
D: hahaha
A: Ja, ich mein, klar, Agnieszka jetzt, darüber, und ähm, aber sonst, ich muss schon zugeben, also so die Freunde, die ich jetzt so enger hab, so blöd, gell? Hahaha, äh, dann, das sind schon primär eigentlich so Deutsche. Wobei das wirklich nicht forciert ist, also ich sag jetzt nicht, äh, ich möchte Deutsche

kennenlernen. Aber so Polen kenne ich eigentlich auch so, Agnieszka, und jetzt die Interviewpartnerin, die kenn ich jetzt auch n bisschen näher, die ich jetzt hatte, ähm

D: Hmhm, und woher kommt das so?

A: Ja, das frag ich mich, also, wenn ich mir das so überleg, dann denk, dann überleg ich mir auch immer, woher das kommt. Ich mein, die Sprachbarriere kann's ja nicht sein. Wir können ja alle deutsch hier. Also die, die hier studieren. Und von daher frag ich mich jetzt echt immer. Ich denk machmal auch, es wär dann, wär auch interessant, ähm, irgendwie mehr polnische Freunde zu haben. Aber ich kann jetzt auch nicht in der Gegend rumlaufen, n Schild hochhalten und sagen: „Wer möchte meine polnische Freundin werden?“ Irgendwie, ich mein, das ist halt auch, ähm, ich verschließ mich dagegen nicht. Und ich hoff, und ich denk auch nicht, dass ich das jetzt irgendwie jetzt so ausstrahle oder so, ich weiß es nicht.

D: Aber so in Seminaren kommst du schon mal irgendwie mit welchen ins Gespräch, oder?

A: Ja, ins Gespräch, aber man sagt: „Hallo!“ irgendwie, aber jetzt wirklich, wenn ich mir die Leute denk, mit denen ich jetzt auch mal was mach, also, oder wo ich jetzt einfach sage, gut, da geh ich hin und sag, ähm, können wir heute Abend noch irgendwie was machen, also da sind keine, da fallen mir keine ein

D: Ja, oder hast du den Eindruck, also ich meine, wenn du irgendwie so, irgendworan muss es ja liegen, also ich meine ähm, die Deutschen lernst du ja auch irgendwie kennen. Die kennst du ja nicht schon immer, sondern irgendwann kommt man sich ja näher eben, ähm, hast du irgendwie den Eindruck, die benehmen sich komisch oder so, oder also, du kriegst da keinen Zugang?

A: Ähm, ich weiß, also ich würd jetzt nicht sagen, die, die verhalten sich irgendwie komisch, oder dass ich gleich sehe, das sind, sind Polen aufgrund von gewissem Vehalten, aber ähm,

D: Naja, wenn sie polnisch sprechen, dann merkt man das ja schon, haha.

A: Ja, haha, gut aber ich mein,

D: Nee, also ich mein, irgendwie kommt man ja dann schon drauf,

A: Ja, natürlich kommt man da drauf

D: Oder ich meine, du weißt ja auch wahrscheinlich bei sehr vielen Leuten vom Sehen allein schon oder von, von früheren Begegnungen irgendwie, dass es Polen oder Deutsche sind, das also, einiges sieht man ja

A: Hm, hm, ja, also ich weiß nicht. Also ich denk, irgendwie, ähm, wenn ich jetzt so mich umschaue, ist es schon oft so, dass irgendwie polnische, dass es so polnische Gruppen gibt, ja? Irgendwie die reden dann auch polnisch, ich mein, dann ist offensichtlich, dass alle Polen sind, und ähm, ja, dann ist es irgendwie komisch, da so als Deutsche reinzukommen, also ich mein, ich hoff jetzt mal nicht, dass es wirklich so ist, die polnische Gruppe und die deutsche Gruppe. Aber oft sehe ich das halt schon, dass, dass polnische Studenten einfach zusammenstehen und polnisch reden. Also ganz oft, das ist klar, da ist dann kein Deutscher dabei, und andersrum auch, weiß nicht. Es sind dann halt so manchmal, ähm zum Beispiel Anja, ich weiß nicht, ob du die jetzt kennst, ist auch ne Deutsch-Polin in Anführungsstrichen irgendwie sind die halt dann, viele

D: Und die, die schaffen's eher so n bisschen, den Sprung, ja?

A: Also ich muss sagen, äh, zum Beispiel, wie heißt die noch, hm, weiß ich jetzt gar nicht mehr, wie die heißt. Nee, da, die fängt da plötzlich mit Anja polnisch an zu reden. Und da sag ich so zu Anja: „Hä, die ist auch Polin?" Da meinte sie so: „Ja." also es geht mir ganz oft so, dass ich mit Leuten, die ich so bisschen kenn, und dann plötzlich fangen die irgendwie auch an, äh, noch polnisch zu reden, und ich denk: „Hä? Was ist, wo bin ich jetzt?" irgendwie, also da, ähm, ist es für mich überhaupt nicht, also merk ich da überhaupt nichts. Also meistens klar, wenn sie plötzlich deutsch reden, dann

D: Ja, mal was anderes noch: mir ging es ja auch vor allem so um sprachliche Missverständnisse, ne? Und da könnte man natürlich jetzt sagen, ähm, beispielsweise das mit dem, beim Jarek, wo er gesagt hat: „Das ist gar nicht lustig," ähm, dass er das nicht so gemeint hat? Sondern dass er das vielleicht auch humoristisch gemeint hat? Sagt man doch auch immer so, oder? „Ja, das finde ich gar nicht witzig," weißt du so, auf diese Art, aber, oder hättest du das da einfach nicht mehr für angebracht gehalten?

A: Ich weiß nicht, ich hätt's halt, ich find's halt von daher, wenn er's wirklich lustig meinte, hätte er's ja auch zu Markus sagen können. Aber zum Markus hat er nichts gesagt. Markus lachte, kennst ja seine Lache, gell, klar. Er lachte wirklich, äh, aus vollem Herzen, ja, und er sagt nichts. Und Markus meinte: „Ha, dis is ja witzig!" oder irgendwie so, sagt der sogar noch, das sei witzig. Und ähm, da hat er nichts drauf gesagt. Und dann plötzlich erst als ich ähm, dann noch was gesagt hab, dann hat er gemeint: „Das ist aber nicht, das ist aber jetzt nicht witzig." Und ich find, er hat nicht gesagt, dass es ähm, das ist lustig gemeint. Ich mein, wenn ich jetzt zum Beispiel, äh, irgendwas sag, und dann lacht jemand, und ich sag: „Das ist jetzt aber nicht lustig," irgendwie, oder nee, ich sag: „Das ist aber nicht, des ist jetzt aber lustig" oder: „Des ist aber nicht witzig," Ähm das ist so, das sind so, dann sagt man das anders, find ich. Ich weiß nicht, vielleicht klar, vielleicht hab ich ihm jetzt auch Unrecht getan, also

D: Nein, da will ich dir keinen Vorwurf machen,

A: Nee, da ist wieder das, was ich halt vorher gesagt hab, dass halt, dass ich ihn nicht kannte, und seine Reaktion nicht einschätzen kann. Es gibt Leute, ich mein klar, mit Steffi, da witzel ich auch immer rum, und man versteht sich dann einfach, du weißt halt, was ernst gemeint ist und was nicht. Aber bei dem konnt ich es halt nicht einordnen, konnte nicht sagen, ja, ähm, das hat er jetzt spaßig gemeint, auch wenn er's jetzt vielleicht nicht so gesagt hat oder so. Aber ich hab mich schon zusammengerissen oder? So Dialekt und so, hab schon hochdeutsch alles geredet, oder?
D: Also da kommt es auch nicht drauf an,
A: Nee, weil Markus, Markus is da halt so lustig, echt, ich war in der Straßenbahn mal mit ihm, und dann war vor ihm eine, die kommt aus Weißrussland, glaub ich, und sie konnte schlecht deutsch, ja, und das war ersichtlich, dass sie nicht so gut deutsch sprechen kann. Und dann ging's um die Fahrt nach Österreich? Ist er mal nach Österreich gefahren? Weißt nicht?
D: Ja, doch, jajaja.
A: Ja, stimmt, und da war das wohl grad mit, äh, mit Haider, ja? Und dann kam irgendwie so die Diskussion drauf und dann meinte Markus so, äh: „Ja, und wenn wir den sehen, dann geben wir dem einfach ne Watschn." Oder so, also ne, ne Ohrfeige! Und solche Sachen hat er die ganze Zeit gebracht, und die, und es war, ich saß so, und die hat nichts verstanden, also das war, haha, das war mir klar. Und da dacht ich auch: „Ähm, Markus, mal n bisschen vielleicht äh, gemäßigt Dialekt?" oder so, haha. Ja, das war lustig.
D: Nee, also das ist auch gar nicht schlimm. Das ist ja ganz natürlich, wenn ihr dann Dialekt sprecht. Also man muss sich ja nicht verstellen, oder so. Ja, mir geht es ja auch so n bisschen um, um, äh, interkulturelle Missverständnisse, jetzt muss ich's mal auf n Punkt bringen, hahaha
A: Ja, hahaha, pack aus! Hahaha
D: Also sind dir früher schonmal solche Situationen passiert, wie beispielsweise, ähm, jetzt mit Jarek, dass du so irritiert warst?
A: Aufgrund ner Reaktion, die jemand anderes, die ich nicht erwartet hätte?
D: ja, gegenüber polnischen Studenten halt eben, ja, oder wo du nichts mit anzufangen wusstest oder wo irgendwas war, was dich dann vielleicht später dann, als ganz rausgestellt hat oder so?
A: mit polnischen Studenten, meinst du jetzt? Hm, wär jetzt schön, wenn ich dir da ein Beispiel geben könnte, gell? Hahaha, ich kenn das ja
D: Ich seh das schon, du gibst dir beste Mühe, hahaha
A: Hm, also was ich halt, äh, manchmal zum Beispiel jetzt bei uns zweien, also Agnieszka und mir zum Beispiel, ähm, wo wir auch manchmal drüber reden, ähm, dass es halt einfach Missverständnisse gibt aufgrund des Sprachfehlers, ich weiß jetzt nicht, ob das, ob man das auf Kultur, ähm, na gut, Sprache ist ja

auch n Teil der Kultur, ähm, dass es dann einfach so ist, dass man gewisse, ähm, sprachliche Nuancen als, ähm, Ausländer sozusagen nicht erkennt und dadurch dann Missverständnisse entstehen. Also das ist öfter bei uns so, dass, dass es manchmal so ist, dass wir uns ja, irgendwie so missverstehen, dass ich Sachen sag und sie sie dann ganz anders deutet oder so. Aber da kann ich dir jetzt leider. Haha, jajaja, ich weiß, wie das mit den Episoden und Beispielen ist, aber ähm ,da wüsste ich, da geht mir natürlich so n bisschen der Vergleich ab, das ist klar, dadurch dass ich nicht mit so vielen, so viel Kontakt jetzt mit, mit polnischen Studenten hab, (*ein Telefon klingelt im Hintergrund*) das ist jetzt mein Telefon, da muss ich jetzt mal ganz flott drangehen

D: Geh ruhig ran, kein Problem

A: Oder ist das Steffis? (*verlässt für 15 Sekunden den Raum*)

D: Nee, wenn dir sowas nicht passiert ist, dann,

A: Äh, nee, also da, da ist es nur so, dass, ähm, wir, ja so manchmal Missverständnisse hatten, und da meinte sie halt, dass sie gewisse sprachliche, ähm, doch, Kleinigkeiten und Fertigkeiten nicht besitzt, und dadurch dann sie Sachen, die ich sag, missversteht, die ich dann gar nicht so mein. Sie ist dann Beispiel irgendwie so gekränkt oder so, aber denkt, dass ich ähm, damit ne, ne Ablehnung ihr gegenüber ausdrücken wollte, was überhaupt nicht meine Absicht war. Also

D: Ja, sowas passiert häufig dann, ja. Ähm. Jarek und Gosia, äh, mal so nach dem Klischee jetzt betrachtet, sind das die typischen Polen?

A: Äh, wenn du mir jetzt sagst, was für ein Klischee du da im Kopf

D: Haha, deins!

A: Mein Klischee,

D: Oder, oder deine Vorstellung so, waren die so, wie die so sind, hier an der Uni?

A: Ähm, mein Klischee war nur immer, dass die immer so gut angezogen sind, haha, aber, die polnischen Studentinnen, aber sonst so also das Klischee kann ich jetzt nicht so bedienen, glaub ich von den Studenten, nee, Shit, aber nee, was hab ich denn für ein Stereotyp für Polen? Das ist eigentlich mehr so die, die, ähm Stereotypen hab ich übernommen, die man so sagt, zum Beispiel, die lernen viel, oder so. Das hat's mal geheißen, dann dacht ich, ja klar, die lernen alle viel, und je mehr ich kennenlerne, desto mehr sehe ich, dass das sich nicht so ganz hält, das, das Vorurteil, aber sonst, ähm, so, ja angeblich feiern se viel. Ich war noch nie jetzt zum Beispiel in Polen drüben an ner Studentenfeier oder so,

D: Nee?

A: Nee,

D: Auch nicht mal so bei diesen öffentlichen im SMOK oder so?

A: Nee, auch nicht.

D: Ah, musste mal mitkommen, das ist schon ganz lustig da, und wenn man mal was getrunken hat, dann

A: Ja, haha

D: Na, ist doch so. Gut, jetzt machen wir mal Schluss, würde ich sagen. Vielen Dank noch mal.

A.4.2 Interview mit Markus

Zeit: Samstag, 22. Juli 2000, 22:00 Uhr

Ort: Küche der Studentenwohnung von Markus und Dominic

Länge des Interviews: 21 Minuten

D: Ja, das dauert ja immer ein bisschen, bis das,

M: Und wie weit kannste das wegmachen, zwei Meter oder wie oder was, geht das?

D: Ja, wenn man's so auf den Tisch stellt hier, dann sollte

M: Ach so, schön, hahaha

D: Ja, es ist so groß

M: Das ist es, ja, genau

D: Also, als alter Soziologe, du kennst dich ja aus mit solchen Interviewformen, das hier ist so'n, ähm, fokussiertes Interview

M: Ich hab's aber auch nur einmal gemacht, und ziemlich schlecht da hinten. Außerdem auf englisch, war das dann auch etwas

D: Echt? Du hast das male gemacht?

M: Ja, aber das war dann auch wieder Sprachenproblem, weißte, wenn du dann, glaub ich, einen hast, wenn der Interviewer dann auch gebrochen englisch mit dir redet, haha

D: Hahaha, naja, gut, ich mein, der Interviewte soll ja sprechen, also. Ach so, du bist interviewt worden, oder was?

M: Na, na, na, ich war schon der Interviewer.

D: Du hast schon interviewt. Jaja, gut, ja, der Interviewte soll ja das meiste labern halt, haha.

M: und ich soll was erzählen über das Gespräch, oder wie oder was?

D: Nee, naja, ist ja halt eben schon ewig her, ne? Kannst dich noch an was erinnern?

M: Hm, naja, gut, halt die eine Situation, dass sich eben die Anke eben sich nicht so gut verstanden hat mit ähm, mit'm Jarekek eben, ja? Das fand ich dann da schon ganz witzig, ja. Sie halt also was, sie hat was gelacht, irgendwas erzählt, was halt witzig war, und ich hab auch was erzählt, was witzig war. Mir ist es aber übel genommen worden, äh, mir ist es nicht übel genommen worden, und ihr ist es übel genommen worden, weißte? Naja, darum hat es,

D: Das ist dir direkt so aufgefallen, oder was?

M: Ja, ja, ich hab gedacht: „Oh Gott, arme Anke," hehe, haha

D: Und und, und und, äh, würdest du sagen, er hat es ihr wirklich übel genommen? Oder, ich hab mir nämlich auch so überlegt, oder war's vielleicht,

M: Ja, äh, ich weiß, ich weiß net, gut, man, man dürft ja, die kennen sich ja aach net so besonders, und ich denk mer mal, das Gespräch war net so ernst oder sonst irgendwas, aber, naja gut, das war halt schon, wahrscheinlich hat er sich selber auch nachher gedacht: „Ach ja, hätt ich es jetzt nicht so extrem gesagt," oder wie oder was, gell, aber ich denk mer mal, vielleicht wollt er klar gleich machen: „Ja, man lästert net über Polen," oder sonst irgendwas, haha

D: Hohoho

M: Ja, ich hab ja das dann auch immer gehört von der, von der, von der Katarzyna, von wegen, weil ich über Polen Witze gemacht hab, und am Ende ist es mir dann entgegengeschlagen, ja? Weißte, dann durfte ich dann da auch nicht mehr so viel Witze machen, weißte, das haben se dann auch nix mehr akzeptiert

D: Aber die hat ja eigentlich nicht, oder, oder würdest du sagen, die, die Anke hat das n bisschen provoziert?

M: Nee, die hat's net eigentlich. Ich glaub, das war vielleicht n dummer Zufall, das war's einfach, genau. Und ich glaub, vielleicht passiert sowas auch mit, zwischen Deutschen, passiert's vielleicht auch manchmal so. Aber da war's jetzt halt, weil, ich weiß net, irgendwas war's doch über, dass, genau, dass ihm ist doch geklaut worden, also ihm ist irgendwas geklaut worden, genau, und ich hab dann gesagt: „Naja, toll", und sie, und sie auch: „Ja, toll," und dann war er böse halt mir ihr, haha, weißte? Und, naja, kleine Missverständnisse halt,

D: Aber du meinst, meinst schon, dass er auch wirklich sauer war, nicht, nicht dass er, äh,

M: Sauer auf die Tatsache, dass ihm das geklaut worden ist, aber ich weiß nicht,

D: Nee, sauer auf die Anke halt eben

M: Hm, weniger, ich glaub, die Anke war vielleicht auch, das haben dann beide irgendwie gemerkt: „Huch, da funktioniert's nicht zwischen uns beiden," Ne? Also sie hat ihn ja dann mehr oder weniger ignoriert und er sie auch, weißte, so passiert's halt manchmal. Naja, gut. Und, und die Gosia war halt auch in der Ecke gestanden, hahaha.

D: Ja, die hat ja wirklich wenig gesagt

M: Ja, ja, das war auch wirklich ziemlich wenig. Aber ich denk mir mal, das ist aber auch mehr ihr Charakter, weil auch wenn ich mit ihr so bin oder so mit anderen, ist sie ziemlich still, weißte?

D: Oder meinst du, das war einfach nicht,

M: Ich denk net, dass es die, ja, vielleicht net ihr Ding, aber ich denk mer mal ja, genau, vielleicht, ich mein, ich bin ja auch nicht so der Typ, wenn ich in ner Gruppe bin, oder wenn ich in ner Gruppe neu bin, dass ich dann viel erzählen würd. Ich wart dann immer ab, wie die Leut sich dann oder was ich dann, dass ich mir dann ein Bild von den Leuten machen kann, und dann erstmal red ich was. Und das ist jetzt egal, genau, wo ich bin, dann, genau. Da wartet man halt eben immer n bisschen, haha.

D: Ein bisschen aufwärmen,

M: Ja, haha, genau, klar, haha

D: andere werden nie warm, haha. Ja, kannste dich noch an andere solche Passagen erinnern so?

M: Hm, hm, das wird schwierig dann. Ach ja, haha, was steht denn da auf dem Zettel drauf?

D: Ihr habt ja lange Zeit da über, über äh, über die Schriftarten vom Adam Twardoch gesprochen

M: Ach ja, genau, genau

D: Fandst das interessant?

M: Also mich interessiert sowas wahnsinnig, wirklich wahr, haha

D: Jetzt schleim net rum hier, hahaha, das glaub ich dir nicht, hahaha!

M: Hahaha, das war für den letzten Bericht, also wir haben damals in unserer, vorm Abitur, also in der zehnten Klasse mussten mer auch Schriftkonstruktion machen und sowas. Und das war in Kunst wirklich das Thema, was mich noch am meisten interessiert hat. Und, hahaha, und selbst, wenn ich heut zum Beispiel was schreiben muss, nehm ich auf jeden Fall nicht Times New Roman, weil das jeder Depp nimmt, und Arial nehm ich mittlerweile auch nicht mehr, weil ich gehört hab zum Beispiel, weil bei Arial gibt's keine Serifen, und da fällt die Schrift richtig runter. Das heißt, wenn du die Schrift liest, guckst du eigentlich mehr senkrecht, anstatt waagerecht. Wenn nämlich ne Schrift Serifen hat, das sind, das sind diese Abrundungen, haha, gibt's dem Fluss, gibt's, geht der Fluss besser in die Richtung, weißte, da kann man auch leichter lesen, hahaha.

D: Ich kenn die Theorie, haha, das brauchst du mir nicht,

M: Tolle Sachen, gell? Hahaha

D: Aber die Frauen hat das net so interessiert, oder?

M: Ich glaub es weniger. Sowieso weil es ja auch mehr um Computer ging, weil das jetzt ja auch

D: Haben die das überhaupt verstanden?

M: Ich weiß es net. Keine Ahnung, haha, das hat mich in dem Zeitpunkt wenig interessiert, haha, weil, weil ich das Thema echt schon ganz interessant finde. Naja, aber es war doch so, weil ich den Adam Twardoch da irgendwo getroffen hab oder irgendwas so in Warschau, und dann hab ich was über Warschau erzählt.

D: Ja, genau

M: Genau, genau, naja.

D: Aber, naja gut, zwischen der, zwischen der Anke und dem, und dem Jarek hat's ja dann n bisschen gekracht. Ähm, gegenüber der Gosia war das nicht so schlimm, oder?

M: Was mich gewundert hat, dass zum Beispiel die Gosia und die Anke, die haben ziemlich wenig so unterhalten. Entweder ging's also Anke zu mir, oder Anke ging's zum, Anke ging's zum, wie heißt's, zum Jarek, genau. Aber so dass die, die Frauen untereinander mal was miteinander gemacht haben, war weniger der Fall, weißte? Dass die dann zum Beispiel untereinander irgend-, vielleicht n kleines Mikro-Gesprächsthema miteinander gefunden haben oder irgendsowas

D: War nie, ne?

M: Aber das war net, war net der Fall, genau. Die haben sich eigentlich schön ignoriert, die zwei, das fand ich ziemlich seltsam, genau, ja. Naja, hat halt net so, haha.

D: Wie hat das angefangen? Also

M: Mit den zweien oder wie?

D: Ja, ja, dass die sich ignoriert haben, oder?

M: Ich weiß nicht, aber wart mal, ich weiß nicht, ob die sich, na, der kam, als erstes kam Anke, ge-, nee, als erstes kam, kam

D: Gosia, die war doch die allererste, ne?

M: Und dann kam Anke, und dann war'n se beide in meinem Zimmer und dann habe sie sich beide mein, mein, wie heißt es, meinen Lebenslauf angeguckt, aber dann haben se da auch schon nimmer, net viel miteinander geredet, gell, oder wie?

D: Waren die etwas scheu voreinander, oder?

M: Ich glaub's auch, vielleicht auch, naja. Das war halt das Thema, ich glaub, bei uns war's ja so, ich hab se ja alle gekannt, aber die anderen haben sich untereinander nicht gekannt, hahaha

D: Ja, hab ich auch so den Eindruck.

M: Oh weia, hahaha, ja, hättest auch was sagen sollen, oder wie, hahaha, Entschuldigung, hahaha.

D: Hohoho.

M: Achtung, das wird jetzt aufgenommen, hahaha

D: Das kann ich überhaupt nicht gebrauchen, hahaha

M: Doch, das eine war gut,

D: Kann ich wegwerfen, hahaha

M: Ja, haha

D: haha, uff

M: Naja, gut, mir haben uns ja ziemlich schnell kennengelernt, und dann, haha

D: Ja, fandest du's denn anstrengend so insgesamt? Oder

M: Nee, ich hab schon n bisschen geleitet weißte, das Gespräch, dass es we-, ging, weißte? Hätt ich vielleicht net so extrem machen sollen, das ist den anderen natürlich auch aufgefallen, weißte?

D: Ja? Warum haste das gemacht?

M: Naja, als Verpflichtung zu meinem Nachbarn, haha, nein, ich hab halt gedacht: „Ja, gut, wenn ich se schon alle kenn, die kennen sich untereinander net, dann muss ich da wenigstens," wegen erklären oder wegen

D: Aber machst du, auch sonst hätte ich dich so eingeschätzt, dass du so der Typ bist,

M: Ich weiß es net. Ist halt ab-, wenn ich die Leut halt kenn, weißte, aber ich denk mer mal, wenn ich in ne Gruppe käme, wo ich auch drei Leut net kennen würd, wäre ich auch ziemlich still. Ja, das war halt so die Situation, hat sich halt so ergeben, aus der Situation heraus

D: Das war ja dann doch ein bisschen anstrengend dann, oder?

M: Naja, schon n bisschen, ja, genau. Ja, aber ich war vielleicht auch ein bisschen aufgeregt vor der Kamera oder so

D: Aber ist das denn, ist es denn geglückt oder

M: Ich fand, das Gespräch war schon in Ordnung, nee, es war dann halt nur so, die anderen Leut sind dann gleich gegangen oder so, und danach dann, das war dann doch schon, sobald die Kamera aus war, hat man auch aufgehört mit'm Gespräch. Also wir haben vielleicht noch'n bisschen weitererzählt, aber dann haben, haben wir dich dann auch gleich geholt, weißte, das hat sich dann doch irgendwie, war's dann vielleicht doch noch, ich weiß net, künstliche Situation vielleicht doch noch durch die Kamera oder irgendsowas. Ja, naja, mir war, also ich war halt ziemlich kamerabewusst, also ich hab's an mir gemerkt halt, dass wenn ich irgendwas erzählt hab, hab ich auch immer gedacht an die Kamera, naja, gut. Haha, aber das willst du net hören, hahaha

D: Hahaha, doch, doch, sei ehrlich, die Anke hat auch sowas gesagt.

M: Ja? Naja, man denkt halt doch an das Ding da in der Ecke, haha, ja.

D: Naja, war ja auch weithin sichtbar.

M: Das war halt der kleine, stille, stille Zuhörer, ne? Naja. Und unser Gespräch hast du jetzt teilweise auf-, aufgelistet oder wie oder öhh,

D: Ja, ich hab so ne, so ne Grobstruktur gemacht, bevor ich das alles transkribiere, einfach mal, um, um, man muss ja irgendwie bei diesen neunzig Minuten nen, nen Überblick kriegen halt eben.

M: Jaja, genau. Hm, gut, was war dann noch an dem Gespräch interessant?

D: Also

M: Schmeiß noch was rein, hahaha,

D: Du kanntest die ja alle halt eben, ähm, aber mit wem war's so am lockersten halt, für dich?

M: Es war, also ich glaub, am meisten hab ich, glaub ich, erzählt mit der Anke, obwohl ich eigentlich zum Beispiel die Verena am mei-, äh, die Gosia am meisten kenne oder so, weißt du?

D: Ja? Die kennste am meisten?

M: Ja, eigentlich, weil mir treffen uns halt immer zum, zum Unterricht oder sonst irgendwo, sind auch schon paarmal nach Berlin

D: Ihr seht euch täglich

M: Ja, schon, naja, gut, vielleicht zweimal in der Woche oder so, also gut. Wir sind auch schon paarmal nach Berlin und ins Kino gegangen, weißte, also. Und das ist ja mit der Anke net der Fall, aber trotzdem. Weil das Gespräch hat sich dann so entwickelt, hauptsächlich ich-Anke, und dann Einwürfe vom Jarekek, oder Jarekek hat auch viel erzählt, weißte. Genau, naja.

D: Dann ist ja erstaunlich, dass ihr beide überhaupt sehr, ja, so gut wie gar nichts zueinander gesagt habt

M: Die Gosia, gell, haha, ja wir haben erzählt echt net viel miteinander. Das stimmt irgendwie,

D: Aber wenn ihr so alleine seid, dann schon eher, ja?

M: Jaja, da wird schon erzählt, genau.

D: Vielleicht lass ich mich auch immer von den lautesten leiten, und höre dann net zu, wenn jetzt andere was erzählen, die jetzt etwas schüchterner sind, oder sowas. Kann ja sein. Naja. Kann das sein? hahaha

D: Kann passieren, kann passieren.

M: Gut. Ja, sie ist aber auch sehr bewusst auf ihren Akzent oder sowas. Sie war zum Beispiel total, sie hat's zuerst nicht geglaubt, als ich gesagt hab, dass du gesagt hast, dass sie keinen Akzent hat, weißte? Hat se gesagt: „Ja, ich hab auch nicht viel erzählt, aber danke trotzdem," haha

D: Hatte sie auch nicht, sie hatte auch nicht viel gesprochen. Wahrscheinlich hat sie sich auch noch Mühe gegeben oder sowas,

M: Ja, genau. Willste die auch noch mal für'n Interview nochmal haben?

D: Ja, würde ich ganz gerne,

M: Die würd ich dann halt mal anrufen, irgendwann mal, die soll mal dann nochmal vorbeikommen, genau.

D: Bitte?

M: Die soll dann noch einmal vorbeikommen,

D: Joh, dann koch ich der nochmal was, oder so.

M: Haha, ich kann ja nochmal indisch kochen, oder

D: Jaa, ja, jaaa, biste eigentlich am Wochende da oder

M: Ja, sowieso, jaja. Ich muss, wir haben ja nächste Woche zwei Klausuren, hab ich, ja genau. Hm. Ja, werf noch was ein, haha

D: Ja, fandest du, dass die Anke auch so n bisschen gegen den Jarek dann gegangen ist?

M: Die Anke gegen den Jarekek gegangen,

D: Ich meine, wir hatten ja jetzt das eine Beispiel da mit dem, äh, dass, dass er ihr praktisch einen übergezogen hat

M: Ja, weil er zum Beispiel, ja, er ist halt Wirtschaftler, und was machen Wirtschaftler allgemein? Die lästern, lästern erst einmal über die Kuwis, weißte? Aber die Kuwis machen's dann wirklich genauso. Vielleicht weniger, die haben das ja vielleicht weniger nötig, weil

D: Das Thema hattet ihr ja auch mal

M: Ja, genau, und, da ist halt, vorher, weil die andere hat auch Wirtschaft gemacht, gell?

D: Ja, ja?

M: Und ich bin ja sowieso der neutrale als MES-Student, weißte, hahaha. Da bin ich ja dann parteilos, und dann hat halt er dann, hat er gesagt: „Ach, Kuwis, und Kuwis, und," und ich: „Ufff, Scheiße," hahaha, da kommen wieder die alten Kamellen raus ja oder sowas, eyh. Ja, das kann ja sein, da wär ich dann vielleicht als, als Anke wär ich dann auch ziemlich, vielleicht mockiert ein bisschen gewesen, wenn ich halt wieder sowas hören muss, so n Scheiß, von wegen, gell. Ja, sie musste sich ja dann auch ziemlich, ja sie musste sich dann ja auch verteidigen, genau, wie, dass sie viel macht oder sonstirgendwas, weißte.

D: Ja, jaja.

M: Ich mein, das ist in jedem Fach so. Ich mein, du kannst in Wirtschaft viel machen, genau, und das war dann unser Schlusswort, war dann ihr Schlusscredo, was ja dann doch ziemlich abgedroschen klingt, was dann aber gestimmt hat, dass das eigentlich weniger an der Fachrichtung liegt, sondern eben am einzelnen Menschen. Was dann, was dann ein gutes Abschlusswort war.

D: Und er arbeitet aber auch viel, oder, nach deiner Einschätzung

M: Er? Der, ja. Der macht das schon, ja. Er schafft ja auch beim Kurbel-Lehrstuhl, und Kurbel kann ja nichts, also. Haha, das kannste jetzt transkribieren, und dann tut der das da, hahaha. Und Kurbel kann nix, und dann hockt der auch den ganzen Tag da vor der Dings. Ich glaub auch, dass er sich vielleicht auch noch ein bisschen schwertut eben mit, wenn er jetzt zum Beispiel deutsche Schriftstücke hat oder so, dass, oder wenn er nen Aufsatz, oder wie, bis er, wie er den schreibt, oder so.

D: Ja, genau, jaja. Aber der spricht ja auch sehr gut deutsch, eigentlich

M: Auch sein Deutsch ist sehr gut. Er macht halt manchmal noch n bisschen, wie heißt's, Interpunktionsfehler sind's noch n bisschen, und manchmal ist es das falsche, oder war's das sogar? Manchmal waren halt die Sätze net richtig, die

Wört-, die Wortverbindungen halt nicht. Und des kannste zum Beispiel, des, des tust de, beim Überfliegen weißte, was gemeint ist, und das kannste total schnell ver-, verbessern oder so, weißte. Also das ist'n Pipifax. Und eben Kurbel hat ihn ja deswegen ange-, angekreidet, weil, na, da sind ja Grammatikfehler drin. Wird dann gleich die Note auch runtergedrückt, weißte. Des versteh ich zum Beispiel überhaupt net, weißte. Also mir haben hier schon vierzig Prozent Polen oder so, und dann wär ich dann wenigstens als Professor so tolerant und würd zum Beispiel dann den Leuten, wenn, wenn ich merk: „Ach, das ist n Ausländer, hat sich aber Mühe gegeben, ich versteh, was er sagt," dann kommt's mir ja doch mehr auf den Inhalt an, oder?

D: Eigentlich ja, ja.

M: So war's nämlich in England, glaub ich, auch. Jedenfalls haben se danach sich gekümmert, hahaha

D: Ja, ne? Das, ich hab da auch immer ein fettes Lob für mein Englisch bekommen,

M: Ja, genau, das war dann auch immer unten in der Bewertung drin, ne? Das Englisch ist sehr gut. Und wenn's net gut war, dann kam's dann doch mehr auf den Inhalt an, weißte.

D: Ja, hahaha. Ja, nochmal zurück zu dem Gespräch. Hattest du irgendwie den Eindruck, dass es, ähm, also dass ihr euch mit, ähm, zunehmender Zeit besser verstanden habt und es lockerer wurde, oder wurde es durch diese Spannungen eher anstrengender, so?

M: Das ist ne interessante Frage. Hm. Ich denk mer mal, wir waren kurz zuvor, also kurz, kurz bevor das Gespräch endet, wenn wir dann bisschen mehr getrunken hätten, dann hat sich's dann ziemlich mehr entspannt. Aber ich glaub, zu dem Zeitpunkt hat sich das Gespräch, war's eben noch auf diesem kleinen Spannungspunkt, denk ich mer mal. Und wenn wir dann alle noch, glaub ich, also wenn die dann noch dageblieben wären und blablabla. Ich kann mir halt vorstellen, guck mal, als das Gespräch vorbei war, sind dann die zwei da, sind dann gleich gegangen, die, die Gosia und der, und der Jarekek. Dass die dann eben da jetzt gedacht haben: „Öhh, das ist net so ne tolle Situation, da gehen mer dann lieber gleich, weißte. Aber ich könnt mir vorstellen, wenn's denn vielleicht n länger gedauert hätte, dann

D: Naja, wer nicht, wer nicht bleiben will, den kann man auch nicht zwingen, ne, ich mein, der Jarek, der wollte doch erst schon nach ner Stunde, hattest du doch damals gesagt

M: Genau, ja genau, weil der irgendwas mit Freunden, aber das war ihm dann auch egal oder sonst irgendwas.

D: Ja, egal. Hat ja diesmal auch länger gedauert als zehn Minuten, hm?

M: Ja, genau.

D: So, jetzt machen wir hier aber auch mal Schluss,
M: Ja, gut, hahahaha
D: Vielen Dank, hahaha

A.4.3 Interview mit Jarek

Zeit: Samstag, 22. Juli 2000, 21:00 Uhr

Ort: Studentenzimmer des Interviewers

Länge des Interviews: 24 Minuten

D: Das ist so total unstrukturiert, das Interview, also das soll so, ähm
J: Naja, also ich lass ein bisschen mich überraschen, also
D: Haha, also es geht ganz einfach über, um deine Eindrücke aus dem, äh, äh, aus dem Essen von vor zwei Wochen halt eben
J: Ach so
D: Ich weiß, das ist schon ein bisschen länger her halt eben, hahaha, kannst dich noch dran erinnern so?
J: Ja, ich kann mich dran erinnern, also, die erste Sache: das Essen war gut
D: Hahaha
J: Ja, war wirklich gut, das Essen grad, dann denkt man schon nicht rüber, was man da auf dem Tisch hat, sondern man kann irgendwie frei denken, über andere Sachen. Naja, also das, war wie ganz normales typisches Gespräch, also, wir könnten das gleiche irgendwie in der Mensa führen, also so dass, also es war keine Ausnahmesituation für mich, würde ich sagen.
D: Also fandst du nicht irgendwie anstrengend, oder dass das irgendwie
J: Nee, nee, nee, also diese Kamera haben wir gar nicht gemerkt, hab ich zum Beispiel persönlich gar nicht mehr gemerkt. Am Anfang hab ich nur in diese Richtung mal geguckt, aber das ist normal, also dass ich mich irgendwie erinnert habe nach einer Stunde oder so, dass, dass irgendwie Kamera in diesem Raum steht, das hab ich, hab ich in diese Richtung mal geguckt, aber es war nicht was besonderes, also dieser Fall.
D: Und wie war's so von den Leuten? Biste mit denen klargekommen oder haste dir gedacht: „Oha, hoffentlich ist's mal bald vorbei,"? Also,
J: Nee, nee, also es war ziemlich interessant, also, Markus kenne ich schon seit Ewigkeiten, und diese zwei, ähm, ja, sagen wir mal, junge Frauen
D: hahaha
J: äh, habe ich zum ersten Mal quasi gesehen
D: Echt, beide?
J: Also die, die Polin hab ich wirklich zum ersten Mal gesehen und die F, die die Deutsche, also Anke, die habe ich von Zeit zu Zeit wirklich als, als meine Nachbarin gesehen, also ich hab nichts mehr von, von der gewusst, also woher die kommt und so weiter, was sie macht und was sie studiert. Also ich hab nichts äh über, also über sie gewusst, vorher. Also, also ich bin ziemlich, ähm,

irgendwie, also ich bin so eingestellt, dass, dass wenn ich neue Leute kennenlerne, da hab ich keine Probleme, mit denen sich zu verständigen und mit denen zu, zu sprechen, aber, naja, es konnte manchmal irgendwie ein bisschen doof aussehen, wenn wir so völlig unbekannt so in einem Raum sitzen, und über etwas sprechen müssen, also aber da sind wir schon ganz gut klargekommen. So.

D: Weißt Du noch so ungefähr, wo drüber ihr gesprochen habt? So über die

J: Oah, nee, über alles, also das war wirklich ganz großes Durchschnitt, also etwas über Musik, etwas über Computer, etwas die Arbeit, etwas über Studien, über die Einstellung von Kuwis zu Studium und über Jurastudenten zu Studium und über BWL-Studenten zu Studium, was weiß ich, über, äh, über, über Situation in Polen, in Studentenwohnheim und so weiter, ja also wirklich, überall, also wir haben über alles gesprochen, also das, man kann wirklich nicht sich auf irgendwelche Sache ähm, also konzentrieren, also das war überall, wirklich. Es war kein großes Thema, sagen wir mal, der irgendwie nachher ne halbe Stunde geführt worden ist, sondern wirklich alles war, irgend, also naja, war innerhalb von fünf Minuten erledigt. Also

D: die einzelnen Themen,

J: Ja, die einzelnen Themen, ja wir haben das irgendwie so wie Nachrichten gemacht, also jetzt sprechen wir über das, jetzt sprechen wir über das, jetzt sprechen wir über das.

D: Und wer hat so, also was hattest du so den Eindruck, wer hat die Themen jedesmal gebracht, so?

J: Ach, nee, das war wirklich, das kam wirklich so chaotisch, also so von sich selbst. Naja, also in dieser Art: „Naja, ich hab gehört, dass du irgendjemanden da in Warschau getroffen hast." Also wir sind von diesem Mann, zu irgendwelche Sachen, also über ihn, also über diesen Mann, den er getroffen hat, gesprochen, also von dieser Sache sind wir zu der Arbeit gekommen, von dieser Sache sind wir zu Computer gekommen, von dieser Sache sind wir von Computer zu lange vor dem Rechner sitzen gekommen, und so weiter, davon zum Wohnheim gekommen, und so weit, n, man konnte wirklich, also sag ich mal, wirklich so, ähm miteinander irgendwie verbunden, aber das war wirklich einzelne Episoden, also alles einzeln konnte man wirklich zu einer ganz großen Diskussion erweitern

D: Naja, praktisch, dass ihr alle in Wirtschaftsinformatik seid, haha.

J: Naja, also ich arbeite bei Professor, also deswegen, deswegen sind wir

D: Du bist am Lehrstuhl da, ja, bei, bei Kurbel? Ähm, hattest du den Eindruck, dass, ähm, die Anke und die Gosia, ähm, das alles verstanden haben?

J: Also, normalerweise spricht man so, dass man es mindestens versteht, also, ah, ich hab nur so gehört, dass wenn die Leute, die etwas mehr mit Technik zu tun haben, den Laien etwas erklären wollen, dann versuchen sie das wirklich so langsam, mit einfachen Wörtern oder nach, nach drei, vier Sätze machen sie das, was irgendwie, also,das also das normale technische Quatsch, den, den niemand verstehen kann. Also dann, dann fangen sie schon nach diesen drei, vier Sätzen wirklich das, das, was sie normalerweise sprechen, also wie untereinander, also wirk-, also ich schätze dass, dass auch nicht so, so viel über die Computer war, deswegen, deswegen, oder irre ich mich?

D: Du meinst mich?

J: Äh, nee, also ich meine jetzt, dass, dass wir auch nicht so lange über Computer gesprochen haben, oder was, während der Abendes

D: Das war eines der größeren äh, Themen, wenn man das mal zusammenfasst, äh, die Schrifttypen von Adam Twardoch, und, und, äh,

J: Ach ja, das, also Schriftarten, das, das ist, das ist auch kein, kein Thema, der man nur mit Int-, also nur mit, mit Computer verbinden könnte, also, äh, Schriftarten, das ist alles, was uns so umgibt, also in der Umgebung ist, ja, also die Bücher und so weiter,

D: Jaja, aber durch Computer wird's plötzlich für uns alle relevant, so halt eben

J: Ja, also das könnte schon sein. Also früher war irgendwie nur etwas, etwas mit Serif, etwas ohne Serif und so weiter, und, und jetzt haben wir ne Menge dafür bearbeitet, also so von Schriftarten, naja, aber das ist jetzt nicht die, die, in diesem Moment, also ich bin auch kein Experte für Schriftarten, da müsste man wirklich den Adam Twardoch fragen.

D: Mir geht es ja, äh, äh, vor allem um Missverständnisse, die passiert sind. Deshalb wollte ich mal auf'n Punkt fragen, kannst du dich irgendwie erinnern an, an Situationen, äh, wo sich Leute falsch verstanden haben? Also du oder jemand anderes hat was anderes gesagt, und ähm, der andere hat das aber ganz anders verstanden oder so.

J: Wie jetzt? Also das sind wirklich zwei Wochen her und das

D: Wird n bisschen zu schwierig, ja?

J: Ja, das kommt mir wirklich schwer, das irgendwie hinzukriegen. Also damals, was wir so gesagt haben, also wenn wir auf irgendwelche Probleme schon gestoßen sind, dann haben wir das Thema einfach, ganz einfach gewe-, also geändert, also wenn es zu, zu viel war über Computer und so weiter, dann haben wir ganz einfach, ja, „Schluss!" gesagt und, und über etwas anderes gesprochen. So weil, weil. Also so, so war's, wenn ich mich recht erinnere.

D: Wer war das? Wer hat dann da so das Thema gewechselt, also? Also ich hab halt häufig gemerkt, ihr habt häufig ähm, das stimmt schon halt eben, ihr habt dann häufig ähm, einfach wieder zum Essen zurückgefunden halt.

J: Jaja, also wenn, also wenn wir zu lange über ein Thema gesprochen haben, dann haben wir irgendwie: „Ah ja, jetzt machen wir irgendwas mit Wein," und so weiter, jetzt essen wir, diese, diese Tomaten mit diesem, mit diesen Käse und so weiter. Ach ja, okay, dann haben wir irgendwelche Thema, der völlig, völlig anders war, ausgefunden und, und, und, und darüber haben wir gesprochen. Für mich war das irgendwie, ja, komisch, weil wir so von Themen, die wirklich sehr sehr ver-, unterschiedlich waren, war also von einem sehr unterschiedliche Thema wirklich andere unterschiedliche Thema gefunden. Aber war alles, das waren irgendwie immer in einem Zusammenhang miteinander, also man konnte nicht feststellen, ja jetzt machen wir Schluss mit, mit sagen wir mal so molekulare Biologie, jetzt gehen wir zu irgendwie Astronomie oder sowas ähnliches. Nee, es war irgendwie immer ein Zusammenhang zwischen, zwischen den Themen.

D: Das ist ja eigentlich auch normal, ne? Ich mein, ähm, also

J: Anders ist es zu chaotisch, und man kann wirklich nicht mehr zurechtkommen.

D: Ja, klar. Ähm, ein paar Sachen zu dir noch, ähm, du bist, ähm, in Schwedt aufgewachsen, hattest du gesagt da?

J: In Schwedt? Nö?

D: Bin ich da völlig falsch?

J: Ja.

D: Nee, haha, hab ich mich vertan im Video oder was? haha, falscher Film! Ähm

J: Nee, also ich komme aus Polen, also aus Koszalin, das liegt wirklich in Mitte von Pommern, also vom polnischen Pommern. Und ich hab dort das ganzes Leben gelebt, also, und dort bin ich aufgewachsen. Ichweiß nicht, wieso ich aus Schwedt kommen sollte?

D: Haha, peinlich. Da stell ich hier Fragen, haha. Nee, dachte ich, wär auf dem Video drauf gewesen. Also, ich hatte irgendeine Person interviewt, die ähm nicht interviewt, aber gefilmt, die in Schwedt aufgewachsen ist, aber in Polen Abitur gemacht hat oder so.

J: Dann, es konnte nicht sein, also ich bin, vor Studium bin ich irgendwie eine Woche in Deutschland gewesen, früher, nichts mehr also

D: Ja? Und zu welchem Zweck damals dann?

J: Ja, ganz einfach sind wir zu Bekannten gefahren.

D: Ah ja, also hast Verwandte auch in Deutschland.

J: Nee, also, bei mir war das so, dass, ja, weil meine Familie ziemlich schwer für den Pass gehabt hat damals, also vor, vor der Umwand-, und jetzt haben wir, haben keine Probleme noch irgendwelche Hemmnisse, um die Grenze zu überschreiten. Also, mein Vater ist ein Oberst jetzt, und, naja, aus Sicherheitsgründen, also aus Staatssicherheitsgründen, muss er jedes Mal, wenn er, sagen wir mal, in die Nähe von der Grenze ist, sich, also früher den, den Austrag melden und so weiter, und wenn er über die Grenze fährt, dann muss er von wirklich die ganzen Aufenthalt und so weiter irgendwie aufschreiben und zu Bewilligung geben. Früher war das so, dass ich gar keine Möglichkeit hätte, hier zu studieren. Deswegen, deswegen hab ich auch ziemlich, ziemlich wenige Kontakte mit Deutschland gehabt.

D: Aber deinen Eltern macht das nichts, dass du jetzt hier studierst oder so?

J: Nee, nee, absolut nicht, die sind, die sind stolz auf mich, dass ich jetzt hier also

D: Aha, ja, hahaha

J: Also, das ist wirklich ne wunderbar Sache, dass ich hier studieren kann.

D: Wie biste drauf gekommen?

J: Äh, also wir haben auf dem Gymnasium, also zur Zeit von Gymnasium, bei uns war irgendwie ein bisschen anderes Struktursystem, also zweistufig nur. Acht, acht Jahre Grundschule und vier Jahre Gymnasium. Und, also als ich in der siebte Klasse war, am Ende habe ich irgendwie erfahren, dass man ein Ex-, an einem Experiment teilnehmen könnte, das war acht, statt achte Klasse könnte man ein sehr intensives Deutschkurs machen, mit allen anderen, also Unterrichten, also Unterricht-, ähm Unterricht, also Geographie, Mathe und so weiter. Aber wir hatten damals irgendwie achtzehn Stunden Deutsch pro Woche gehabt. Ja, war knallhart, aber ich habe es geschafft. Naja, und danach habe ich mich irgendwie entschieden, das zu verwenden irgendwie in der Praxis. Und als ich Abi bestanden habe, hab ich festgestellt, dass ich ja vielleicht mal irgendwie die Prüfungen schreiben könnte. Das macht man für Wiwis in Poznan, und ja, die hab ich bestanden, deswegen bin ich hier. Ansonsten konnte ich irgendwo in Polen studieren, also Warschau oder Poznan oder so, das wär kein Problem für mich gewesen.

D: Du gehörst ja so zu den, zu den wenigen Studenten, die ähm, in Deutschland wohnen, dann zu den wenigen polnischen Studenten.

J: Naja, also, wenn, also wäre ich mich auch nicht sicher, also da, dass ich, dass ich zu wenigen gehöre. Also ich kenne ziemlich viele Studenten, die hier in Deutschland wohnen, obwohl die, ja es geht mehr vielleicht um diese, um diese öffentliches Leben, also damit meine ich jetzt, dass, dass die irgendwie in die Parties gehen und so weiter, damit sie auch irgendwie, eben sichtbar sind, dass sie hier wohnen. Manche sind nur so, um, um den, um die Lohnsteuerkarte zu kriegen oder um, um ein, ein Auto hier zu, zu, anzu-, anzumelden und sein (*unverständlich*) zu bezahlen und so weiter. Naja, solche Studenten sind auch hier, aber ich kenne sehr viele Polen, die hier in Deutschland wohnen.

D: Auch in der August-Bebel-Straße so

J: Joh, auch hier.

D: Hast du mit denen hier so Kontakt oder hast du eher so Kontakt nach, nach Slubice

J: Ja, ich habe sehr viele Kontakte mit diesen Studenten. Na, ich war in Slubice eigentlich schon nicht mehr. Also ich war vielleicht ein-, zweimal am Wochenende, um dort Einkäufe zu machen, obwohl es auch schon nicht mehr so billig ist, also die Preise haben sich wirklich fast, fast gleichgemacht. Außerdem, ich hab kein, kein, kein eigentlich, es gibt keinen Zweck, damit ich, damit ich dort nach Polen fahre, also dort könnte höchstwahrscheinlich mein Fahrrad geklaut werden, wenn schon, und ja, in die Parties, wenn ich da fahre, dann muss ich sowieso irgendwie ne halbe Stunde später mit dem Fahrrad zurückkommen, wenn ich betrunken bin, dann dauert noch ne halbe Stunde mehr und da ist noch mehr gefährlich. Da hab ich schon festgestellt, was, was soll ich immer da nach Polen fahren. Also, ja, ich bin vielleicht ein, eine Ausnahme von der, von der Regel, weil ziemlich viele Kollegen, die ich hier habe, also auch die von August-Bebel-Straße, die, die fahren regelmäßig nach Polen zu Parties zum Beispiel und zu Kumpels da. Aber wie gesagt, ziemlich viele Leute fahren jetzt, sagen wir mal, ins Ausland oder so, und, naja, wenn man diese Kontakte, also wenn es um diese Kontakte geht, also da von Studenten, die zum Beispiel aus meinem Studienjahr sind und so weiter, also die mit mir angefangen haben, die ich am besten kenne, von denen gibt es schon auch nicht so viele. Also wenn schon, dann wohnen sie vielleicht auch hier in der August-Bebel-Straße, da habe ich Kontakt mit ihnen, so dass die besten Freunde, die ich hier habe, die wohnen hier, und nur wenige, also die könnte man wirklich unter zehn haben, also unter zehn Zahlen, dass, dass die wirklich dort in Slubice wohnen. Ziemlich viele sind bisher also, weil noch in Polen ziemlich viele Probleme jetzt mit den Wohnungen sind, also da sind die Studenten, die im Collegium Polonicum studieren, die haben keine Möglichkeit, hier in Deutschland zu wohnen. Deswegen gibt's irgendwie ne außen-, außenordentliche Verordnung von diesen, von diese Verwaltung von polnische Studentenwohnheime, dass die den Vorrang haben. Wie das jetzt also von denen gibt's wirklich Ärger für die neuen Studenten also in Polen zu wohnen. Und auch für die älteren Studenten. Ja, also, wenn es um diese Polen-Deutschen-Verhältnisse geht, also wenn es um die Anzahl von Studenten, die hier wohnen, geht, dann würde ich sagen, dass, naja, es ist sowieso auf irgendwie endlich begrenzt auf ein Drittel Polen, die hier wohnen dürfen.

D: Du meinst, es ist schon so reguliert mit ner Quote.

J: Es ist, es ist schon so reguliert also, dass nur ein Drittel von allen Studentenwohnheime hier in Frankfurt von Polen belegt sein darf, also da

D: Und du meinst, das wird aber auch ausgenutzt, ja?

J: Ja, es ist ausgenutzt, also es gibt ziemlich lange Schlange, wenn's drum geht

D: Und, und, wie ist so dein Bekanntenkreis, würdest du sagen, du kennst hier mehr Polen oder mehr Deutsche?

J: Ja, also ich bin ziemlich aktiv, also von der Seite, von der Arbeitsseite da ich auch viel mit Studenten als Hilfskraft zu tun habe, also wenn ich zum Beispiel zu Vorlesungen komme und dort zum Beispiel die ganze Apparatur irgendwie bediene, also auch dass ich zum Sport, also an Sportunterrichten teilnehme, teilnehme aktiv, also mein ich jetzt Volleyball und so weiter, dann kenne ich auch ziemlich viele Deutsche hier, also irgendwie, die auf mein, also mit mir angefangen haben auch, oder, oder ein Jahr später angefangen haben, davon kenne ich ziemlich viele. Das sind meistens Jungs, weil mit Computer und mit Volleyball beschäftigen sich meistens Jungs, aber ich kenne auch paar Studentinnen, also das ist auch so, dass ich auch, also die Deutschen und Polen da selber auf gleichem Niveau kenne, also wenn es um die Anzahl geht.

D: Und woher kennst du den Markus?

J: Ähm, Markus, joh, das ist schon ne längere Geschichte. Erste Sache: äh, du wohnst jetzt in, im Zimmer von meinem sehr guten Freund

D: vom Przemek, ja

J: Ja, vom Przemek, und es gab noch, naja, es gab noch zeit, dass noch Przemek mit Markus zusammen gewohnt haben. Ja, von diesem, also deswegen kenne ich Markus

D: und da warst du häufig hier, ja?

J: Joh, und ja und Markus ist außerdem wirklich, ja, würde ich sagen, sehr gute im Umgang Kollege, würde ich sagen. Also wenn man ihn um irgendwelche Hilfe bittet, zum Beispiel eine Korrektur einer Seminararbeit oder sowas, weil wir, weil wir damit noch ziemlich viele Probleme haben, naja, dann hat er immer Zeit, wenn ich, wenn ich vorbeikommen kann und so weiter. Da habe ich ein paar mal so irgendwie auch weitergeholfen, als er da das als irgendwie Pflichtfach machen musste, hatte ich ein paar mal geholfen, deswegen sind wir auf, na, also das ist ne gute Freundschaft, würde ich sagen. Außerdem haben wir auch ziemlich, ziemlich viele, äh, Bekannte, also

D: gemeinsam

J: Ja, gemeinsame Bekannte vielleicht. Also zum Beispiel meine, diese, diese Kasia, die jetzt mit, mit Studium Schluss gemacht hat und so weiter, also mit der kenne ich mich auch sehr gut. So ist es.

D: Also, wenn du so der Computerfreak bist, dann war das vielleicht mit den zwei Frauen im Gespräch doch n bisschen öde, oder? Also, ich meine mal ganz ehrlich, so, haha,

J: Nee, also, ich würde sagen, ja okay, also, wenn man über solche Sachen spricht, dann muss man wirklich auf entsprechende Publikum treffen, ne? Und wenn nicht, dann darf man schon darüber nicht mehr sprechen, weil es zu langweilig ist.

D: Ja, haha

J: Ja, aber manchmal merkt man das nicht. Manchmal merkt man das nicht

D: Nee, aber ich meine, oder ähm ,die Gosia, oder wie würdest du die sonst so einschätzen? Ist die, die ist doch so eher still, oder so?

J: Hmhm, aber die kenne ich überhaupt nicht, und der erste Eindruck, den ich gehabt habe, das ist wirklich das, dass sie, joh, ziemlich still ist. Nichts mehr kann ich über die Persönlichkeit mehr sagen.

D: Und Anke? So, meinst, du, die war

J: Die war, hm, also, die war, hm, eher streit-, irgendwie, streitfreudig, also wenn es irgendwie ein Thema zu streiten gäbe, dann würde sie sich irgendwie noch streiten können, irgendwie um irgendwelche Sachen, wenn sie ihre Meinung irgendwie verteidigen könnte. Oder, oder ähm, die war, ja, irgendwie inia-, initiativvoll, also wenn es möglich wäre, dann würde sie die ganze, das ganze Gespräch für sich führen und so weiter. Also solchen Eindruck hatte ich, also die war mehr offen, würde ich sagen, und nicht so still wie Gosia.

D: Du sagst so, streitfreudig, hattet ihr so richtig Punkte, wo du dann dachtest

J: Nee, nee, aber wenn, wenn, wenn es zu sowas kommen würde, dann würde schon es möglich, dass das zu einem heftigen Streit kommen könnte. Obwohl ich irgendwie kein Streitfreund bin und so weiter. Aber es, es wäre möglich, sagen wir mal so.

D: Aber das wär nicht so dein Ding oder?

J: Nee, nee. Nee, nee. Also ich, ich mag mich nicht so streiten, also

D: Ja, ja, ja. Also fandest du das ein bisschen anstrengend mit ihr?

J: Nöö! Nee, also jetzt vielleicht ein paar, wie diese Streitfreudigkeit und so weiter übertrieben, aber. Also ich konnte es auch nicht feststellen, weil wir gar nicht gestritten haben, aber, ja, also so, so ist mein Eindruck. Also wenn es zu sowas kommen könnte, dass man sich über etwas streiten könnte, dann würde sie nicht irgendwie nur: „Jaja, ja okay, okay," sagen, sondern sie würde sich wirklich streiten, also sie war wirklich kampfbereit. So sieht es aus.

D: Ja, wo dran, wo dran sieht man das so? Also schon

J: Ähm, wie man, wie man zum Beispiel auf verschiedene, nee, wie man auf verschiedene, ähm, Antworte reagiert, ne? Also so manche Leute hören auch nicht so gern zu und so weiter, manchmal ja, fliessen sie das in ein Ohr in ihren Kopf und lassen sie das raus also mit dem andern Ohr. Und die hat immer richtig zugehört und so weiter, und die hat ihr das alles überlegt, wie das machen könnte, also wie das gemacht sein könnte und so weiter. Naja, und wenn sie, hat sie, andere Meinung hätte, dann könnte sie schon, ähm, die verteidigen, also würde ich sagen.

D: Aber ihr hattet keine oder

J: Nee, nee, also solchen Eindruck habe ich auch nicht gehabt, dass, das jetzt also irgendwelche Streitpunkte angegangen sind. Also wenn irgendetwas irgendwie zu schwer war, oder zu, zu langweilig war, oder zu lange behandelt war, dann haben wir dann das Thema gewechselt.

D: Sie hat ja dann immer mit der Waschmaschine gestresst, ne? Das fandst du n bisschen albern?

J: Wie war das mit dem Waschmaschine?

D: Sie hatte einen Waschmaschinentermin an dem Abend

J: Hmhm, ach ja, ja so, sie hat auch gar kein Termin, sie wollte angeblich nur prüfen, ob, ob irgendwie die Waschmaschine frei wäre

D: Ach so? Ich hatte das irgendwie verstanden, dass

J: Naja, ich, wir hatten das auch irgendwie fünf Minuten besprochen, also diesen ganzen Waschmaschinenquatsch. Ja, das war Beispiel irgendwie solche Geschichte schon mit dem anderen Studenten hätte, dass, dass er zum Beispiel zu irgendwelche Termin von den anderen Leuten gekommen ist, mal, immer gewartet hat, ob jetzt frei wird oder nicht, und zweimal auf die gleich Person getroffen ist da. Naja, mit Waschmaschinen war auch schon ziemlich lange, auch irgendwie

D: Das war vor allem mehrere Male, dass sie das immer wieder gebracht hat. Sie hat immer mal wieder auf die Uhr gesehen und dann: „Oha, die Waschmaschine!“ und du hattest dann mehrmals n bisschen genervt reagiert, hatte ich so den Eindruck, einfach.

J: Wie genervt?

D: Naja, du fandest das, ähm, nicht so wichtig mit der Waschmaschine eben.

J: Naja, also wenn irgendjemand so schnell auf die Uhr guckt, und immer wieder auf die Uhr guckt, und immer wieder das Thema irgendwie so berührt, dann würde ich sagen: „Naja, lass es mal in Ruhe, geh mal diese, diese Waschmaschine füllen und komm dann wieder vorbei!“ also

D: Hahaha

J: Ja einmal haben wir das schon gehört, zweimal können wir noch hören, aber dreimal, also nach dem dritten Mal ist es schon zu viel, würde ich sagen. Also das ist nur mein Eindruck zu der Geschichte.

D: Naja, gut. Ja, okay, ich denk wir haben auch die meisten Punkte so, ähm, abgehakt dann. Machen wir mal Schluss, würde ich sagen.

J: Okay

D: Vielen Dank

J: Jaja, nichts zu danken.

A.4.4 Interview mit Gosia

Zeit: Freitag, 28. Juli 2000, 11:15 Uhr

Ort: Cafeteria im Hauptgebäude der Europa-Universität Viadrina

Länge des Interviews: 27 Minuten

D: Ja, das, das nennt sich „offenes Interview", das heißt, ähm, man geht nicht nach irgendwelchen Fragen vor, sondern labert einfach miteinander und ähm, ja, schaut, was bei rauskommt, so.

G: Hm, hm, okay.

D: Über was hast du jetzt gerade eine Klausur geschrieben?

G: Ähm, multinational enterprises

D: Hm?

G: Das ist eine Wiwi-Klausur, multinational, also multinationale, äh, Unternehmen, eine Klausur, naja, und es ging, haha. Aber ich bin ziemlich müde noch auch, und wenn ich

D: Du studierst auch Wiwi, oder?

G: Nee, ich studier, ich mach European Studies

D: Wie Markus

G: Wie Markus, genau, jaja

D: Du machst eher so nen, ähm, betriebswirtschaftlichen Schwerpunkt, Markus macht ja mehr so Jura-Scheine

G: Genau, genau

D: Ah, jaja, jaja, ich kenn mich da gar nicht so aus. Du hast mit Markus angefangen?

G: Also Mar-, ja, also Markus macht auch öööö, also Wiwi, Wiwi als, als Hauptfach

D: Ach so?

G: Ja, der hat k-, der macht kein Jura, Wiwi, als, als Hauptfach

D: Weißt du, dass, dass er da jetzt da zu debis geht?

G: Was?

D: Er hat doch n Praktikum bekommen.

G: Ja? Weiß ich schon, weiß ich schon, eigentlich, weiß ich schon

D: Ja, nicht schlecht. Ja, hier dieses, ähm, das Essen, das ist ja jetzt schon wieder ewig her, ne?

G: Ja?

D: Das ist ja schon über zwei Wochen, ne?

G: Aber,

D: Kannst dich noch erinnern?

G: Aber genau, haha, war sehr schön.

D: Ähm, was ist dir so im Gedächtnis geblieben, einfach mal also?

G: Na, gutes Essen, gut vorbereitet,

D: Ach, danke, danke, Routine, haha

G: Nein, ein gutes Essen, war, war schön, obwohl ähm, okay, wir, wir kannten uns nicht, ne?

D: Jaha.

G: Wir kannten uns, also Markus hat mir schon paar Dinge gesagt, also

D: Ich dachte, ihr kennt euch

G: Nein, wir kannten uns überhaupt nicht. Also ich kannte nur Markus, ne?

D: Ja.

G: Und, und, okay, Markus hat mir schon vor dir dann gesagt, was du jetzt daraus so geschlossen hast

D: Ja, das ist auch nicht schlimm, haha. Tatsächlich?

G: Hahaha, ja, dass ich dann ruhig war und so weiter und so fort, äh, und, naja, also, war schön, hehe, ich weiß nicht, was ich sagen soll.

D: Ähm, also, warst du, warst du ungewöhnlich ruhig oder machst du das immer so, oder

G: Ich bin immer ruhig, wenn ich neue Leute k-, treffe

D: Ja, jaja.

G: Also ich bin, ich bin aus der Natur, äh, ich bin kein extrovertig, ich bin innovertig, ich bin innovertig, und wenn ich die neue Leute treffe, dann bin ich normalerweise ruhig und auch ich dan-, ich denke, hier kommt auch dazu Sprachproblem, also ich hab noch immer mit mein Deutsch ein bisschen so Sprachbarriere.

D: Aber das ist doch super-perfekt!

G: Nee, und dann wenn ich, wenn ich die neue Leute treffe, also egal, ob das jetzt die, die Ausländer sind das Pole oder Deutscher, also da bin ich immer, wenn ich jetzt auf so, äh, also auf deutsch jetzt sprechen soll, äh, äh, vor, vor dem Publikum, dann bin ich immer ganz, ganz schüchtern.

D: Ja, Markus hatte mir schon erzählt, dass du ähm, also dass du solche Bedenken hattest wegen deiner Aussprache

G: Also, ja, ja, haha

D: Also, ich fand das perfekt, also

G: Ach Quatsch.

D: Naja, ja die anderen

G: Aber war schön, aber war insgesamt das Essen war schön und die Atmosphäre war auch okay, war gut

D: Ja, war locker, meinst du,

G: Äh, ja, also finde ich, war gut.

D: Also ihr habt ja auch dann sicher schon miteinander darüber gesprochen und so

G: Äh, was meinst du jetzt, mit Markus oder wie?

D: Ja, ja.

G: Also ja, war, war gut. Hm, hm. Nee, die Atmosphäre war locker, also wir haben auch äh, solche Themen wie, ähm, besprochen, also eigentlich ganz allgemeine Themen, ganz

D: Kannst dich noch an bestimmte Themen erinnern so, oder?

G: Hm, ach, oh je. Warte mal, warte mal, kannst du mir einen Tipp bitte geben? Hahaha

D: Na klar, hahaha

G: Du weißt wahrscheinlich besser, ja?

D: Ähm, haha, ich kenn das Gespräch auswendig, nee Quatsch. Ähm, also zum Beispiel habt ihr doch äh, äh, ganz lange über, über ähm, Adam Twardoch und über Wirtschaftsinformatik gesprochen. Weißt du das noch?

G: Ah ja, aber das ist nicht, aber das ist nicht mein Ha-, nee, das weiß ich nicht mehr.

D: Das weißt du nicht mehr?

G: Ich denke, ich war, ich war da nicht, äh, ich war, ich war, ich war in dieses Thema nicht äh, involviert.

D: Das heißt, du hast gar nicht zugehört?

G: Ich habe nicht zugehört, hahaha. Weil das auf mich nicht, äh, irgendwie, also das war, das, es war nicht über mich oder sowas, weißt du? Ich hatte keine Ahnung, was da

D: Du hast da auch nicht so viel zu gesagt, aber

G: Genau, genau deswegen, haha

D: Weißt du noch so ganz grob, worum's da ging, oder?

G: Nee.

D: Gar nicht.

G: Nee, gar nicht.

D: Jarek hat doch da erzählt, dass, ähm, dass ihr über, halt dass dieser Adam Twardoch so polnische Schriftarten auf dem Computer entwirft?

G: Ah so, ja, ja, jetzt weiß ich schon, ja.

D: Ja?

G: Ja, okay

D: Und, also das fandest du einfach nicht so interessant, oder?

G: Das stimmt, das stimmt. Und dann haben wir darüber gesprochen, stimmt.

D: Ähm, ja und äh, das meiste hat ja Jarek erzählt, oder?

G: Hä?

D: Das meiste hat der Jarek erzählt.

G: Hm, hm.

D: Ähm, und ja aber, du sagst, du hast nicht so, ähm, warst da nicht so involviert, äh, würdest du, also wer hat denn da vor allem mit wem gesprochen über, also kannst?

G: Also ich finde, Jarek, Jarek hat am meisten gesprochen, hat am meisten äh, hat auch viele Monologe meiner Meinung nach gemacht, haha

D: viel was?

G: viel Monologe, haha

D: hahaha, ja?

G: Also finde ich so,

D: Ja,

G: Äh, naja, Markus versuchte, alle irgendwie jetzt, äh, äh, einzuziehen in die, in das Gespräch, weil er auch alle kannte und eigentlich so ein bisschen auch Inter-, also Intermediator, äh,

D: Haha, meinst du, der fühlte sich da verantwortlich?

G: Ich denke schon, ein bisschen

D: Hat er das gesagt?

G: Nee, hat er nicht gesagt, aber das ist so mein Gefühl, das, wobei wir uns irgendwie vorher nicht kannten, und er natürlich versuchte, jetzt jeden, also jetzt jeder in das Gespräch irgendwie involvieren, aber das war gut, hat er gut gemacht

D: hat er gemacht, ja?

G: Äh, ja, Anke, also Anke hat auch nicht so viel gesprochen

D: Hm.

G: Nicht?

D: Ja, geht so, ja

G: Auch nicht so viel, Jarek hat am meisten, und, naja, was kann ich da noch sagen? Was möchtest du noch wissen? Hahaha

D: Ja, ähm, also die meisten anderen haben mir erzählt, dass es, dass, dass Anke und Jarek, die haben sich nicht so richtig verstanden. Hattest du auch den Eindruck?

G: Ich kann mich nicht so gut klar erinnern jetzt, aber, aber das kann schon sein, weil sie miteinander nicht so vieles gesprochen haben und äh, äh, wenn dann Jarek der Anke eine These gegeben haben, dann gab's immer Gegenthese, das stimmt schon, nicht?

D: Ja? Inwiefern? Also

G: Ja, also ich, also ich, warte mal, ich, ich kann mich nicht wirklich gut daran erinnern

D: Kannst du dich noch an das Beispiel erinnern, als es darum ging, dass, äh, dass Jarek erzählt hat, dass ihm in Warschau sein Geld gestohlen wurde?

G: Ja.

D: Ja?

G: Warte mal, ja, nein warte mal, sag genau, wie ging das? Sag etwas mal jetzt

D: Ja, Jarek hat erzählt, dass ihm in Warschau sein Geld gestohlen und ähm, Markus hat da draus nen Witz gemacht, wie er immer so ist, und ähm, hat darüber gelacht, und Anke hat dann auch gelacht, und dann hat Jarek aber gesagt: „Das ist gar nicht witzig!" Also so ziemlich hart. Und ähm, aber ist dir nicht so aufgefallen, oder?

G: Ist mir nicht so aufgefallen, es könnte sein, aber ist mir nicht so aufgefallen, ja, hm

D: Hahaha, ist wirklich schon lange her, ne? Ja.

G: Entschuldigung, also ich

D: Kein Problem, ist meine Schuld

G: Ich bin, nee, also heute nach der Klausur, ich bin also, ich bin ein bisschen, kann ich nicht so denken, ja. Ja, vielleicht, aber, aber. Aber denkst du, dass es eine Konfliktphase war? Dass, dass Jarek das so richtig meinte? Weil, wenn man sagt jetzt: „Okay, das, das ist nicht witzig überhaupt," man meint, äh, ganz oft das auch als Spaß sozusagen und das musste nicht, nicht so, so ernsthaft sein.

D: Glaub ich auch.

G: Meinst du nicht?

D: Ich denke auch, aber die anderen

G: Dann, wenn, wenn, wenn (*unverständlich*), das muss doch nicht heißen, dass sie irgendwie Konflikt haben

D: Anke hat das aber so aufgefasst.

G: Ja?

D: Und Markus auch, ja. Aber ich gebe dir recht, also

G: Aber es kommt, weißt du, wenn jetzt, also jetzt, äh, also ernst, ich, ich würd's vergessen, ich kann, ich, ich, also ich kann mich nicht daran erinnern, dass wirklich, also in welchem Ton er das so gesagt hat, aber, aber jetzt so rein gef-, rein

D: Gut, es hat sich ja auch jetzt so getroffen, ne?

G: Es muss nicht, es muss, ja, es muss sich nicht, also es muss dann nicht, aber, nichts heißen eigentlich.

D: Ihr habt ja lange auch drüber gesprochen, äh, ähm, über, über das Verhältnis zwischen Kuwis und Wiwis, ne?

G: Ah ja, stimmt, das, kann, ja.

D: Kannste dich da auch noch dran erinnnern,

G: Das ist, das, das, das, hm, ja, Kuwis, Kuwis wurden dann als schlecht bezeichnet, Wiwis als, äh, sehr positiv immer, dann hat, haben wir zusammen, äh, äh, äh, geschlosse, dass Jura, die sind eigentlich die fleißigsten Studenten, ja? Die lernen am meisten, die lesen am meisten, ja. Daran kann ich mich erinnern, haha.

D: Naja, ähm, mal von dem Gespräch ein bisschen weg, mir geht es ja, du weißt ja sicher von, von Markus auch schon, um diese interkulturellen Missverständnisse halt. Ähm, fällt dir so aus dem eigenen Leben eins ein, das dir mal passiert ist?

G: Hm, kulturelle Missverständnisse, äh, naja, also natürlich ja, aber jetzt warte mal, die Beispiele, das kann, ich kann dir jetzt keine Beispiele geben.

D: Zum Beispiel sowas wie, wie, ähm, als Jarek sagte: „Das ist überhaupt nicht witzig," und ähm, wie du schon sagtest,

G: Aber ich denke das, ich denke mal, ich denke mal, das ist kein interkulturelles Missverständnis, weil ich bin jetzt Pole und ich finde sowas überhaupt nicht als Miss-, also ich würde, also wenn jetzt Anke und Markus lachen, über solche Sachen lachen würden, ich würde das nicht als Missverständnis also äh, sehen, weil das, also ich würde das als Witz auch sehen und nicht als, also ich würde das nicht so ernsthaft nehmen, trotzdem dass ich Pole bin, ja?

D: Das, jaja, jaja. Aber das Problem ist ja, dass Anke es wohl falsch verstanden hat, oder? Wenn sie sich darüber geärgert hat.

G: Na okay, kann sein, aber warum hat das der Markus verstanden? Markus, hat der auch sich geärgert? Nein.

D: Ähm,

G: Okay, verstehe, Anke, Anke und, und Jarek, ja? Das ist Pole-Deutsche. Anke hat das anders jetzt, äh, äh, interpretiert. Aber Markus hat das genauso wie Anke, oder?

D: Jaja.

G: Dann? Wo ist da, haha, wo ist interkulturelles Missverständnis?

D: Das ist die Frage. Weiß ich nicht. Egal, also jetzt, ähm, sind dir jetzt mal zufällig solche Sachen passiert, oder wo du, wo du vielleicht tatsächlich dann gedacht hast, ähm: „Ich versteh die nicht richtig," oder ähm: „Na, die Deutschen haben ja komische Ansichten," oder, oder

G: Hm, hm, weißt du das, nein, also jetzt, äh, wir vier Leute, also Markus, äh, Jarek und Anke, äh, das ist anders, weil ich denke mal, weil ich, weil ich Markus jetzt kenne. Ich kenne zum Beispiel, äh, sozusagen Mar-, also seinen sense of humor, hm? Und äh, das ist anders mit Jarek und mit Anke weil ich, weil ich diese beiden nicht kenne. Aber ich denke mal jetzt, das mit Internationalität hat überhaupt nichts zu tun. Also ich könnte zum Beispiel Jarek nicht richtig verstehen, einfach weil ich ihn nicht genug kenne. Und Ma-, Markus könnte irgend, irgendwelches, irgendwelchen Quatsch sagen, und ich würde das trotzdem jetzt als Spaß erhalten, weil ich Markus kenne, obwohl er Deutscher ist. Also ich denke, das hat auch damit zu tun, weil uns gut, ob wir uns gut kennen oder nicht. Und nicht jetzt ob wir dann irgendwelchen, also Ausländer sind zueinander.

D: Ja, ja. Und außerhalb dieses Gesprächs, also ist dir mit anderen Leuten irgendwie sowas im Gedächtnis?

G: Über interkulturelle Missverständnisse. Äh, nee. Also es gab, es gab bestimmt etwas, aber ich, ich hab jetzt kein Beispiel im Kopf

D: Hm, hm. Wie lange bist du schon an der Uni hier?

G: Also an der Uni, also das ist mein erstes, also zweites Semester.

D: Ja, ja, und warst du vorher auch schon in Deutschland

G: Und vorher war ich ein Jahr in Deutschland.

D: Was hast du da gemacht?

G: Äh, deutsch gelernt, haha.

D: Wo? Und wie?

G: In München.

D: In München? In einer Sprachschule oder wie?

G: In der Sprachschule in München, ja, da hab ich deutsch gelernt.
D: Extra, um hier hin zu kommen dann?
G: Extra, um hier hin zu kommen, genau.
D: Wow! Gute Vorbereitung! Haha. Naja, und vorher konntest du gar kein deutsch?
G: Gar kein deutsch. Also ich hab ein Jahr gelernt.
D: Ja, und hast das extra gemacht, um hier also
G: um hier zu studieren, ja genau.
D: Was hast du vorher, also vorher hast du schon in Polen studiert
G: In Polen studiert, genau
D: Und was hast du da studiert?
G: Äh, Marketing-Management, ja? Und dann hab ich ein Jahr in München gelebt, aber hab ich mich, hab ich deutsch gelernt, am, seit Anfang, und dann hab ich nach einem Jahr hier gekommen, bin ich hier
D: Ja, und du warst vorher in Poznan an der Uni, oder?
G: Bitte?
D: Vorher in Poznan, oder?
G: Nein, in Bielsko Biala, im Süden.
D: Aha
G: Es, also ich komme aus dem Süden.
D: Ah ja, und also du bist in deiner Umgebung da auch in die Uni gegangen dann und, und
G: Genau.
D: Ah, ja. Und, warum wolltest du hier an die Uni?
W. Äh, weil ich nur einen Bachelor habe, also (*unverständlich*)
D: Das war'n, also BA-Studiengang, ja?
G: BA-Studiengang, ja. Ich hab ein BA-Studium gemacht, und dann wollte ich das irgendwie beenden, also ich wollte dann irgendwie Master machen oder Magister und einfach, dass ich volles Studium habe. Und deswegen habe ich mich entschieden, hier in Viadrina zu studieren, an der Viadrina. Weil das auch in Deutschland, weil das auch internationales Studium ist, weil das natürlich gut jetzt für meine Zukunft ist, und so weiter und so fort, haha.
D: Und, ähm, willst du später mal in Deutschland arbeiten, oder?
G: Ähm, weiß ich noch nicht. Aber ich denke schon. Also ich hab deutschen Freund, und ich, deswegen wahrscheinlich bleibe ich in Deutschland.
D: Ihr wohnt auch hier in Frankfurt?
G: Nein, der wohnt in München, haha.
D: Ah, der w-, den hast du in München kennengelernt?
G: Ja, den hab ich früher kennengelernt und dann bin ich nach München gegangen, gefahren, um deutsch zu lernen, hab ich mit ihm ein Jahr gewohnt, aber
D: Also du bist eigentlich, ähm, nach München wegen deines Freundes, ja?

G: Eigentlich ja, hahaha. Ich wollte das am Anfang nicht so sagen, aber eigentlich ja, okay.

D: Und ähm,

G: Aber auch wegen Vorbereitung für die Uni, also

D: Ja, aber also, dein Freund ist Deutscher und, und kommt aus München, studiert hier, oder was?

G: Hm, nee. Kommt aus hier und arbeitet in München.

D: Und wie habt ihr euch kennengelernt?

G: In Kraków, in Krakau.

D: Da war er in Urlaub, oder

G: Ja, ganz, ganz zufällig. Ganz zufällig, ganz, äh, naja.

D: Und so bist du auch so bisschen auf die Idee gekommen, überhaupt, ähm, in Deutschland zu studieren, oder

G: Und dann, genau, dann hab ich ihn kennengelernt, und dann, äh, dann musste man ein bisschen überlegen, was man weitermachen möchte, weil ich nur mein BA hatte, also eigentlich habe ich mein BA damals noch abgeschlossen und dann, ähm, natürlich die Beziehung dann gut gelaufen und dann musste man bedenken, was man dann weitermachen wird, wenn man zum Beispiel jetzt nach Deutschland oder wenn man überhaupt im Westen, also in, in der EU jetzt leben will, dann muss man das irgendwann auch machen können. Und dann, wenn man, weil mein Freund ursprünglich aus Frankfurt (Oder) eigentlich kommt, dann eigentlich durch die Familie und alles habe ich diesen Zugang zu dieser Uni bekommen, also habe ich eigentlich äh, erfahren, dass hier sowas wie Master of European Studies gibt, und dass ich mich hier bewerben könnte, und einfach, einfach deswegen.

D: Und, und er arbeitet scho lange in München, oder was macht er?

G: Naja, seit drei Jahren, arbeitet er in München.

D: Ah ja, und ihr seht euch so am Wochenende.

G: Und wir sehen uns immer einmal im Monat, haha.

D: Einmal im Monat? Naja, haha.

G: Auch schön.

D: Und in den Semesterferien bist du immer in München eigentlich dann?

G: Ähm, naja, jetzt war ich in München, und jetzt in diesen Semesterferien werde ich leider Praktikum machen, also werde ich nicht in München

D: Nicht in München.

G: Nicht in München, hmhm. Aber ich wohne bei seiner Mutter.

D: Bei seiner Mutter. Und hast du sonst hier Kontakt so zu anderen deutschen Studenten oder eher so zu Polen?

G: Ähm, also zu Markus habe ich Kontakt, also eher zu, zu Polen habe ich gut Kontakt, stimmt, äh, dann ist es in diesem Semester jetzt ein bisschen schief gegangen, also es ist nicht so, äh, äh, gut mit Kontakt zu Leuten, weil, weil ich jetzt ganz andere

Dinge studiere, also ganz andere Fächer als zum Beispiel meine Bekannten, die ich im ersten Semester kennengelernt habe. Ich meine jetzt Markus, und dann gab's zum Beispiel viele Russen, viele Ukrainer und so weiter, und die machen alle halt was anderes

D: Kannst du auch russisch, oder

G: Ich lerne russisch jetzt, ja. Haha. Aber jetzt, stimmt, jetzt habe ich viele neue, viele Polen kennengelernt, und jetzt habe ich, äh, eher Kontakt mit Polen. Obwohl im letzten Semester war mehr mit Deutschen und mit Russen.

D: Du bist ja ein bisschen so ne Ausnahme, dadurch, dass du dann nicht im Studentenwohnheim wohnst. Ist das ein Problem, oder?

G: Stimmt. Ein bisschen, ja. Ein bisschen, ja. Also, auf einer Seite, das ist ein Problem, weil ich nicht so viel Kontakt mit anderen Studenten habe, das stimmt schon. Aber auf der anderen Seite ich hab manchmal die Ruhe, weißt du? Haha. Und das gefällt mir auch.

D: Also du besuchst häufiger mal Leute in den Wohnheimen, oder wie, wie geht das dann vonstatten?

G: Äh, ja. Also mehr Besuch, mehr Besuch oder dann irgendwas zusammen unternehmen.

D: Ja, ja, und die meisten deiner Leute sind dann polnische MES-Studenten, würdest du sagen, ja?

G: Ja, richtig, richtig.

D: Und ähm, ist das einfacher oder wie ergibt sich das, also,

G: Wie, was ist einfacher, jetzt?

D: Naja, ich meine, ähm, sind, sind in MES einfach mehr polnische Studenten oder warum kennst du mehr Polen wenn du ja eigentlich in Deutschland lebst?

G: Ähm, ich weiß es nicht, ich hab nicht gesagt, ich kenne jetzt mehr Polen, ich weiß es nicht, haha.

D: Haha, sorry.

G: Ich kenne einige Polen, aber ich kenne auch einige Deutschen jetzt, ich kenne einige Russen, aber vielleicht ist, mit Polen hab ich besseres Kontakt wahscheinlich dadurch, dass die Sprache, ich denke durch Sprache. Also mit Markus habe ich guten Kontakt, also wenn, okay, wir, wir sehen uns nicht so oft vielleicht, aber wenn wir dann uns sehen oder unterhalten, dann ist es, ist es gut. Das ist ein guter Kontakt, würde ich sagen. Ah, mit anderen Deutschen so vielleicht, mit Polen hab ich guten Kontakt, aber ich denke, das ist die Sprache, man kann sich besser verstehen, aner ich hab auch nicht so viel Kontakt mit anderen Studenten dadurch, dass ich, äh, jetzt privat wohne, und dadurch dass ich jetzt mehr Kontakt innerhalb der Familie habe. Weißt du, ich wohne mit der Mutter meines Freundes, und dann, dann ist die Schwester, ist der Bruder und dann, man, man geht, man fährt zu der Familie und dann ist ein-, einfach anderes, anderes Kreis.

D: Ja, ja, und da bist du ganz schnell reingekommen.

G: Genau, da bin ich ganz schnell reingekommen, und dort eigentlich verbringe ich jetzt mehr als zum Beispiel mit Uni-Leuten. Deswegen, naja.

D: Und, war das am Anfang fremd? Oder ähm, hast du das irgendwie, sind dir Dinge aufgefallen, als du da so

G: Was meinst du mit fremd?

D: Ja, wie kam das denn, als du da bei deinem, bei den Eltern deines Freundes oder bei der Mutter eingezogen bist, eben, kanntet ihr euch da vorher schon?

G: Ja, wir kannten und vorher, ja wir kannten uns auch schon vorher. Ja, natürlich, am Anfang war ein bisschen komisch, aber das war nur damit, dadurch, dass ich jetzt ein Wohnplatz äh, gewechselt, also beendet habe, und das ist irgendwie ganz normale Umstellung. Okay, ich hatte auch mit Sprache gehabt Probleme am Anfang. Ich habe mit meinem Freund am Anfang, also ich war, als wir uns kennengelernt haben, ich hab ähm, ich hab kein, kein deutsch gekannt. Wir haben englisch gesprochen. Und dann hab ich so langsam deutsch gelernt, und dann, jetzt, langsam, langsam sind wir auf deutsch

D: Und lernt er polnisch?

G: Ja, er lernt polnisch auch, haha, also ist nicht so, vielleicht nicht so weit wie ich jetzt mit, mit deutsch, aber, aber das dauert, aber länger. Äh, also, äh, aha, okay, als ich dann zu, zu der Mutter meines Freundes eingezogen bin, dann gab's nur noch ein bisschen Sprachprobleme, weil sie, sie spricht ganz schnell, und ich konnte nicht alles verstehen, und das ist natürlich manchmal für mich ganz, hm

D: Frustierend auch, ja?

G: Frustierend, und da kam auch die Uni dazu, die, die Vorlesungen, an denen ich, die ich nicht alle verstanden habe, und, und dann Uni und dann noch zuhause nicht gekonnt, konnte ich nicht alles manchmal verstehen, und dann konnte ich einfach die Gespräche nicht, nicht nachvollziehen, und natürlich dann, dann gab's Streß, dann, dann gab's ein bisschen mehr Frustration und so weiter, aber das, das ging alles

D: Das gibt sich, ja? Wann war die Phase so?

G: Das war erste zwei, drei Monate so. Also, ab, ab Oktober letztes Jahr bis, so bis Januar.

D: Und als du in München warst das ganze Jahr über, da war das nicht so anstrengend, oder, da bist du zurechtgekommen,

G: Nee, war nicht so, ich bin besser zurechtgekommen, ja. Weil ich auch, also mit meinem Freund hab ich englisch gesprochen, das war für mich okay, äh, und dann hab ich Sprachschule besucht, äh, da habe ich also viel Ausländer kennengelernt, die eigentlich in der gleichen Situation als ich waren, das war dadurch, dass war irgendwie besser. Und dann hab ich auch Praktikum gemacht bei, bei einer Firma, äh bei einer, das war eine ähm, eine Werbungsagentur, eine Werbeagentur, aber dort konnte ich polnisch sprechen, weil das war eine osteuro-, sie waren ganz osteuropa-bezogen, also sie haben mit Osteuropa zusammengearbeitet, und dann habe ich eigentlich diesen Teil osteuropäischer Arbeit gemacht, und dadurch konnte ich polnisch sprechen, also brauchte ich überhaupt nicht deutsch sprechen. Also das war auch okay. So war irgendwie ein bisschen besser, obwohl hier, irgendwie, naja, die ersten drei Monate waren schwer, aber sonst, dann ging's. Und jetzt ist okay schon.

D: So der richtige Kulturschock, haha

G: Genau, haha.

D: Naja gut, machen wir auch mal Schluss, würde ich sagen.

G: Okay, ja gut.

D: Vielen Dank.

Zeitfracht Medien GmbH
Ferdinand-Jühlke-Straße 7
99095 Erfurt, Deutschland
produktsicherheit@kolibri360.de